Oliver Decker, Johannes Kiess, Eln
Die enthemmte Mit

ROSA LUXEMBURG STIFTUNG

HEINRICH BÖLL STIFTUNG

Otto
Brenner
Stiftung

Forschung Psychosozial

Oliver Decker, Johannes Kiess, Elmar Brähler (Hg.)

Die enthemmte Mitte

Autoritäre und rechtsextreme Einstellung in Deutschland

Die Leipziger »Mitte«-Studie 2016

Mit Beiträgen von Elmar Brähler, Anna Brausam,
Oliver Decker, Eva Eggers, Jörg M. Fegert, Alexander Häusler,
Johannes Kiess, Kati Lang, Thorsten Mense, Paul L. Plener,
Timo Reinfrank, Jan Schedler, Frank Schubert,
Gregor Wiedemann und Alexander Yendell

Psychosozial-Verlag

Die Veröffentlichung der Leipziger »Mitte«-Studie 2016 erfolgt in Kooperation mit der
Rosa-Luxemburg-Stiftung, der Heinrich-Böll-Stiftung und der Otto Brenner Stiftung

Bibliografische Information der Deutschen Nationalbibliothek
Die Deutsche Nationalbibliothek verzeichnet diese Publikation
in der Deutschen Nationalbibliografie; detaillierte bibliografische Daten
sind im Internet über http://dnb.d-nb.de abrufbar.

2. Auflage 2016
© 2016 Psychosozial-Verlag
Walltorstr. 10, D-35390 Gießen
Fon: 06 41 - 96 99 78 - 18; Fax: 06 41 - 96 99 78 - 19
E-Mail: info@psychosozial-verlag.de
www.psychosozial-verlag.de
Umschlagabbildung: Kasimir Malewitsch: »Suprematistische Komposition«, 1915
Umschlaggestaltung nach Entwürfen von Hanspeter Ludwig, Wetzlar
www.imaginary-world.de
Lektorat: Barbara Handke, Leipzig
www.centralbuero.de
Satz: Barbara Brendel, Leipzig
ISBN 978-3-8379-2630-9

INHALT

VORWORT

Seit 2002 führt unsere Arbeitsgruppe die »Mitte«-Studien der Universität Leipzig durch. Seither finden in unserem Auftrag alle zwei Jahre repräsentative Befragungen im gesamten Bundesgebiet statt. Mit den »Mitte«-Studien steht damit eine Langzeitbeobachtung für die politische Diskussion und Bildungsarbeit zur Verfügung.

In jedem Jahr werden hierfür deutsche Staatsbürger in ihren Wohnungen von Interviewern mit standardisierten Fragebögen zu ihren politischen Einstellungen befragt. Kernelement ist seit 2002 ein Fragebogen zur rechtsextremen Einstellung, der immer wieder mit anderen Fragebögen ergänzt wurde und wird. So haben wir im Verlauf der letzten 14 Jahre die Entwicklung der politischen Einstellung, von Rechtsextremismus, Vorurteilen und autoritärer Orientierung dokumentiert und ihre Einflussfaktoren bestimmt.

Mit dem vorliegenden Buch legen wir die Ergebnisse der »Mitte«-Studie 2016 vor. Nicht allein die neu aufflammenden Vorurteile gegen einzelne Gruppen machten das Interesse an der neuen Erhebung dringend. Die diesjährige Erhebung fand auch in einer Zeit statt, in der sich neue rechtspopulistische oder rechtsextreme Parteien entwickeln und Erfolge feiern. Daneben erstarkten autoritäre-islamfeindliche Bewegungen, und die von uns über die Jahre festgestellten Ressentiments und Vorurteile schlugen 2015 in offenen Hass um. Mehr als 1.000 Attentate wurden im gesamten Bundesgebiet auf Flüchtlingsunterkünfte verübt, mehr als 100 Unterkünfte wurden in Brand gesteckt.

Die aktuelle Studie fördert angesichts dessen einen überraschenden Befund zutage: Hinsichtlich der Verbreitung der klassischen Einstellungen, die Rechtsextremismus charakterisieren, fällt die Steigerung von Vorurteilen nur geringfügig aus. Während die generalisierten Vorurteile gegen Migranten/innen leicht zurückgingen, nahm die Fokussierung des Ressentiments auf Asylbewerber/innen, Muslime/innen sowie auf Sinti und Roma zu. Die jüngsten Veränderungen im Parteiensystem zeigen weniger einen neuerlichen Anstieg fremdenfeindlicher und autoritärer Einstellungen in der Gesellschaft an, vielmehr findet das seit Jahren vorhandene, von den »Mitte«-Studien dokumentierte Potenzial jetzt eine politisch-ideologische Heimat. Die rechtsextrem Eingestellten werden zum politischen Subjekt, das nicht nur mit Macht die Ideologie der Ungleichwertigkeit enttabuisiert, sondern auch die gewaltvolle Durchsetzung ihrer Interessen für legitim hält. Darauf spielt der Titel der aktuellen Studie an.

Während die demokratischen Milieus in Deutschland stärker und größer werden, entwickeln sich andere Milieus in die entgegengesetzte Richtung: Offensiv vertretene völkisch-nationale Positionen werden dort als genauso akzeptabel angesehen wie Gewalt als Mittel der politischen Auseinandersetzung. Diese politische Polarisierung stellt uns vor die Herausforderung, die republikanischen Kräfte zu stärken, um eine demokratischen Gesellschaft und die soziale Teilhabe aller zu gewährleisten.

Die aktuelle »Mitte«-Studie wurde in Kooperation mit der Rosa-Luxemburg-Stiftung, der Heinrich-Böll-Stiftung und der Otto Brenner Stiftung durchgeführt. Die »Mitte«-Studien waren und sind wichtiges analytisches Material für die Überprüfung und Weiterentwicklung der politischen Bildungsarbeit. Die Studienleiter danken den Stiftungen für ihr Engagement. Ebenso danken wir den Autorinnen und Autoren, die mit ihren Beiträgen die Ergebnisse der »Mitte«-Studie 2016 theoretisch rahmen und wesentlich ergänzen. Die hilfreiche Mitarbeit von Julia Schuler und Clara Helming hat vieles erleichtert. Nur durch die kontinuierliche und konzentrierte Unterstützung von Gabriele Schmutzer bei den statistischen Berechnungen, von Barbara Handke als Lektorin, von Barbara Brendel als Setzerin und von Cornelia Heinrich und Almut Philipp als Korrektorinnen ist dieses Buch möglich geworden.

Wir hoffen, dass die Studie eine breite Diskussion anregt und zur Belebung der gesellschaftspolitischen Debatte beiträgt.

Leipzig im Mai 2016   Oliver Decker und Elmar Brähler

DIE ENTHEMMTE MITTE –
RECHTSEXTREME UND
AUTORITÄRE EINSTELLUNG
2016

1. Autoritäre Dynamiken: Ergebnisse der bisherigen »Mitte«-Studien und Fragestellung

Oliver Decker & Elmar Brähler

Eine wesentliche Aufgabe der Gesellschaftswissenschaften ist die Untersuchung von rechtsextremen Einstellungen und autoritären Orientierungen. Schon 1906 beschrieb der US-amerikanische Soziologe William G. Sumner mit dem Begriff »Ethnozentrismus« die Aufwertung des Eigenen bei gleichzeitiger Abwertung des Anderen (Sumner, 1906). Damit etabliert der Ethnozentrismus eine Ideologie der Ungleichwertigkeit, die mit der Abwertung des scheinbar Fremden dessen Diskriminierung und Verfolgung zu legitimieren sucht. Solche Ideologien werden von Individuen geäußert, doch kommt durch sie mehr als nur individuelle Meinung zum Ausdruck.

Als individuelle Meinung sind sie eine Provokation, aber vor allem eine Herausforderung für demokratische Gesellschaften. Denn dem rechtsextremen Vorurteil beispielsweise Juden oder Muslimen gegenüber soll deren Diskriminierung auf dem Schritt folgen; diese Meinung der Einzelnen ist keine Privatangelegenheit – vielmehr soll sie Konsequenzen haben. Und weil sich Ideologien der Ungleichwertigkeit nicht nur mit Aggression gegen Individuen richten, sondern weil sie immer auch mit dem Ziel der Durchsetzung von autoritären, antidemokratischen Gesellschaftsstrukturen einhergehen, bedrohen sie das demokratische Miteinander und den formalen Bestand der Demokratie selbst. Das ist der Grund für die große Relevanz, die die Gesellschaftswissenschaften der Auseinandersetzung mit individuellen Vorurteilen beimessen.

Die rechtsextreme Ideologie ist aber noch in einem anderen Sinne mehr als eine individuelle Meinung. Denn auch wenn zunächst die Individuen mit ihren Einstellungen im Mittelpunkt der sozialwissenschaftlichen

Forschung stehen, sind sie doch nicht ihr einziges Thema. So vehement sich Menschen mit autoritärer oder ethnozentrischer Einstellung gegen eine offene Gesellschaft wenden – sie sind selbst Produkt dieser Gesellschaft. Deshalb erschöpft sich auch die Aufgabe der Gesellschaftswissenschaften nicht darin, die offene Gesellschaft zu stärken, sie muss dieser Gesellschaft auch ein Bewusstsein ihrer selbst geben. Mit den Individuen nimmt die Forschung auch immer die Bedingungen in den Blick, unter denen diese leben und zu dem geworden sind, was der Gesellschaft aus ihrer Mitte als Bedrohung entgegentritt. Das gilt auch für ihre rechtsextreme Einstellung. In der kritisch-reflexiven Auseinandersetzung mit der Gegenwartsgesellschaft stellt sich die Frage, warum sie das, was sie bedroht, immer wieder selbst hervorbringt. In der Irrationalität und Destruktivität des Individuums kommen die Widersprüchlichkeiten der Gesellschaft selbst zum Vorschein.

Das war auch das Thema der beiden Studien zum Autoritären Charakter, die ähnlich wie Sumners Arbeiten zum Ethnozentrismus begriffsbildend gewesen sind. Ethnozentrisch, das waren die von Max Horkheimer, Erich Fromm und Herbert Marcuse Anfang der 1930er-Jahre untersuchten Deutschen auf jeden Fall (Horkheimer et al., 1936). Doch dieser Befund galt auch für die von Theodor W. Adorno und der Berkley-Group in den 1940er-Jahren untersuchten US-Amerikaner (Adorno et al., 1950). Die Probanden beider Studien waren eben in Gesellschaften verstrickt, die – in unterschiedlichem Grad – autoritär organisiert waren und ihren Mitgliedern diese Prägung aufdrückten. Der »Autoritäre Charakter« ist wie ein Fahrradfahrer, der nach oben buckelt, nach unten tritt und immer in den eingefahrenen Bahnen der Konvention bleibt. Er verhält sich so, weil er von klein auf das Prinzip von Gewalt und Herrschaft als eine die gesamte Gesellschaft strukturierende Logik erfahren musste. Und »von klein auf« ist hier durchaus wörtlich gemeint, denn nicht umsonst bedienten sich die Autoren/innen der Studien zum Autoritären Charakter der Psychoanalyse Sigmund Freuds, mit der sie die psychische Innenseite der gesellschaftlichen Verhältnisse verstehen wollten. Vom ersten Kontakt zur Welt an erfährt der Mensch, wie die Gesellschaft funktioniert, in die er hineinwächst. Das Prinzip einer Gesellschaft wird ja keinesfalls so verstanden, wie sich ein unbeteiligter Zuschauer die Regeln einer ihm bis dahin unbekannten Sportart erschließt. Je mehr es um die Logik von Macht und Autorität geht, desto mehr werden diese Regeln in erster Linie erlitten. Es ist kein Verstehen, sondern ein Erleiden, für das der sozialisierte Mensch Entschädigung sucht. Der Preis, mit der für die Unterwerfung unter eine Autorität bezahlt wird, ist die Identifikation mit dieser Autorität; die Psychoanalyse bezeichnet das als Identifikation mit dem Aggressor. Weil er stark ist, kann er Unterwerfung fordern, während die Identifikation mit seiner Stärke dem Unterlegenen zur Teilhabe an dieser Gewalt verhilft.

Früher wurde diese Unterwerfung durch körperliche Züchtigung erzwungen, heute durch sublimere Techniken. Alles, was vermittelt, wie wenig es um das Wünschen des Einzelnen und wie stark es stattdessen um das Funktionieren des Ganzen geht, kann die autoritäre Identifikation herbeiführen (Decker et al., 2012). Je stärker sich die Gesellschaft mit Macht gegen die Interessen der Individuen durchsetzt, desto stärker wird die Ambivalenz der Individuen gegenüber der Gesellschaft sein. Die autoritäre Aggression speist sich aus der tief sitzenden Quelle der eigenen Anpassung unter Zwang. Wer sein eigenes Leben nicht leben konnte, hasst auch das Leben der anderen.

Die Wendung vom »Veralten des autoritären Charakters« besagt dementsprechend auch nicht, dass der autoritäre Charakter nicht mehr existieren würde (Decker, 2010). Zwar ist unstrittig, dass in der bundesdeutschen Gesellschaft seit den 1960er- und 1970er-Jahren ein ungeheurer Emanzipationsschub stattgefunden hat, mit dem die Individuen aus vielfachen autoritären Strukturen freigesetzt wurden. Seither steht zum Beispiel Homosexualität nicht mehr unter Strafe, und der Ehemann kann den Arbeitsvertrag seiner Frau nicht mehr ohne ihre Einwilligung kündigen. Seit im Jahr 2000 das elterliche Züchtigungsrecht abgeschafft wurde, gilt auch für Kinder das Menschenrecht auf körperliche Unversehrtheit. Mit der Änderung des Staatsbürgerrechts im selben Jahr wurde auch die Idee einer durch Abstammung bestimmten Zugehörigkeit zur bundesdeutschen Gesellschaft aufgegeben.

Diese Liste ließe sich noch lange fortsetzen. Aber bereits jetzt ist klar geworden, dass vieles besser geworden ist und dass heute mit deutlich mehr Recht von einer offenen Gesellschaft gesprochen werden kann, als zu der Zeit, als dieser Begriff geprägt wurde (Popper, 1958). Und doch weist die Identifikation mit Größe und Macht auf die autoritäre Dynamik hin, die die Gesellschaft weiterhin durchzieht. Ist die Autorität zurzeit auch keine Person, kein Führer, der als autoritäres Ideal vieler die autoritäre Masse konstituiert – ganz ohne sie funktioniert auch die Gegenwartsgesellschaft nicht. Heute ist es ein sekundärer Autoritarismus, in dem sich der Wunsch nach Identifikation mit Macht und Größe in Deutschland durch die nationale Wirtschaft erfüllt (Decker et al., 2015).

Seit 2002 begleiten die »Mitte«-Studien der Universität Leipzig die bundesdeutsche Debatte um Rechtsextremismus, autoritäre Einstellung und die Gefährdung der Demokratie. Sie bieten der gesellschaftspolitischen Debatte das wissenschaftlich-empirische Fundament und liefern Analysen für ausgewählte Aspekte der gesellschaftlichen Entwicklung. Die bis hierhin berichteten Befunde sind Teilergebnis dieser 14-jährigen Forschungsarbeit.

Entstanden ist die »Mitte«-Studienreihe auch als Reaktion auf die Pogrome der 1990er-Jahre. Damals wurden zahlreiche Brandanschläge verübt: auf Unterkünfte von Flüchtlingen ebenso wie auf Wohnhäuser von Migranten/innen. Dieser sichtbare Rassismus warf die Frage auf, wie weit verbreitet und wie stark ausgeprägt die rechtsextreme Einstellung in der Bevölkerung ist. Zum ersten Mal wurde diese Frage 2002 beantwortet – mit damals überraschenden Ergebnissen. Der Anteil derjenigen mit Ressentiments gegenüber Migranten/innen war in Deutschland sehr hoch: Die Ausländerfeindlichkeit der Brandstifter von Rostock-Lichtenhagen 1992 oder von Mölln im selben Jahr teilten rund 30% im Osten und rund 27% im Westen. Das geschlossene rechtsextreme Weltbild war damals in Westdeutschland mit 11,3% häufiger anzutreffen als in Ostdeutschland, wo 8,1% allen Aussagen rechtsextremen Inhalts zustimmten. Nun lagen zwar die Brandanschläge von Rostock-Lichtenhagen und Mölln zum Zeitpunkt der ersten Erhebung bereits zehn Jahre zurück, aber der Ungeist war aus der Flasche. Keinesfalls wirkte der unsägliche sogenannte Asylkompromiss von 1992 wie es seine Autoren möglicherweise erhofften, nämlich beruhigend. Der Träger des Friedenspreises des deutschen Buchhandels Navid Kermani schrieb dem Deutschen Bundestag deshalb ins Stammbuch: Was seine Mitglieder damals vollzogen, war nichts anderes als die Tatsache, dass »Deutschland das Asyl als Grundrecht praktisch abgeschafft hat« (Kermani, 2014). Es lässt sich nur mutmaßen, ob diese Grundgesetzänderung zulasten der Schwachen die Ausländerfeindlichkeit nachträglich legitimierte. Einiges spricht allerdings für diese Mutmaßung. Die Zahl der Asylanträge ging zwar rapide zurück, aber weitere Brandanschläge blieben nicht aus: 1993 folgte der Anschlag auf das Wohnhaus einer türkischen Familie in Solingen mit fünf Todesopfern. 1996 starben bei einem Brandanschlag auf eine Unterkunft von Asylbewerbern in Lübeck zehn Menschen, darunter sieben Kinder. Lange Zeit blieb die offensive Auseinandersetzung mit den Ursachen dieses grassierenden Hasses und der Gewalt aus. Die oftmals den Protagonisten autoritärer Gewalt zugeschriebene »Sorge« um den eigenen Wohlstand oder die »Angst« vor dem Fremden waren jedenfalls nicht Ursache der Pogrome, denn sie waren sichtlich nicht von Verunsicherung, sondern von Aggression getragen. Ihre Quelle konnte jedem aufmerksamen Zeitzeugen auffallen und kommt angesichts einer anderen Wanderungsbewegung schlagartig zu Bewusstsein: Von 1989 bis 1993 wanderten fast drei Millionen sogenannte Russlanddeutsche aus dem Gebiet der damaligen Sowjetunion nach Deutschland ein. Dass die eine Wanderungsbewegung absorbiert wurde wie von einem Schwamm, die andere aber massiven Hass auslöste, das hätte schon damals alarmieren müssen. Hier zeigten sich erste Hinweise auf die weite Verbreitung des ethnozentrisch-völkischen Denkens.

Blieb auch die Auseinandersetzung mit den Ursachen aus, zwangen dennoch die fortgesetzten Brandanschläge zum Handeln. Im Jahr 2000 wurde nach dem Brandanschlag auf die Düsseldorfer Synagoge vom damaligen Bundeskanzler Gerhard Schröder der »Aufstand der Anständigen« ausgerufen. Der richtete sich nicht nur gegen die rechtsextremen Attentate, sondern sollte diejenigen unterstützen, die für eine demokratische Gesellschaft stritten. Diese Reaktion tat not. Die »Mitte«-Studien haben früh die rechtsextreme, autoritäre und antidemokratische Einstellung weiter Teile der Bevölkerung dokumentiert. Zwar konnten rechtsextreme Parteien dieses Wähler/innenpotenzial lange Jahre nicht für sich gewinnen, aber das Problem war nicht mehr zu verleugnen. Die »Mitte«, so der titelgebende Befund, war nicht der Schutzraum der Demokratie, sondern aus ihr kann ein großes antidemokratisches Potenzial erwachsen. Die Stärkung der Zivilgesellschaft war das Ziel der von der Bundesregierung im Jahr 2000 ausgerufenen Programme. Wenn man diejenigen stärkt, die für ein demokratisches Miteinander eintreten, wenn man ihren Projekten Sichtbarkeit verschafft, so die Überlegung, dann gräbt man der extremen Rechten das Wasser ab. Seitdem ist eine Normverschiebung in der Bundesrepublik auszumachen. So verzeichneten wir zwischen 2012 und 2014 erstmals eine rapide Abnahme der Ausländerfeindlichkeit, die sicherlich durch andere Faktoren verstärkt wurde. Das Argument der Nützlichkeit von Migranten/innen in der Ära des Facharbeitermangels und des demografischen Wandels hat die soziale Normverschiebung ebenso begünstigt, wie die ökonomische Insellage der Bundesrepublik in wirtschaftlich unruhigen Zeiten. Allerdings ist nicht alles Gold, was glänzt. Die abnehmende Zustimmung zu ausländerfeindlichen Aussagen betrifft nur die generalisierten Vorurteile: Die Ausländerfeindlichkeit hat zwar bei phasenweise leichter Stagnation von 2002 bis 2014 kontinuierlich abgenommen, dafür ziehen nun bestimmte Gruppen den Hass besonders auf sich. Muslime, Asylsuchende, Sinti und Roma, so mussten wir 2014 feststellen, sind jetzt in einem viel stärkeren Maß von Vorurteilen gegen sie betroffen, als es die Gesamtgruppe der Migranten/innen vorher erleben musste. Die politische Artikulation rechtsradikaler und rechtsextremer Ansichten folgte seither in einer wellenförmigen Bewegung. Zu beobachten war, dass die Wellenkämme immer höher wurden und die Täler immer kürzer. Häufiger und in immer kürzeren Abständen werden nun antidemokratische und ethnozentrische Positionen öffentlich manifestiert.

Die Liberalisierung der Gesellschaft seit den 1970er-Jahren hat viele Menschen aus dem Korsett normativer Rollenerwartungen und der Stigmatisierung befreit, doch da sie mit der ökonomischen Liberalisierung einherging, brachte sie auch eine Kehrseite hervor. Die Autorität des Marktes wurde zuungunsten der Vergesellschaftung durch andere Autoritäten immer weiter ausgedehnt. Der Soziologe Wilhelm Heitmeyer sprach in der letzten Veröffentlichung der von ihm zwischen 2000 und 2010 geleiteten Studienreihe »Deutsche Zustände« konsequenterweise vom »entsicherten Jahrzehnt« (Heitmeyer, 2012, S. 15). Die Autorität der wirtschaftlichen Größe fordert genau wie jede andere die Unterwerfung unter ihre Regeln. Was sie aber kaum gewährt, ist die »Prothesensicherheit« der Autorität, wie es Erich Fromm nannte. Die Identifizierung bietet zwar Anteil an Größe und Stärke, aber keine Sicherheit (Fromm, 1936, S. 179). Dass das Funktionieren der Autorität nicht einzig auf Unterwerfung beruht, ist eine alte Erkenntnis: »Was man z.B. ›Autorität‹ nennt, setzt in höherem Maße, als man anzuerkennen pflegt, eine Freiheit des der Autorität Unterworfenen voraus, sie ist selbst, wo sie diesen zu ›erdrücken‹ scheint, nicht auf einen Zwang und ein bloßes Sich-Fügen-Müssen gestellt« (Simmel, 1908, S. 102). Dass der Wunsch nach der »Prothesensicherheit«, die eine Autorität bieten kann, noch stärker ist, als es entpersonalisierte Kollektivwerte wie Nation oder Ökonomie alleine gewährleisten können, wird jetzt sichtbar. Normative Rollen und die Sanktion ihrer Verletzung erscheinen manchem rückblickend nicht mehr als enges Korsett, sondern als Versprechen eines Exoskeletts. Das ist eine klare Rückprojektion und hat mit der Realität etwa der 1950er-Jahre wenig gemeinsam. Aber so wird plötzlich wieder aufgewühlt, was schon lange abgesunken schien. Rassistische Pogrome setzen sich über die Jahre fort, wie etwa in Mügeln (Schellenberg, 2015). Dass dabei immer öfter vom »Volk« die Rede ist, legt eine spezifisch deutsche Färbung frei. Dieser Volksbegriff hat viel mehr mit den rassistischen Wurzeln des völkischen Denkens gemein, als das neue Staatsbürgerrecht erkennen lässt. Wenn ein Autor wie Thilo Sarrazin »Deutschland schafft sich ab« titelt, ist diese Behauptung rassisch-eugenisch grundiert. Wenn sich eine Bewegung »Patriotische Europäer gegen die Islamisierung des Abendlandes« nennt, ruft sie einen völkisch-rassischen Hintergrund auf, namentlich den von Oswald Spengler und Richard Darré. Sie müssen diese Hintergründe nicht einmal im Detail kennen, um doch entsprechend zu handeln.

Es ist somit kein Wunder mehr, dass die Zahl der Brandanschläge auf Flüchtlingsheime seit 2014 rasant angestiegen ist. Auf mehr als 100 Häuser wurden Brandanschläge verübt, mehr als 1.000 wurden Ziel von Attentaten. Der sachsen-anhaltinische Ort Tröglitz kann als Präzedenzfall dienen. Hier brannte im Jahr 2015 ein Haus völlig aus, das für die Unterbringung von Flüchtlingen vorbereitet worden war, nachdem – unter Beteiligung von NPD-Kadern – wochenlang Demonstrationen auch gegen die Zivilgesellschaft organisiert worden waren. Weil aber der ganze Ort Tröglitz überhaupt erst im Nationalsozialismus als Mustersiedlung gebaut wurde, tritt in seiner Topografie die enge Verbindung von Idyll und Rassenwahn offen wie selten zutage (Decker et al., 2016). Doch sind heute die politische Einstellung und das Handeln vieler von denselben alten völkischen Motiven getragen.

Man darf sich nicht vom Gestus derer irritieren lassen, die sich immer lauter Gehör zu verschaffen suchen. Ob der NPD-Kader vor der Fernsehkamera oder der Pegida-Demonstrant in der Innenstadt, beide imponieren sich im ersten Moment wahrscheinlich selbst als Rebell gegen die Autorität. Auch von außen scheint auf sie zunächst die Beschreibung des autoritären Charakters nicht zu passen, richtet sich ihr Hass doch gegen die Repräsentanten der Demokratie, jene von ihnen so benannten »Volksverräter«. Was dabei in Vergessenheit gerät, ist, dass der autoritäre

Charakter schon in den ersten Studien nicht als Singular in Erscheinung trat, sondern als Oberbegriff für eine Reihe von Ausprägungen autoritärer Orientierungen. Von Anfang an hatten die Autoren der Studien zum Autoritären Charakter also eine Mehrzahl an autoritären Charaktertypen im Sinn. Die späteren Untersuchungen in den USA unterschieden sogar sieben Syndrome unter den »High-Scorern« und fünf unter den »Low-Scorern« (Adorno, 1950, S. 744ff.). Das »Authoritarian Syndrom«, das klassische oder »orthodoxe« Erscheinungsbild des autoritären Charakters, wurde unter den »High-Scorern« aufgeführt (Adorno, 1950, S. 763) und erhält bis heute die meiste Aufmerksamkeit. Aber es fand sich unter den »High-Scorern« auch der »Rebell«. Von ihm nahm Adorno seinerzeit an, dass seine Existenz eher der Vergangenheit als der Zukunft angehört, beispielhaft verdichtet im SA-Führer Röhm. Vielleicht gewährte Adorno mit diesem Typus einen Rückblick auf das Kommende. Heute taucht der Verdacht auf, dass sich hinter der Begeisterung für die eigenen Proteste gegen die »Herrschenden« bei den Pegida-Demonstranten, in der Destruktivität des »Nationalsozialistischen Untergrunds« und bei manchem Neu-Rechten in den Reihen der AfD vor allem der Wunsch nach einer starken Autorität verbirgt. Ihre »Rebellion« richtet sich gegen die Autorität, weil sie sie als schwach wahrnehmen. Auf jeden Fall sind diese Aktionen gegen die liberale und offene Gesellschaft gerichtet, die sich in den letzten Jahrzehnten entwickelt hat, weswegen dieser Verdacht nicht ganz unbegründet erscheint.

Um ihm nachzugehen, wurde für die aktuellste Befragung im Rahmen unserer »Mitte«-Studien der Blick auf die besondere historische Situation gerichtet, welche sich seit dem Sommer 2014 abzeichnet. Sie ist von einer zunehmenden öffentlichen Artikulation antidemokratischer Parolen charakterisiert. Dokumentierten die »Mitte«-Studien in der Vergangenheit die Verbreitung der extrem rechten Einstellung, die aber nur in den seltensten Fällen in Handlung umschlug, zeigt sich gegenwärtig eine hohe Mobilisierung durch extrem rechte Bewegungen. Gleichzeitig zeichnet sich in diesen Milieus eine zunehmende Akzeptanz von Gewalt ab. Für die aktuelle Erhebung wurde ein Vergleich zwischen 2006 und 2016 vorbereitet, um im Kontrast einer Dekade die Veränderungen der politischen Kultur in verschiedenen politischen Milieus zu beschreiben. Die von der NPD seit etwa einem Jahrzehnt gewählte Strategie der Verbindung von »Straße« und »Parlament« ist zum Teil erfolgreich gewesen. Doch auch wenn diese

Partei ihre Position seit 2013 mit ihren »Nein-zum-Heim«-Kampagnen behauptet, entwickeln sich parallel dazu andere Organisationen. Der neu eröffnete Raum rechtsextremer Opposition gegen das Bestehende ist umkämpft. So ist in den letzten Jahren eine zunehmende Differenzierung der organisierten extremen Rechten jenseits der NPD erkennbar geworden. Anders als die NPD versucht die »Organisierung ohne Organisation« (z.B. Freie Nationalisten, freie Kameradschaften) nicht mehr, den Kampf gegen die Demokratie auch innerhalb der parlamentarischen Ordnung zu führen, sondern außerhalb und unmittelbar gegen diese Ordnung gerichtet. Gleichzeitig fächert sich das Parteienspektrum, welches das Wähler/innenpotenzial mit rechtsextremer Einstellung adressiert, deutlich auf. Wie stark die Akzeptanz für diese neuen Organisationsformen ist – sowohl für die neuen Parteien als auch für gewaltvolle Formen politischer Auseinandersetzung – wurde in der aktuellen »Mitte«-Studie erfasst.

Im ersten Teil dieses Buches werden in sechs Kapiteln die Ergebnisse der diesjährigen Erhebung vorgestellt. Kapitel 2 beschreibt die Verbreitung und Ausprägung der rechtsextremen Einstellung im Bundesgebiet. Entlang von soziodemografischen Kennziffern werden Bevölkerungsgruppen in Bezug auf ihre politische Einstellung verglichen. Hierzu gehören auch der Zeitverlauf von 2002 bis 2016 und genauso die Ausprägung anderer Elemente der politischen Einstellung, wie etwa der Gruppenbezogenen Menschenfeindlichkeit und der Befürwortung der Diktatur. In Kapitel 3 werden die Anhänger/innen der Parteien verglichen. Die Parteienlandschaft ist seit den 1990er-Jahren in Bewegung, wobei das Aufkommen neuer Parteien, besonders der AfD, auf ein historisch singuläres Potenzial zu treffen scheint. Es zeigt sich, dass dieses Potenzial der AfD bei Wählern/innen mit einer deutlich rechtsextremen und vorurteilsverhafteten Einstellung liegt. In Kapitel 4 werden dann die politischen Milieus beschrieben, das Klima, welches in ihnen herrscht, und die Verschiebung, die seit 2006 festzustellen ist. Ein wichtiger Befund ist, dass die demokratischen Milieus in den letzten Jahren angewachsen sind. Diesem Umstand ist der Rückgang rechtsextremer Einstellung zu verdanken, den wir in den letzten Erhebungen festgestellt haben. Der zweite wichtige Befund ergibt sich aus einer Verschiebung in den autoritären Milieus. Der Kontrast zwischen demokratischen und autoritären Milieus macht das Ausmaß der Polarisierung und Radikalisierung in den letzten zehn Jahren deutlich. Der hohe Anteil von rechtsextrem Eingestellten, die unsere Studienreihe seit Jahren dokumentiert, formiert sich verstärkt als politischer Akteur und radikalisiert sich gleichzeitig. Damit geht die Abwendung der rechtsextrem Eingestellten von den demokratischen Parteien einher. Was der NPD in der Vergangenheit nicht gelang, zeichnet sich nun ab: Die AfD kann dieses Wähler/innenpotenzial für sich mobilisieren. Ausgehend von der Frage nach den politischen Motiven der Pegida-Bewegung werden deren Anhänger in Kapitel 5 untersucht. Das Resultat: Der wichtigste Einflussfaktor für die Befürwortung von Pegida oder ähnlichen Gruppierungen ist die rechtsextreme Einstellung. Alle anderen Faktoren, die wir in die Untersuchung einfließen ließen, hatten kaum oder keinen Einfluss auf die Sympathie mit den Zielen dieser Bewegungen. Der erste Teil des Buches, der die empirische Analyse vorstellt, wird durch die Beschreibung der Einstellung gegenüber unbegleiteten Flüchtlingen abgeschlossen, welche *Paul L. Plener* und *Jörg M. Fegert* vornehmen.

Wie schon in der »Mitte«-Studie 2014 umfasst der zweite Teil Beiträge zum Zustand der Zivilgesellschaft. Die empirischen Befunde unserer diesjährigen »Mitte«-Studie werden vertieft mit dem Aufsatz von *Alexander Häusler* zur Position der AfD in der Flüchtlingsdebatte und der von *Thorsten Mense, Frank Schubert* und *Gregor Wiedemann* vorgenommen Analyse des Verhältnisses von Pegida und Neuer Rechter. Obwohl der im Aufsatz von *Timo Reinfrank* und *Anna Brausam* dokumentierte Anstieg der Attentate auf Flüchtlingsheime das gewaltvolle Potenzial der Neuen Rechten sehr deutlich vor Augen führt, bleiben die Reaktionen des Rechtsstaats verhalten. Die Beiträge von *Kati Lang* und *Jan Schedler* zeigen, welch geringem Verfolgungsdruck politisch motivierte Gewalt von rechts ausgesetzt ist. Sowohl die Erfassung von rechten Straftaten als auch ihre Strafverfolgung, so wird deutlich, ist im Alltag dringend zu verbessern. Auch wird sichtbar, wie ambivalent das Gericht in einem der wichtigsten Verfahren gegen der Rechtsterrorismus – dem NSU-Prozess – agiert.

Insgesamt ist eine deutliche Veränderung der politischen Kultur zu registrieren. Die Stärkung der Zivilgesellschaft hat auch die demokratischen Milieus in den letzten Jahren stärker gemacht. Gleichzeig haben sich aber die antidemokratischen Milieus als politische Akteure gefunden. Im Rückblick, so erscheint es heute, werden vergangene Autorität sowie die Normen und Regeln, die sie den Individuen auferlegte, wieder von vielen Angehörigen dieser Milieus geradezu herbeigesehnt. Die Flüchtlingskrise ist einerseits bloßer Katalysator der Formierung neuer rechter Bewegungen. Andererseits aber wird mit dem Ressentiment gegen Flüchtlinge sichtbar, dass es in längst überkommen geglaubten völkischen Vorstellungen von Gesellschaft verankert ist. So bleibt bis heute mehr als dringend, die Entstehung von Vorurteilen und die Abwertung von Anderen zu untersuchen. Noch immer sind weite Teile der Bevölkerung bereit, abzuwerten und zu verfolgen, was sie als abweichend und fremd wahrnehmen. Dabei wird immer deutlicher, dass hinter dem rassistischen und ethnozentrischen Denken in Deutschland weiterhin die Annahme einer Volksgemeinschaft als Schicksalsgemeinschaft steht.

LITERATUR

Adorno, T. W. (1950). Types and Syndroms. In T. W. Adorno, E. Frenkel-Brunswik, D. J. Levinson & R. N. Sandford (Hrsg.), *The Authoritarian Personality* (S. 744–783). New York: Harper.

Adorno, T. W., Frenkel-Brunswik, E., Levinson, D. J. & Sandford, R. N. (Hrsg.). (1950). *The Authoritarian Personality*. New York: Harper.

Decker, O. (2010). Das Veralten des Autoritären Charakters. In O. Decker, M. Weissmann, J. Kiess & E. Brähler (Hrsg.), *Die Mitte in der Krise – Rechtsextreme Einstellung in Deutschland 2010* (S. 29–41). Springe: zu Klampen (2012).

Decker, O., Grave, T., Rothe, K., Weißmann, M., Kiess, J. & Brähler, E. (2012). Erinnerte Erziehungserfahrung und Erziehungsideale über die Generationen. Befunde aus Gruppendiskussionen und Repräsentativerhebungen. *Jahrbuch für Pädagogik, 20*, 267–301.

Decker, O., Kiess, J. & Brähler, E. (2015). *Rechtsextremismus der Mitte und sekundärer Autoritarismus*. Gießen: Psychosozial-Verlag.

Decker, O., Berger, F. & Haberkorn, F. (2016). *Vom KZ zum Eigenheim. Bilder einer Mustersiedlung*. Springe: zu Klampen.

Fromm, E. (1936). Studien über Autorität und Familie. Sozialpsychologischer Teil. In Ders. (Hrsg.), *Gesamtausgabe Bd. 1* (S. 139–187). Stuttgart: Deutsche Verlagsanstalt.

Heitmeyer, W. (Hrsg.). (2012). *Deutsche Zustände – Folge 10*. Frankfurt/M.: Suhrkamp.

Horkheimer, M., Fromm, E. & Marcuse, H. (1936). *Studien über Autorität und Familie*. Springe: zu Klampen (Reprint der Originalauflage, 1987).

Kermani, N. (2014). Rede von Dr. Navid Kermani zur Feierstunde »65 Jahre Grundgesetz«. https://www.bundestag.de/dokumente/textarchiv/2014/-/280688 (17.05.2016).

Popper, K. (1958). *Die offene Gesellschaft und ihre Feinde. Band II*. Bern: Francke.

Schellenberg, B. (2015). Autoritarismus, Rassismus, Rechtsextremismus – ein Fallbeispiel. In O. Decker, J. Kiess & E. Brähler (Hrsg.), *Rechtsextremismus der Mitte und sekundärer Autoritarismus* (S. 153–170). Gießen: Psychosozial-Verlag.

Simmel, G. (1908). *Soziologie. Über die Formen der Vergesellschaftung*. Frankfurt/M.: Suhrkamp.

Sumner, W. G. (1906). *Folkways. A study of the sociological importance of usages, manners, customs, mores, and morals*. New York: Dover Publications.

2. DIE »MITTE«-STUDIE 2016: METHODE, ERGEBNISSE UND LANGZEITVERLAUF

Oliver Decker, Johannes Kiess, Eva Eggers & Elmar Brähler

In diesem Kapitel wird zuerst das methodische Vorgehen der »Mitte«-Studie 2016 erläutert, danach werden die Ergebnisse dargestellt. Auf Grundlage der bisherigen »Mitte«-Studien der Universität Leipzig wird außerdem der Verlauf der rechtsextremen und antidemokratischen Einstellung in Deutschland seit 2002 untersucht.

METHODE

Die »Mitte«-Studien sind Repräsentativerhebungen, die im Zweijahresrhythmus die rechtsextreme Einstellung in Deutschland erfassen. Eine ausführliche Darstellung des methodischen Vorgehens ist in der Publikation *Rechtsextremismus der Mitte* (Decker et al., 2015) enthalten. Im Folgenden soll das Vorgehen für die Erhebungswelle 2016 beschrieben werden.

Die Fragebögen

Für die »Mitte«-Studie 2016 wurden verschiedene Fragebögen zusammengestellt. Im Zentrum stand wieder der Leipziger Fragebogen zur rechtsextremen Einstellung (FR-LF), der seit Beginn der Untersuchungsreihe 2002 eingesetzt wird. Er erfasst die rechtsextreme Einstellung auf sechs Dimensionen: Befürwortung einer rechtsautoritären Diktatur, Chauvinismus, Ausländerfeindlichkeit, Antisemitismus, Sozialdarwinismus und Verharmlosung des Nationalsozialismus (Decker et al., 2013a). Zu jeder Dimension wurden den Befragten drei Aussagen vorgelegt, die sie jeweils einschätzen sollten (vgl. die Grafiken 1 bis 6). Dafür stand eine fünfstufige Skala zur Verfügung, mit der die Aussage von »lehne voll und ganz ab« (Wert = 1) bis zu »stimme voll und ganz zu« (Wert = 5) bewertet werden konnten. Auf dieser Likert-Skala bedeuten höhere Antwortwerte höhere Zustimmung.

Neben diesem Fragebogen zur rechtsextremen Einstellung wurden, wie schon in den früheren Erhebungswellen, verschiedene zusätzliche Instrumente eingesetzt, um mehr über Zusammenhänge zwischen rechtsextremen Einstellungen und anderen Konstrukten zu erfahren. So wurden politische Einstellungen mit einem Fragebogen zum Autoritarismus erhoben (Beierlein et al., 2014). Die verwendeten Fragen zur Verschwörungsmentalität (Imhof & Decker, 2013) bilden zusätzlich die klassische antidemokratische und autoritäre Orientierung ab (Adorno et al., 1950). Darüber hinaus wurden Fragen zur gruppenbezogenen Menschenfeindlichkeit gestellt (Heitmeyer, 2012), konkret zur Bereitschaft, Muslime, Sinti und Roma, Flüchtlinge und Homosexuelle abzuwerten. Ein Fragebogen galt der sexistischen Einstellung: sowohl dem »klassischen« als auch dem »modernen« Sexismus (Endrikat, 2003). Um die Sicht der Befragten auf die Legitimation des politischen Systems der Bundesrepublik Deutschland zu erfassen, wurden Fragen zur Akzeptanz der Demokratie gestellt. Zusätzlich wurden Fragebögen zum Beispiel zur Einschätzung der politischen und sozialen Deprivation und der wirtschaftlichen Lage (individuell und national) eingesetzt. Auch das Vertrauen in Verfassungs- und gesellschaftliche Institutionen, wie etwa in das Bundesverfassungsgericht und die Parlamente, wurde erfasst.

Als Verhaltenskomponente wurde die Befürwortung von Gewalt als Mittel der Durchsetzung von Interessen erhoben. Mit sechs Items einer Kurzskala wurde sowohl die Akzeptanz von Gewalt als auch die Verhaltensbereitschaft zu Gewalt erfasst (Ulbrich-Herrmann, 1995). Ulbrich-Herrmann definiert gewaltbefürwortende Einstellungen wie folgt: »physische Gewalt (wird) gutgeheißen oder als Normalität im Umgang von Menschen erachtet« und ist messbar über Items, »in denen körperliche Gewalt direkt thematisiert und eine diesbezügliche Einstellung erfaßt wird« (Ulbrich-Herrmann, 1998, S. 59).

Der für die Studie final verwendete schriftliche Fragebogen bestand aus zwei Teilen. Der erste Teil, der gemeinsam mit dem Interviewer ausgefüllt wurde, bezog sich auf die soziodemografischen Angaben zur Zielperson und zum Haushalt nach den demografischen Standards des statistischen Bundesamtes. Hierzu gehörten auch die Links-rechts-Selbsteinschätzung, die Angabe der eigenen Religiosität, die Gewerkschaftsmitgliedschaft und der Migrationshintergrund. Danach wurde den Befragten der zweite Teil des Fragebogens übergeben. Dieser sollte aus Diskretionsgründen eigenständig beantwortet werden. Der Interviewer stand bei Schwierigkeiten allerdings beratend zur Verfügung.

Die Repräsentativerhebung

Die »Mitte«-Studien basieren auf repräsentativen Umfragen. Im zweijährigen Rhythmus werden seit 2002 zwischen 2.000 und 5.000 Probanden befragt[1]. Je größer die Stichprobe ist, desto geringer ist die Fehlerwahrscheinlichkeit. Das wichtigste Merkmal einer repräsentativen Erhebung ist allerdings, dass jedes relevante soziodemografische Merkmal in der Bevölkerung die gleiche Chance hat, in die Stichprobe einzugehen. Daher ist das wesentliche Kriterium die Ziehung einer Zufallsstichprobe (Prein et al., 1994). Wie in den vorherigen »Mitte«-Studien wurde auch 2016 das Meinungsforschungsinstitut USUMA mit der Durchführung beauftragt.

Die Arbeitsgemeinschaft ADM-Stichproben F2F (Face-to-Face, mündlich-persönlich), deren Mitglied USUMA ist, stellt einen Auswahlrahmen zur Verfügung, um repräsentative Stichproben der Privathaushalte und der darin wohnenden Personen zu erstellen. Das ADM-Stichprobensystem F2F ist eine Flächenstichprobe, die das gesamte bewohnte Gebiet der BRD umfasst. Es basiert auf der Gemeindegliederung der Bundesrepublik, den intrakommunalen Gebietsgliederungen, die mit kommunalstatistischen Daten hinterlegt sind, und den für die Navigationssysteme erstellten elektronischen Regionaleinteilungen.

Diese Flächen wurden in der ersten Auswahlstufe regional geschichtet nach Kreisen und BIK-Typen, sodass sie insgesamt auf rund 1.500 Regionalschichten aufgeteilt wurden. Anschließend wurden 128 Netze proportional zur Verteilung der Privathaushalte gezogen – bestehend aus 210 Auswahlflächen in den alten und 48 in den neuen Bundesländern. Um dabei die Schichtungseffekte voll nutzen zu können, ohne die Zufallsauswahl zu durchbrechen, wurden diese Netze nach dem von L. H. Cox

---

1 Zwischen 2006 und 2012 bestand eine Kooperation mit der Friedrich-Ebert-Stiftung.

entwickelten Verfahren der Zufallsallokation mit Proportion zur Größe der Nachkommastellen realisiert. Da eine Fläche jeweils nur für ein Netz gezogen wird, sind die 128 Netze überschneidungsfrei; wegen der Cox-Allokation können sie außerdem beliebig miteinander kombiniert werden. In der zweiten Auswahlstufe erfolgte innerhalb dieser regionalen Flächen die Auswahl der Zielhaushalte nach dem Random-Route-Verfahren. Innerhalb jeder regionalen Fläche wurde eine Startadresse – ein Sample-Point – und eine Schrittweite für die Zufallsauswahl der Haushalte vorgegeben. Der Interviewer musste dazu alle Klingelschilder bis zu einer bestimmten Anzahl nach festgelegter Schrittweite und einer vorgegebenen Random-Route-Begehungsvorschrift auflisten.

Bei dieser Studie war die konkrete Vorgabe, ausgehend von der Startadresse jeden dritten Haushalt aufzulisten, bis 19 gültige Adressen in Privathaushalten pro Sample-Point identifiziert waren. In der dritten Auswahlstufe der Zufallsauswahl wurde schließlich eine Person im Haushalt ausgewählt. Bei 258 Sample-Points wurden also insgesamt 4.902 Haushalte für die Befragung ausgewählt und in diesen jeweils eine Person. Die realisierte Rücklaufquote betrug 49,4%: Am Ende konnten 2.420 Probanden befragt werden. Ausfälle beinhalten insbesondere das Nichtantreffen der Zielperson, aber auch die Verweigerung des Interviews durch die Zielperson. Im Vergleich zu Telefonbefragungen erreicht das von uns verwendete Face-to-Face-Verfahren – das persönliche Gespräch im Haushalt des Befragten – sehr hohe Rücklaufquoten. Die Beschreibung der Stichprobe ist Tabelle 1 zu entnehmen.

Tabelle 1: Soziodemografische Beschreibung der Stichprobe
(nur deutsche Staatsangehörige, 14–93 Jahre)

		Gesamtgruppe (N = 2.420)	
Alter in Jahren	Mittelwert	49,13	
	Standardabweichung	18,2	
		absolut	in %
Altersgruppen	bis 24 Jahre	266	11,0
	25–34 Jahre	346	14,3
	35–44 Jahre	347	14,3
	45–54 Jahre	467	19,3
	55–64 Jahre	450	18,6
	65–74 Jahre	328	13,6
	ab 75 Jahre	216	8,9
Geschlecht	männlich	1.082	44,7
	weiblich	1.338	55,3
Familienstand	verheiratet/zusammenlebend	985	40,8
	verheiratet/getrennt lebend	51	2,1
	ledig	745	30,9
	geschieden	378	15,7
	verwitwet	255	10,6
Partnerschaft	ja (leben in Partnerschaft)	1.255	52,6
	nein (leben ohne Partnerschaft)	1.129	47,4
Schulabschluss	ohne Schulabschluss	49	2,0
	Hauptschule/8. Klasse	733	30,3
	Mittlere Reife/Realschule	783	32,4
	POS/10. Klasse	188	7,8
	Fachschule	82	3,4
	Abitur/o. abgeschl. Studium	277	11,5
	abgeschl. Hochschul-/FHS-Studium	233	9,6
	Schüler(in) einer allg. Schule	73	3,0

Fortsetzung Tabelle 1

		absolut	in %
Berufstätigkeit	Vollzeit mit ≥ 35 h/Woche	977	40,7
	Teilzeit mit 15 – 35 h/Woche	287	12,0
	Teilzeit mit ≤ 15 h/Woche	60	2,5
	Freiwilligendienst oder Mutterschutz / Erziehungsurlaub	19	0,8
	arbeitslos/0-Kurzarbeit	134	5,6
	in Rente/Vorruhestand	639	26,6
	nicht berufstätig/Hausmann/ Hausfrau	80	3,3
	in Berufsausbildung	56	2,3
	in Schulausbildung	148	6,2
Haushaltsein-	weniger als 750 €	100	4,3
kommen/Monat	750 bis < 1.250 €	336	14,4
	1.250 bis < 2.000 €	642	27,5
	2.000 bis < 3.500 €	873	37,4
	ab 3.500 €	386	16,5
Kirchen-	nein	697	28,9
zugehörigkeit	ja	1.712	71,1
Ostdeutsche		503	20,8
Westdeutsche		1.917	79,2

DIE ERGEBNISSE DER »MITTE«-STUDIE 2016 – RECHTSEXTREME EINSTELLUNG IN DEUTSCHLAND

Der Fragebogen zur rechtsextremen Einstellung in der Leipziger Form ist seit 2002 das Kernelement der »Mitte«-Studien. Er beruht auf einer Definition, die 2001 auf der Konsensuskonferenz zur Entwicklung eines einheitlichen Messinstruments gefunden wurde und die die rechtsextreme Einstellung als mehrdimensionales Weltbild beschreibt:

> Der Rechtsextremismus ist ein Einstellungsmuster, dessen verbindendes Kennzeichen Ungleichwertigkeitsvorstellungen darstellen. Diese äußern sich im politischen Bereich in der Affinität zu diktatorischen Regierungs-formen, chauvinistischen Einstellungen und einer Verharmlosung bzw. Rechtfertigung des Nationalsozialismus. Im sozialen Bereich sind sie ge-kennzeichnet durch antisemitische, fremdenfeindliche und sozialdarwinisti-sche Einstellungen. (Decker & Brähler, 2006)

Insgesamt werden den Befragten 18 Fragen vorgelegt – zu jeder der sechs Dimensionen drei Fragen. Eine ausführliche Beschreibung und teststa-tistische Analyse des Fragebogens, auch bezüglich des Zusammenhangs zwischen den Dimensionen, findet sich in Decker et al. (2013).

In Tabelle 2 wird zunächst das Antwortverhalten der Befragten für die einzelnen Fragen der Dimensionen dargestellt. Die Abstufungen von 1 (»lehne voll und ganz ab«) bis 5 (»stimme voll und ganz zu«) auf der Likert-Skala bedeuten je Schritt eine größere Zustimmung. Die Antwort »teils/teils« (3) ermöglicht zwar den Befragten, sich nicht festzulegen, gibt aber dennoch einen Hinweis auf eine höhere Ausprägung des jeweiligen Vorurteils als die Ablehnung (1/2). Wer beispielsweise eine antisemitische Aussage mit »teils/teils« einschätzt, ist nicht frei von Vorurteilen gegen-über Juden/Jüdinnen.

Tabelle 2: Der Fragebogen zur rechtsextremen Einstellung – Zustimmung auf Item-Ebene (in %)

	Rechtsextremismus	lehne völlig ab	lehne überwiegend ab	stimme teils zu, teils nicht zu	stimme überwiegend zu	stimme voll und ganz zu
01	Im nationalen Interesse ist unter bestimmten Umständen eine Diktatur die bessere Staatsform.	60,5	15,2	17,6	4,9	1,8
02	Ohne Judenvernichtung würde man Hitler heute als großen Staatsmann ansehen.	61,6	18,2	14,5	4,2	1,5
03	Was Deutschland jetzt braucht, ist eine einzige starke Partei, die die Volksgemeinschaft insgesamt verkörpert.	37,9	17,0	23,2	14,7	7,2
04	Wir sollten einen Führer haben, der Deutschland zum Wohle aller mit starker Hand regiert.	56,8	17,9	14,7	7,4	3,2
05	Wie in der Natur sollte sich in der Gesellschaft immer der Stärkere durchsetzen.	49,6	22,6	19,4	6,6	1,8
06	Die Ausländer kommen nur hierher, um unseren Sozialstaat auszunutzen.	18,2	15,5	34,2	20,4	11,7
07	Auch heute noch ist der Einfluss der Juden zu groß.	44,3	23,7	21,1	8,4	2,6
08	Wir sollten endlich wieder Mut zu einem starken Nationalgefühl haben.	20,6	14,9	29,1	22,8	12,6
09	Eigentlich sind die Deutschen anderen Völkern von Natur aus überlegen.	47,9	19,5	20,7	9,6	2,4
10	Wenn Arbeitsplätze knapp werden, sollte man die Ausländer wieder in ihre Heimat zurückschicken.	26,8	19,7	27,4	15,1	11,0
11	Die Verbrechen des Nationalsozialismus sind in der Geschichtsschreibung weit übertrieben worden.	56,7	21,1	15,8	5,1	1,3
12	Was unser Land heute braucht, ist ein hartes und energisches Durchsetzen deutscher Interessen gegenüber dem Ausland.	28,1	16,9	28,8	17,8	8,4
13	Die Juden arbeiten mehr als andere Menschen mit üblen Tricks, um das zu erreichen, was sie wollen.	51,0	20,6	18,9	8,1	1,4

Fortsetzung Tabelle 2

		lehne völlig ab	lehne überwiegend ab	stimme teils zu, teils nicht zu	stimme überwiegend zu	stimme voll und ganz zu
14	Das oberste Ziel der deutschen Politik sollte es sein, Deutschland die Macht und Geltung zu verschaffen, die ihm zusteht.	32,3	18,9	26,9	15,5	6,4
15	Es gibt wertvolles und unwertes Leben.	65,2	11,6	13,7	6,7	2,8
16	Die Bundesrepublik ist durch die vielen Ausländer in einem gefährlichen Maß überfremdet.	22,4	16,1	27,7	20,6	13,3
17	Die Juden haben einfach etwas Besonderes und Eigentümliches an sich und passen nicht so recht zu uns.	50,6	21,7	18,1	7,8	1,9
18	Der Nationalsozialismus hatte auch seine guten Seiten.	52,2	18,9	20,5	6,5	1,9

Die folgenden sechs Grafiken zeigen die Zustimmungswerte für alle drei Fragen der jeweiligen Dimension. Dazu wurden für jede Frage die Antworten »stimme überwiegend zu« und »stimme voll und ganz zu« zusammengefasst. Die Prozentangaben beziehen sich nur auf diese Werte.

Grafik 1 stellt die Zustimmungswerte für die Dimension »Befürwortung einer rechtsautoritären Diktatur« dar. 13,8% der Befragten in Ostdeutschland und 4,8% derer in Westdeutschland stimmten der Aussage zu, dass unter bestimmten Umständen eine Diktatur die bessere Staatsform wäre. Dies ist ein bemerkenswerter Unterschied, der sich in den beiden folgenden Fragen weit abgeschwächter zeigt. 12,8% im Osten und 10% im Westen wünschen sich einen Führer, der zum Wohle aller durchregiert; 25,5% (Ost) und 21% (West) wollen eine einzige starke Partei, welche die »Volksgemeinschaft« insgesamt verkörpert. Mit dieser Dimension wird ein Element rechtsextremer Einstellung abgefragt, das deutlich antidemokratisch ist, denn alle Aussagen richten sich gegen die Aushandlung verschiedener Interessen. Die Begriffe »Diktatur«, »Führer« und »Volksgemeinschaft« sind zudem Signalwörter für eine völkische und antidemokratische Ideologie.

Grafik 1: Befürwortung einer rechtsautoritären Diktatur 2016

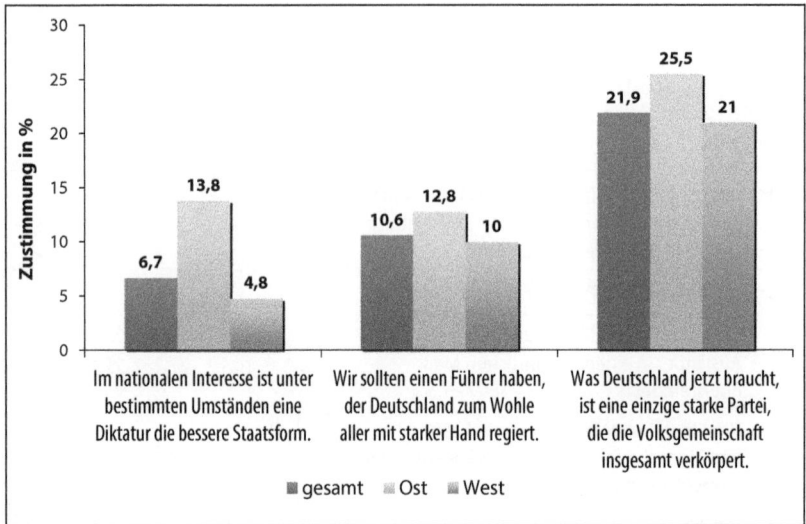

In Grafik 2 sind die Zustimmungswerte zur Dimension »Chauvinismus« abgebildet. Jeder dritte Befragte findet, dass die Deutschen »endlich wieder Mut zu einem starken Nationalgefühl haben« sollten. Damit wird das Bedürfnis nach Identifikation mit der Nation ausgedrückt und das Fehlen einer solchen Identifikation postuliert. Etwas mehr als jeder Vierte denkt, deutsche Interessen sollten gegenüber dem Ausland hart und energisch durchgesetzt werden. Weniger Zustimmung erhält die dritte Aussage, dass die deutsche Politik alles daransetzen müsse, Deutschland die Macht und Geltung zu verschaffen, »die ihm zusteht«. Diese Dimension erfasst einen nach außen gerichteten, aggressiven Nationalismus mit einer Aufwertung und Überbewertung der eigenen Nation.

Steht mit der Dimension »Chauvinismus« die Aufwertung der Eigengruppe (z.B. der Deutschen oder der Nation) im Zentrum, beschreibt die Dimension »Ausländerfeindlichkeit« die Abwertung von Fremdgruppen, hier der »Ausländer«. Chauvinismus und Ausländerfeindlichkeit hängen in der Regel eng zusammen, d.h. wer die Eigengruppe überbewertet, tendiert auch zur Abwertung von Fremden (Decker et al., 2013a).

Grafik 2: Chauvinismus 2016

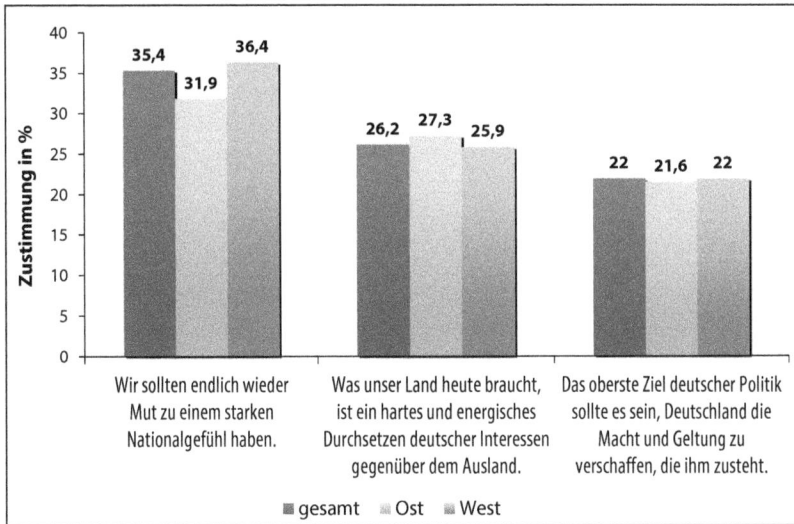

Wie in den Vorjahren (zu den Veränderungen im Zeitverlauf siehe Kap. 2) ist die Ausländerfeindlichkeit im Osten stärker ausgeprägt als im Westen (Grafik 3). Fast 40% der Befragten in Ostdeutschland stimmen der Aussage zu, »Ausländer« kämen »nur hierher, um unseren Sozialstaat auszunutzen«. In Westdeutschland liegt die Zustimmung mit 30,4% allerdings ebenfalls auf einem sehr hohen Niveau. Mehr als jeder vierte Befragte in Gesamtdeutschland findet, man solle bei Arbeitsplatzmangel »die Ausländer wieder in ihre Heimat zurückschicken«. Jeder Dritte ist der Ansicht, die Bundesrepublik sei »durch die vielen Ausländer in einem gefährlichen Maße überfremdet«. Wieder bilden die Fragen klassisch rechtsextreme Positionen ab: den Topos der Ausnutzung des Sozialstaats oder die Idee, Arbeit müsse zuerst für Deutsche (wie immer diese abgegrenzt werden würden) da sein, aber auch der Begriff der Überfremdung. Offenbar verfügen sie über ein sehr hohes Zustimmungspotenzial.

Grafik 3: Ausländerfeindlichkeit 2016

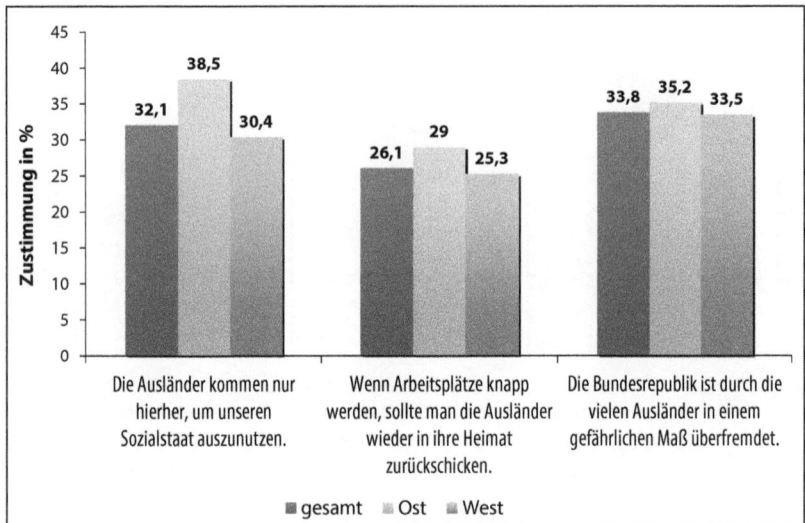

Auch der Antisemitismus ist eine Form der Konstruktion und Abwertung einer als fremd wahrgenommenen Gruppe. Grafik 4 zeigt die relativ gleichmäßige Zustimmung zu den drei Aussagen dieser Dimension. 10,9% der Befragten denken, der Einfluss von Juden/Jüdinnen sei heute noch zu groß – ein klassisch antisemitisches Stereotyp über den angeblich privilegierten Zugang von Juden zur Macht. 9,5% schreiben Juden/Jüdinnen das Arbeiten mit »üblen Tricks« zu; ein etwa ebenso großer Anteil denkt, jüdische Menschen hätten »etwas Besonderes und Eigentümliches an sich« und grenzt sich so kategorisch von jüdischen Mitbürgerinnen und Mitbürgern ab.

Die Zustimmung zur Dimension »Sozialdarwinismus« wird in Grafik 5 dargestellt. 12,2% der Ostdeutschen denken, dass sich in der Gesellschaft wie in der Natur der Stärkere durchsetzen solle. In Westdeutschland liegt die Zustimmung zu dieser Aussage bei 7,3%. Die Aussage, die Deutschen seien »anderen Völkern von Natur aus überlegen« hingegen findet in ganz Deutschland 12% Zustimmung (durch die unterschiedliche Gruppengröße ergibt sich hier aufgerundet derselbe Wert für West- und Gesamtdeutschland).

Grafik 4: Antisemitismus 2016

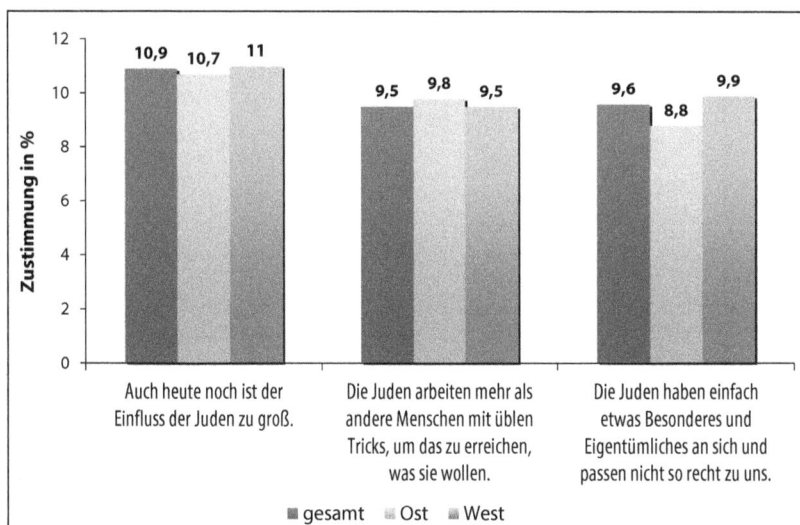

Beim Antwortverhalten zur dritten Frage ist die Differenz zwischen Ost und West wieder auffällig: 12% der Ostdeutschen finden, es gebe »wertvolles und unwertes Leben«, bei den Westdeutschen sind es 8,9%. Diese Aussage und die Postulierung einer natürlichen Ungleichwertigkeit zwischen Menschen und Völkern formuliert die der rechtsextremen Einstellung insgesamt zugrunde liegende Ungleichwertigkeitsideologie (siehe die Definition der Konsensusgruppe in diesem Kapitel).

Grafik 6 gibt die Zustimmungswerte zur letzten Dimension, der »Verharmlosung des Nationalsozialismus«, wieder. Fast 6% der Deutschen stimmen der Aussage zu, Hitler würde ohne Judenvernichtung als großer Staatsmann gelten. Etwas mehr Westdeutsche (6,7%) als Ostdeutsche (5,5%) finden, dass die Verbrechen der Nazis »in der Geschichtsschreibung weit übertrieben worden« seien. Auch glauben 8,4% der Deutschen, dass der Nationalsozialismus »auch seine guten Seiten« hatte. Insgesamt ist die geschichtsrevisionistische Dimension der Verharmlosung des Nationalsozialismus in Westdeutschland etwas deutlicher ausgeprägt.

Grafik 5: Sozialdarwinismus 2016

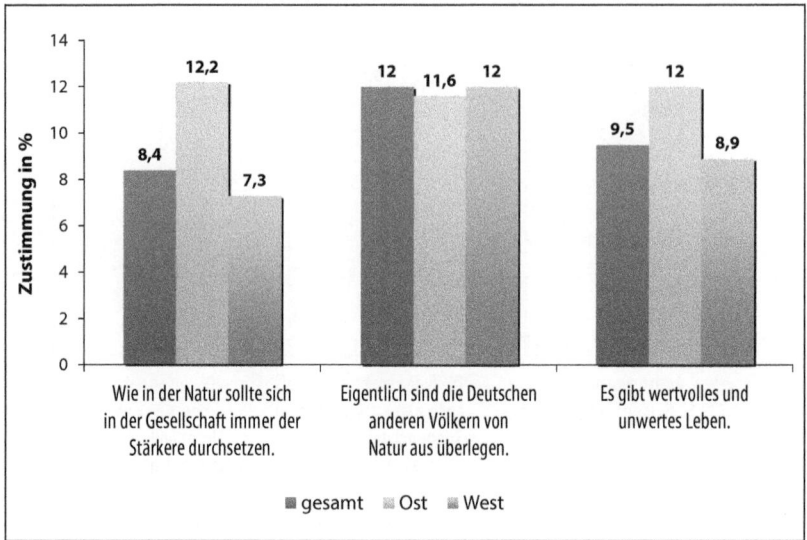

Grafik 6: Verharmlosung des Nationalsozialismus 2016

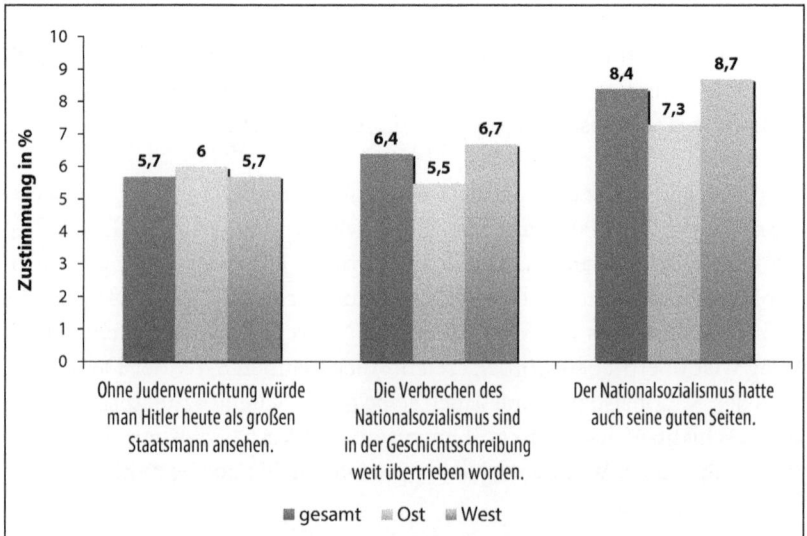

Für die folgenden Tabellen und Gruppenvergleiche nach soziodemografischen Merkmalen wurden die Antworten je Dimension zusammengefasst. Dazu wurde die durchschnittliche Zustimmung zu allen drei Fragen herangezogen. Die Werte je Dimension sind damit niedriger als bei den soeben vorgestellten einzelnen Aussagen, allerdings kann bei einer Zustimmung zu allen drei Aussagen einer Dimension von einer manifesten Einstellung ausgegangen werden.

In Tabelle 3 sind die Dimensionen getrennt nach Ost und West dargestellt. Wie in den Grafiken 1 bis 6 gezeigt, gibt es noch immer einige Unterschiede zwischen den alten und den neuen Bundesländern. In Ostdeutschland finden die Befürwortung einer rechtsautoritären Diktatur, die Ausländerfeindlichkeit sowie der Sozialdarwinismus im Vergleich zu Westdeutschland häufiger Zustimmung. Gleichwohl ist darauf hinzuweisen, dass diese drei Dimensionen der rechtsextremen Einstellung auch von vielen in Westdeutschland als zustimmungsfähig angesehen werden. Besonders die Ausländerfeindlichkeit ist in allen Landesteilen stark verbreitet: in manifester Ausprägung (also Zustimmung über alle drei Fragen) findet sie sich bei 19,8% der Befragten im Westen, bei 22,7% im Osten. Die Dimensionen Chauvinismus, Antisemitismus und Verharmlosung des Nationalsozialismus finden in Westdeutschland etwas höhere Zustimmung. Allerdings sind die Unterschiede auch hier nicht übermäßig groß. Zusammenfassend lässt sich die Ausprägung rechtsextremer Einstellung in Ost und West als ähnlich hoch beschreiben, wobei die Vorurteile in beiden Teilen Deutschlands thematisch unterschiedliche Schwerpunkte haben.

Tabelle 3: Rechtsextreme Einstellung in West- und Ostdeutschland (in %)

	gesamt	Ost (N = 503)	West (N = 1.917)
Befürwortung Diktatur **	5,0	7,6	4,3
Chauvinismus	16,7	14,2	17,4
Ausländerfeindlichkeit	20,4	22,7	19,8
Antisemitismus	4,8	4,1	5,0
Sozialdarwinismus *	3,4	5,0	3,0
Verharmlosung Nationalsozialismus	2,1	1,4	2,2

Signifikante Unterschiede nach Pearson: *p < .05; **p < .01

Tabelle 4 zeigt die Unterschiede in den jeweiligen Dimensionen nach formalem Bildungsabschluss. Über alle Dimensionen wird erkennbar, dass Befragte, die als Bildungsabschluss mindestens Abitur angaben, deutlich seltener rechtsextremen Aussagen zustimmen.

Tabelle 4: Rechtsextreme Einstellung in Abhängigkeit von der Bildung (in %)

	Abitur ($N = 510$)	ohne Abitur ($N = 1.910$)
Befürwortung Diktatur **	2,6	5,7
Chauvinismus **	8,7	18,9
Ausländerfeindlichkeit **	8,9	23,5
Antisemitismus **	1,8	5,6
Sozialdarwinismus	2,2	3,7
Verharmlosung Nationalsozialismus	1,2	2,3

Signifikante Unterschiede nach Pearson: **$p < .01$

Wie Tabelle 5 zeigt, sind Männer für die rechtsextreme Einstellung in allen Dimensionen anfälliger. Besonders bei der Ausländerfeindlichkeit und beim Chauvinismus kommen allerdings auch die Frauen auf hohe Werte: Mit 18,9% sind sie fast so ausländerfeindlich wie Männer (22,2%); mit 14,1% wird auch der Chauvinismus von Frauen nicht unwesentlich mitgetragen (Männer: 19,9%).

Tabelle 5: Rechtsextreme Einstellung in Abhängigkeit vom Geschlecht (in %)

	Männer ($N = 1.082$)	Frauen ($N = 1.338$)
Befürwortung Diktatur **	6,4	3,9
Chauvinismus **	19,9	14,1
Ausländerfeindlichkeit *	22,2	18,9
Antisemitismus **	6,6	3,3
Sozialdarwinismus	4,0	2,9
Verharmlosung Nationalsozialismus **	3,0	1,3

Signifikante Unterschiede nach Pearson: *$p < .05$; **$p < .01$

In Tabelle 6 werden die Ergebnisse für die Altersgruppen getrennt nach Wohnort in Ost- bzw. Westdeutschland aufgeschlüsselt. Während die Gruppe der ostdeutschen 31- bis 60-Jährigen bei der Ausländerfeindlichkeit höhere Werte als die Gleichaltrigen in Westdeutschland aufweisen, ist es beim Chauvinismus und der Verharmlosung des Nationalsozialismus umgekehrt. Bei den jüngeren und älteren Altersgruppen werden dagegen deutlichere Ost-West-Unterschiede sichtbar. In der Gruppe der über 60-Jährigen erreichen die Westdeutschen in den Dimensionen Chauvinismus, Verharmlosung des Nationalsozialismus, Antisemitismus sowie überraschenderweise auch Ausländerfeindlichkeit höhere Werte, die Ostdeutschen in den beiden anderen Dimensionen. In der jüngsten Gruppe (14–30 Jahre) sind die Ostdeutschen durchgängig rechtsextremer eingestellt als die Westdeutschen (vgl. hierzu Decker et al., 2013b).

Tabelle 6: Rechtsextreme Einstellung in Ost- und Westdeutschland in Abhängigkeit vom Alter (in %)

		14–30 Jahre[1]	31–60 Jahre[2]	ab 61 Jahre[3]
Befürwortung Diktatur *	Ost	8,3	4,4	11,2##
	West	3,4	4,9	3,9##
Chauvinismus **	Ost	17,7	12,4	14,6
	West	13,1	16,9	21,2
Ausländerfeindlichkeit **	Ost	23,7#	23,8	20,8
	West	13,7#	19,2	25,1
Antisemitismus *	Ost	4,4	4,0	4,0
	West	3,1	4,6	6,9
Sozialdarwinismus	Ost	5,2	2,7	7,9#
	West	2,6	2,7	3,7#
Verharmlosung Nationalsozialismus	Ost	3,2	0,4#	1,7
	West	2,0	2,3#	2,3

[1] Ost: N = 98; West: N = 355   [2] Ost: N = 227; West: N = 1.038   [3] Ost: N = 178; West: N = 524
Signifikante Unterschiede nach Pearson zwischen den Altersgruppen innerhalb von Ost und West: *p < .05; **p < .01
Signifikante Unterschiede nach Pearson zwischen Ost und West innerhalb der jeweiligen Altersgruppen: # p < .05; ## p < .01

Tabelle 7 schlüsselt die Zustimmung zu rechtsextremen Aussagen in den sechs Dimensionen und nach Erwerbsstatus auf. Für die Gruppen derer, die sich im Ruhestand oder in Ausbildung befinden, muss zusätzlich von Alterseffekten ausgegangen werden. Es zeigt sich, dass die rechtsextreme Einstellung durchaus in allen Gruppen anzutreffen ist, mit Schwerpunkten bei den Erwerbslosen und den Ruheständlern. Allerdings ist auch die größte Gruppe, die der Erwerbstätigen, gegen Vorurteile und antidemokratische Einstellungen nicht resistent: 5,1% befürworten eine Diktatur, 18,4% sind ausländerfeindlich und 3,5% sozialdarwinistisch eingestellt. In denselben Dimensionen erreichen Arbeitslose, mit 134 Befragten eine nur sehr kleine Gruppe, Werte von 8,2%, 25,4% und 1,5%.

Tabelle 7: Rechtsextreme Einstellung in Abhängigkeit vom Erwerbsstatus (in %)

	Schul-/ Berufsaus- bildung (N = 223)	Erwerbs- tätige (N = 1.324)	Arbeits- lose (N = 134)	Hausfrau/ Hausmann (N = 80)	Ruhe- stand (N = 639)
Befürwortung Diktatur	1,8	5,1	8,2	5,0	5,4
Chauvinismus	14,2	15,1	18,7	10,0	21,5
Ausländerfeindlichkeit	14,6	18,4	25,4	17,5	25,2
Antisemitismus	1,9	4,6	4,5	5,1	5,8
Sozialdarwinismus	1,8	3,5	1,5	2,5	3,9
Verharmlosung Nationalsozialismus	1,4	2,1	3,7	1,3	2,1

Keine signifikanten Unterschiede

In Tabelle 8 ist die Zustimmung zu den Dimensionen rechtsextremer Einstellung im Zusammenhang mit der sogenannten Sonntagsfrage dargestellt. Die Befragten sollten dazu angeben, welche Partei sie wählen würden, wenn am nächsten Sonntag Wahlen wären. Nach wie vor binden die beiden Volksparteien CDU und SPD einige derjenigen, die rechtsextreme Einstellungsmerkmale aufweisen, und auch die eher links der Mitte positionierten Parteien Bündnis 90/Die Grünen und die Linke werden – wenn auch seltener – von rechts Eingestellten gewählt. Die von Personen mit rechtsextremen Einstellungen eindeutig präferierte Partei ist die AfD.

Diese erhält über alle Dimensionen hinweg eine weit überdurchschnittlich hohe Zustimmung.

Tabelle 8: Anteil von Personen mit rechtsextremem Einstellungspotenzial unter den Parteiwählern (in %)

	CDU/CSU (N = 427)	SPD (N = 425)	FDP (N = 51)	Grüne (N = 167)	Die Linke (N = 131)	Nichtwähler (N = 355)	AfD (N = 161)	Parteiwahl unsicher (N = 158)	Wahlteilnahme unklar (N = 52)
Befürwortung Diktatur **	1,7	2,3	2,0	1,8	3,8	8,9	18,1	1,9	2,3
Chauvinismus **	15,0	14,3	7,9	6,6	8,4	19,9	46,5	9,5	13,9
Ausländerfeindlichkeit **	14,6	16,6	13,7	7,2	8,4	28,2	52,6	17,1	17,7
Antisemitismus **	3,3	4,5	–	3,6	0,8	6,4	16,9	1,9	2,3
Sozialdarwinismus *	3,3	2,6	–	3,0	3,1	5,2	8,2	1,3	0,6
Verharmlosung Nationalsozialismus **	1,4	1,4	–	–	0,8	3,2	8,1	1,3	0,6

Signifikante Unterschiede nach Pearson: *$p < .05$; **$p < .01$

Wertet man den Zusammenhang zwischen Konfessionszugehörigkeit und rechtsextremer Einstellung aus (Tab. 9), erreichen die Konfessionslosen die niedrigsten und die Katholiken die höchsten Werte. Grundsätzlich trifft aber auf die evangelische und katholische Kirchenzugehörigkeit die »Spiegelthese« zu, nämlich dass die Einstellungen dieser Gruppen die Einstellungen reflektieren, die auch in der Gesamtgesellschaft anzutreffen sind (vgl. Tab. 3).

Oliver Decker, Johannes Kiess, Eva Eggers & Elmar Brähler

Tabelle 9: Rechtsextreme Einstellung in Abhängigkeit von der Kirchenzugehörigkeit (in %)

	evangelisch (N = 832)	katholisch (N = 774)	keine Konfession (N = 697)
Befürwortung Diktatur	4,1	6,0	4,2
Chauvinismus	17,5	18,7	14,4
Ausländerfeindlichkeit *	21,0	22,7	18,7
Antisemitismus	4,4	5,5	3,8
Sozialdarwinismus	3,3	3,4	3,1
Verharmlosung Nationalsozialismus**	0,9	3,7	1,5

Signifikante Unterschiede nach Pearson: *p < .05; **p < .01; Differenz: andere

Stellt man die Mitgliedschaft in einer Gewerkschaft mit rechtsextremer Einstellung in Zusammenhang, so ergeben sich signifikante Unterschiede für Ausländerfeindlichkeit und die Befürwortung einer rechtsautoritären Diktatur. Wie in Tabelle 10 erkennbar scheint die Mitgliedschaft in einer Gewerkschaft allerdings ebenso wie die Konfessionszugehörigkeit kein Merkmal zu sein, in dem sich Rechtsextreme grundsätzlich unterscheiden.

Tabelle 10: Rechtsextreme Einstellung in Abhängigkeit von der Mitgliedschaft in einer Gewerkschaft (in %)

	Gewerkschaftsmitglied (N = 264)	kein Gewerkschaftsmitglied (N = 2.136)
Befürwortung Diktatur *	7,6	4,7
Chauvinismus	19,4	16,4
Ausländerfeindlichkeit *	25,0	19,8
Antisemitismus	4,2	4,8
Sozialdarwinismus	3,4	3,4
Verharmlosung Nationalsozialismus	3,0	1,9

Signifikante Unterschiede nach Pearson: *p < .05; Differenz: fehlende Angaben

DIE RECHTSEXTREME EINSTELLUNG IM ZEITVERLAUF VON 2002 BIS 2016

Im Folgenden werden die Veränderungen der Zustimmung im Zeitverlauf von 2002 bis 2016 für die einzelnen Dimensionen rechtsextremer Einstellung beschrieben. Die Zustimmung in der Dimension »Befürwortung einer rechtsautoritären Diktatur« ist für Gesamtdeutschland nach einem tendenziellen Rückgang (Tiefstwert 3,5% im Jahr 2012) über den Untersuchungszeitraum in diesem Jahr wieder leicht angestiegen auf nun 5% (Grafik 7). Auch wenn die Zustimmung in Ostdeutschland fast durchgängig höher ist, verläuft die Entwicklung in Ost und West parallel.

Grafik 7: Befürwortung einer rechtsautoritären Diktatur 2002–2016 (in %)

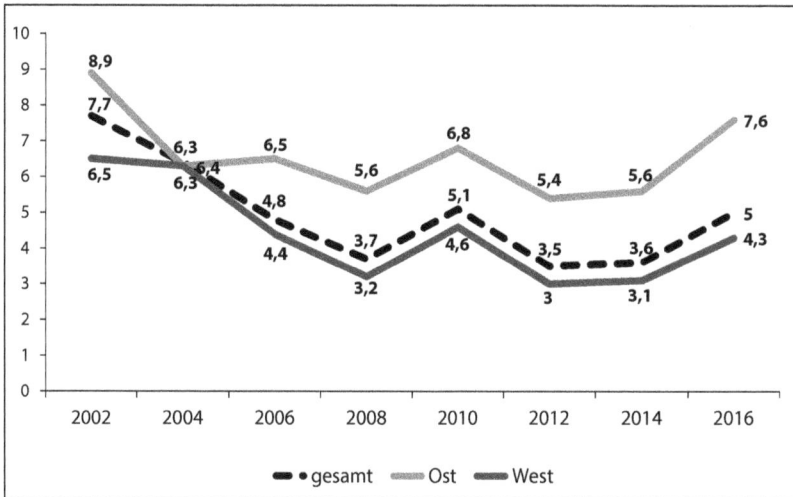

Anders verläuft die Kurve beim Chauvinismus: Nachdem er in den Jahren 2008 bis 2014 in Ostdeutschland höhere Zustimmung erfuhr, ist er nun wieder in Westdeutschland stärker zustimmungsfähig (Grafik 8). Ließ sich die Entwicklung 2008 bis 2012 als Krisenfolge deuten (Decker et al., 2013c, 2015), so ist nun eine gewisse Normalisierung, aber kein allgemeiner Rückgang eingetreten: Eher schwankt der Wert für Gesamtdeutschland im langjährigen Vergleich mit Tiefpunkten 2008 und 2014, dem aber in diesem Jahr wieder ein Anstieg folgt.

Grafik 8: Chauvinismus 2002–2016 (in %)

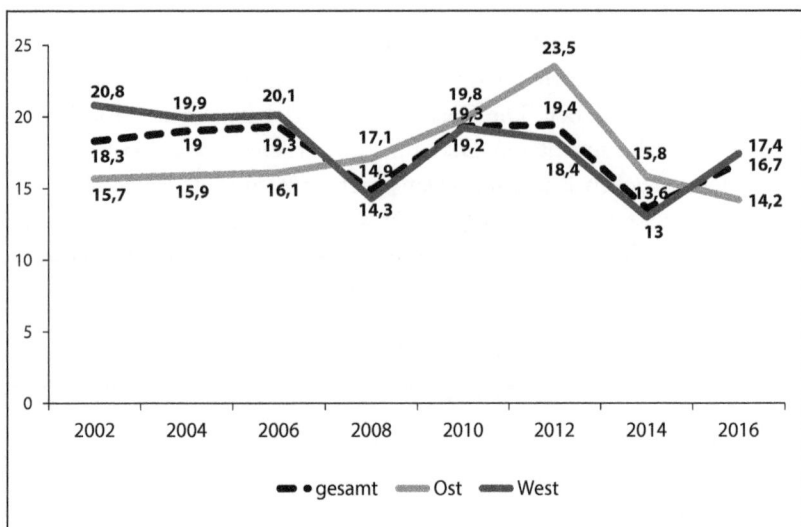

Für die Ausländerfeindlichkeit (Grafik 9) wurde bis 2012 ein massiver Anstieg in Ostdeutschland verzeichnet. In der Erhebungswelle 2014 ging die Zustimmung zu ausländerfeindlichen Aussagen stark zurück und blieb auch 2016 auf einem nur geringfügig höheren Niveau als in Westdeutschland. Die allgemeine, generalisierte Abwertung von »Ausländern« liegt damit etwas unter dem Niveau der Anfangsjahre dieser Zeitreihe, wobei die Werte in Westdeutschland offensichtlich stabiler als in Ostdeutschland sind.

Die Zustimmung zum Antisemitismus ist in der Tendenz insgesamt rückläufig (Grafik 10). In Westdeutschland ist der entsprechende Wert seit 2002 kontinuierlich gesunken, in Ostdeutschland nach einem Anstieg im Zeitraum von 2008 bis 2012 etwa auf dem Ausgangsniveau. Antisemitische Vorurteile wurden phasenweise stärker mobilisiert als im Jahr 2016, ein Teil der Bevölkerung ist aber konstant bereit, diese zu äußern.

Grafik 9: Ausländerfeindlichkeit 2002–2016 (in %)

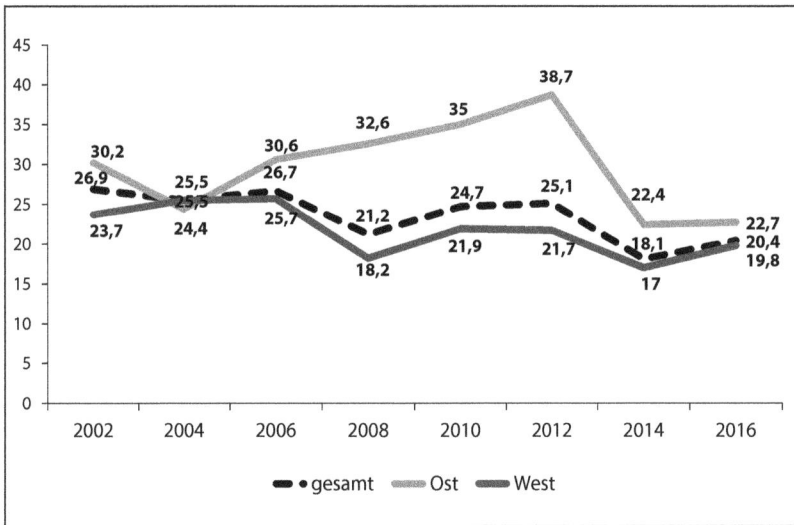

Grafik 10: Antisemitismus 2002–2016 (in %)

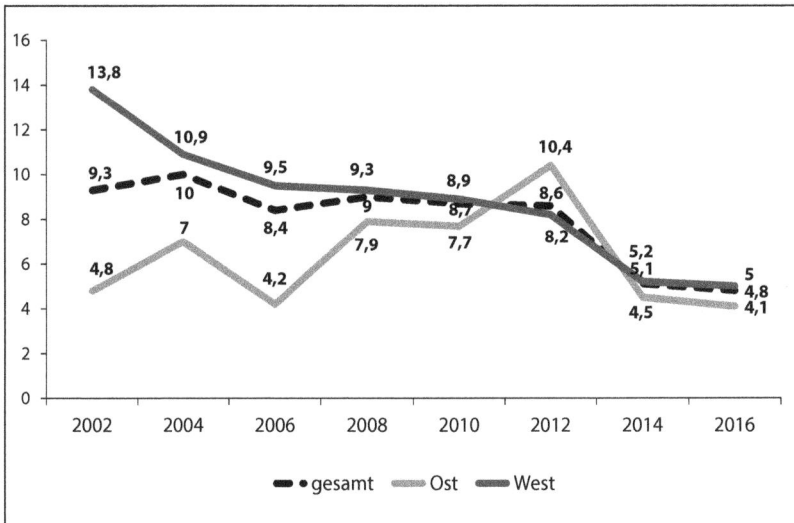

Die Zustimmung zur Dimension »Sozialdarwinismus« ist im Jahr 2016 in Ostdeutschland etwa auf demselben Niveau wie zu Beginn der Zeitreihe, in Westdeutschland lässt sich ein leichter Rückgang verzeichnen (Grafik 11). Allerdings stieg die Zustimmung von 2014 bis 2016 insgesamt wieder etwas an. Abermals ist der starke Anstieg 2010 und nochmals 2012 in Ostdeutschland bemerkenswert und zeigt, dass die rechtsextreme Einstellung und ihre Einzeldimensionen oftmals latent vorhanden sind und unter bestimmten Bedingungen mobilisiert werden können.

Grafik 11: Sozialdarwinismus 2002–2016 (in %)

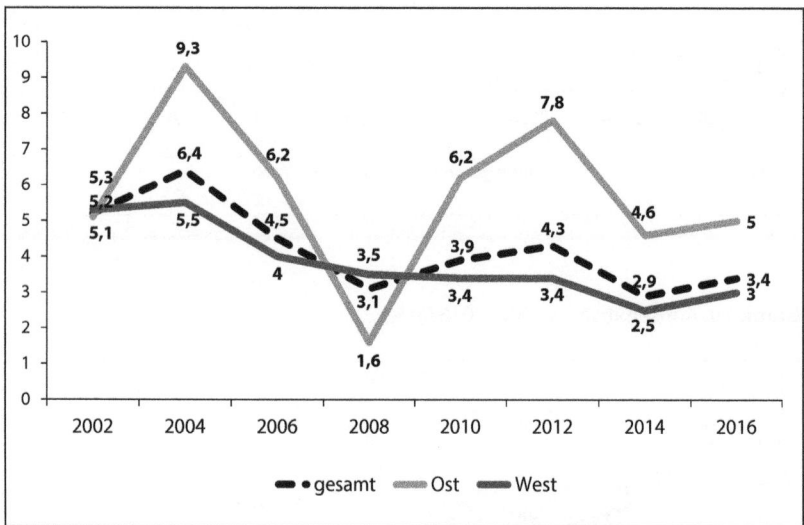

Schließlich stellt Grafik 12 den Zeitverlauf für die Dimension »Verharmlosung des Nationalsozialismus« dar. In Westdeutschland zeigt sich, von einem im Vergleich höheren Niveau kommend, ein kontinuierlicher Rückgang. In Ostdeutschland ist die Zustimmung im Verlauf unregelmäßig mit Spitzen in den Jahren 2004 und 2012.

Grafik 12: Verharmlosung des Nationalsozialismus 2002–2016 (in %)

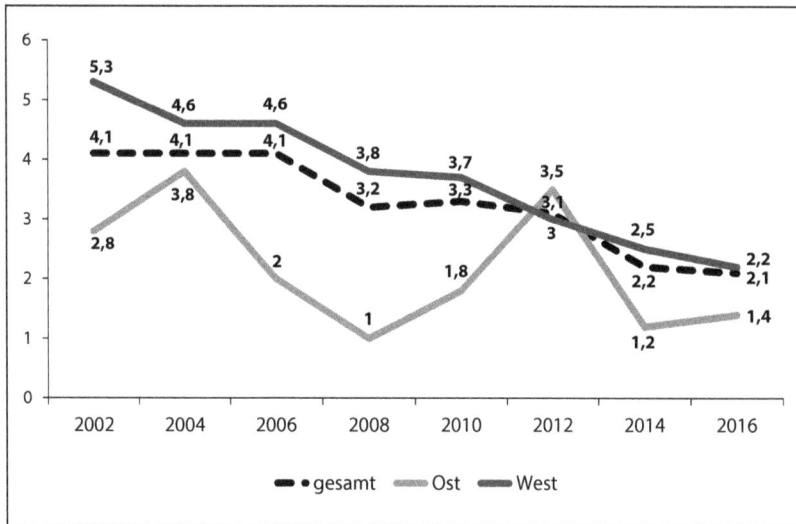

Die Entwicklung der geschlossenen rechtsextremen Einstellung wird in Grafik 13 gezeigt. Die hier aufgeführten Befragten stimmten im Durchschnitt allen sechs Dimensionen der rechtsextremen Einstellung zu. Der Anteil an Menschen mit einem solchen geschlossen rechtsextremen Weltbild ist in Ostdeutschland in den letzten zwei Jahren leicht angestiegen, während in Westdeutschland ein leichter Rückgang zu verzeichnen ist. Für Gesamtdeutschland ist seit 2004 eine abnehmende Tendenz geschlossen rechtsextremer Einstellungen mit einer Spitze in 2012 erkennbar.

Zusammenfassend lässt sich festhalten, dass sowohl die rechtsextreme Einstellung als auch die Zustimmungsrate zu ihren einzelnen Dimensionen einem Wandel unterliegen, ohne dass sich jedoch eine eindeutige Tendenz ausmachen lässt. In Ostdeutschland sind insbesondere die Ausländerfeindlichkeit und der Chauvinismus relativ stabil ausgeprägt. Vorurteile und Einstellungen können latent sein, sind aber etwa in Krisenzeiten (2008–2010) dort mobilisierbar, wo Deprivationserfahrungen und ideologische Dispositionen vorhanden sind.

Grafik 13: Das geschlossene rechtsextreme Weltbild 2002–2016 (in %)

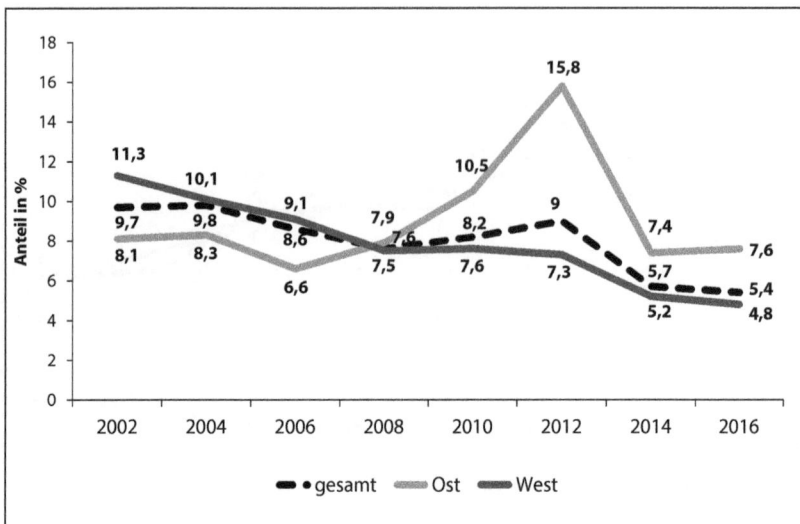

In der »Mitte«-Studie von 2014 wurde der Rückgang der rechtsextremen Einstellung in der Nachkrisenzeit einerseits mit der Stabilisierung der wirtschaftlichen Lage erklärt (so auch der Titel »Die stabilisierte Mitte«), andererseits zeigte sich eine Verschiebung der politischen, insbesondere der antidemokratischen und rassistischen Einstellungen. Zwar war die Zustimmung zu rechtsextremen Aussagen zurückgegangen, gleichzeitig stieg aber die Abwertung von bestimmten Gruppen, namentlich von Muslimen/Muslimas, von Sinti und Roma sowie von Geflüchteten. Die Zustimmungsraten zu rechtsextremen Aussagen sind 2016 im Vergleich zu den Werten von 2014 weitgehend gleichbleibend. Der 2014 erkennbare Anstieg in der Abwertung bestimmter Gruppen lässt sich für 2016 ebenfalls dokumentieren, wie im folgenden Kapitel näher beschrieben wird.

GRUPPENBEZOGENE MENSCHENFEINDLICHKEIT, AKZEPTANZ DER DEMOKRATIE, DEPRIVATION, AUTORITARISMUS, GEWALTBEREITSCHAFT UND SEXISMUS

In allen Erhebungswellen der Leipziger »Mitte«-Studien wurden weitere Fragebögen eingesetzt, um verwandte Konstrukte zu erfassen und Anhaltspunkte für Veränderungen rechtsextremer Einstellungen zu erhalten. In den Jahren 2014 und 2016 war ein Fragebogen darunter, der die Vorurteile gegenüber bestimmten Gruppen misst (vgl. Heitmeyer, 2012). Damit möchten wir das Bild von der sozialen Ebene rechtsextremer Einstellung ergänzen, also mehr über die Ungleichwertigkeitsideologie erfahren, die sich in der Abwertung bestimmter als fremd konstruierter Gruppen ausdrückt. Neben Fragen zu Muslimen/Muslimas, Sinti und Roma sowie Asylbewerbern/Asylbewerberinnen wurde 2016 auch ein Fragebogen zur Abwertung von Homosexuellen eingesetzt. Diese Fragen konnten auf einer vierstufigen Skala beantwortet werden, d.h. die Antwortkategorie »teils/teils« war hier nicht vorgesehen. Die folgenden Prozentangaben beziehen sich auf die beiden als Zustimmung zu wertenden Antwortmöglichkeiten. Die Ergebnisse sind in Tabelle 11 zusammengefasst.

Die Islamfeindschaft hat im Vergleich zu 2014 stark zugenommen. Ziehen wir Vergleichswerte der Studien von Wilhelm Heitmeyer (2012) heran, wird ein deutlicher Trend in Richtung zunehmender Islamfeindschaft sichtbar. Jeder und jede Zweite gab 2016 an, sich »wie ein Fremder im eigenen Land« zu fühlen, über 40% wollen Muslimen/Muslimas die Zuwanderung nach Deutschland untersagen.

Die Abwertung von Sinti und Roma hat im Vergleich zu 2014 leicht zugenommen. 57,8% der Befragten gaben an, dass sie ein Problem damit hätten, wenn Sinti und Roma in ihrer Nähe wohnen würden. Rund die Hälfte der Befragten stimmen der Aussage zu, Sinti und Roma sollten aus den Innenstädten verbannt werden und 58,5% glauben, Sinti und Roma würden zu Kriminalität neigen.

Die Ablehnung von Asylbewerbern/Asylbewerberinnen hat von 2014 bis 2016 ebenfalls zugenommen. Großzügigkeit bei der Prüfung von Asylanträgen fordern nur 20% der Befragten, 80% lehnen diese Aussage ab, 2014 lag dieser Wert bei 76%. Außerdem sind fast 60% der Meinung, dass die Mehrzahl der Asylbewerber nicht wirklich verfolgt werden würden und demnach unrechtmäßig um Asyl ersuchen.

Schließlich wurde auch die Haltung zu Homosexuellen erhoben. 40% der Befragten stimmten der Aussage zu, es sei »ekelhaft«, wenn sich Homosexuelle in der Öffentlichkeit küssen und fast 25% finden Homosexualität unmoralisch, also jeder bzw. jede Vierte. Schließlich denken 36,2% der Befragten, dass Ehen zwischen Frauen bzw. zwischen Männern nicht erlaubt sein sollten. Im Vergleich zu den Werten von Heitmeyer (Heitmeyer, 2012) sind die Werte von 2016 deutlich höher. Hingewiesen sei hier allerdings auf eine Einschränkung in der Vergleichbarkeit dieser Studien: Die Bielefelder Studiengruppe um Wilhelm Heitmeyer hatte Telefoninterviews durchgeführt, während die »Mitte«-Studien auf Face-to-Face-Befragungen beruht (siehe Kap. 2).

Tabelle 11: Abwertung von Muslimen, Sinti, Roma, Asylbewerbern und Homosexuellen; Prozentsatz derjenigen, die den Aussagen »eher« oder »voll und ganz« zugestimmt haben

Islamfeindschaft	2009*	2010*	2011*	2014	2016
Muslimen sollte die Zuwanderung nach Deutschland untersagt werden.	21,4	26,1	22,6	36,6	41,4
Durch die vielen Muslime hier fühle ich mich manchmal wie ein Fremder im eigenen Land.	32,2	38,9	30,2	43,0	50,0
Antiziganismus					
Ich hätte Probleme damit, wenn sich Sinti und Roma in meiner Gegend aufhalten.	–	–	40,1	55,4	57,8
Sinti und Roma sollten aus den Innenstädten verbannt werden.	–	–	27,7	47,1	49,6
Sinti und Roma neigen zur Kriminalität.	–	–	44,2	55,9	58,5
Abwertung von Asylbewerbern					
Bei der Prüfung von Asylanträgen sollte der Staat nicht großzügig sein.	–	–	25,8	76,0	80,9
Die meisten Asylbewerber befürchten nicht wirklich, in ihrem Heimatland verfolgt zu werden.	–	–	46,7	55,3	59,9

Fortsetzung Tabelle 11

Abwertung von Homosexuellen	2009*	2010*	2011*	2014	2016
Es ist ekelhaft, wenn Homosexuelle sich in der Öffentlichkeit küssen.	27,8	26,1	25,3	20,3**	40,1
Homosexualität ist unmoralisch.	15,7	16,3	15,8	11,6**	24,8
Ehen zwischen zwei Frauen bzw. zwischen zwei Männern sollten nicht erlaubt sein.	29,4	25,3	21,1	–	36,2

* Daten für die Jahre 2009–2011 aus Heitmeyer (2012, S. 38–40);

** Daten für 2014 aus Zick & Klein (2014, S. 68)

Wie in den Vorjahren wurden auch 2016 Fragebögen eingesetzt, die die Akzeptanz der Demokratie, die politische, soziale und wirtschaftliche Deprivation, den Autoritarismus, die Gewaltbereitschaft und den Sexismus messen. Die Akzeptanz der Demokratie wurde wie bisher mit den folgenden drei Items in die Untersuchung aufgenommen: Stimmt der oder die Befragte der »Demokratie als Idee«, der »Demokratie, wie in der Verfassung festgelegt« und der »Demokratie wie sie in der BRD funktioniert« zu? Die »Demokratie als Idee« – die ohnehin mit über 90% Zustimmung in der Bevölkerung einen starken Rückhalt hat – wird 2016 von den Befragten noch besser bewertet als 2014 (Grafik 14). Außerdem hat die Zustimmung in Ostdeutschland mit der in Westdeutschland über die Jahre gleichgezogen. Unter Demokratie werden allerdings in der politischen Theorie und in der Bevölkerung sehr unterschiedliche Konzepte subsumiert.

Die Zufriedenheit mit der »Demokratie wie in der Verfassung festgelegt« ist über den Zeitraum der Erhebung für Gesamtdeutschland relativ stabil geblieben (Grafik 15). Der leichte Aufwärtstrend wird von der steigenden Zustimmung in Ostdeutschland getragen: Von 57,2% im Jahr 2006 zeigt sich ein deutlicher Zugewinn auf 72,5% im Jahr 2016. Damit liegen die Ostdeutschen nur noch knapp unter dem westdeutschen Niveau von 76,7%. Die Demokratie in Form der bundesrepublikanischen Verfassungsnorm erfährt insgesamt allerdings weniger Zustimmung als die abstrakte Idee der Demokratie.

Grafik 14: Zustimmung zur »Demokratie als Idee« 2006–2016 (in %)

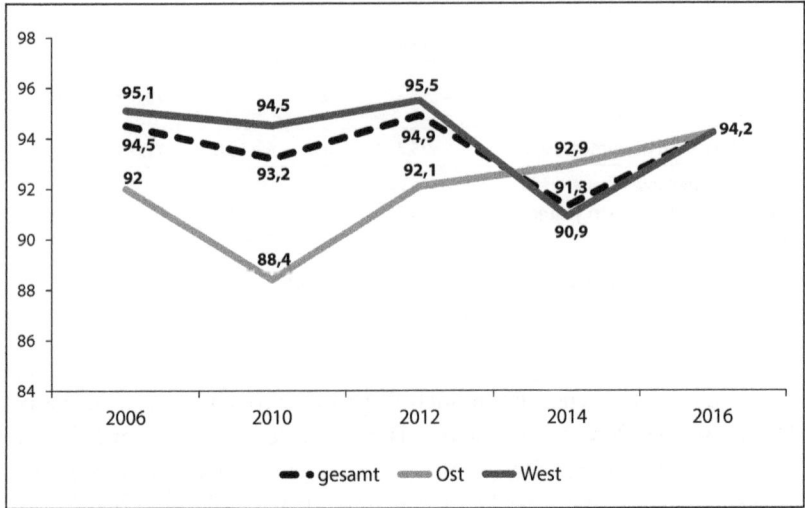

Grafik 15: Zustimmung zur »Demokratie wie sie in der Verfassung festgelegt ist« 2006–2016 (in %)

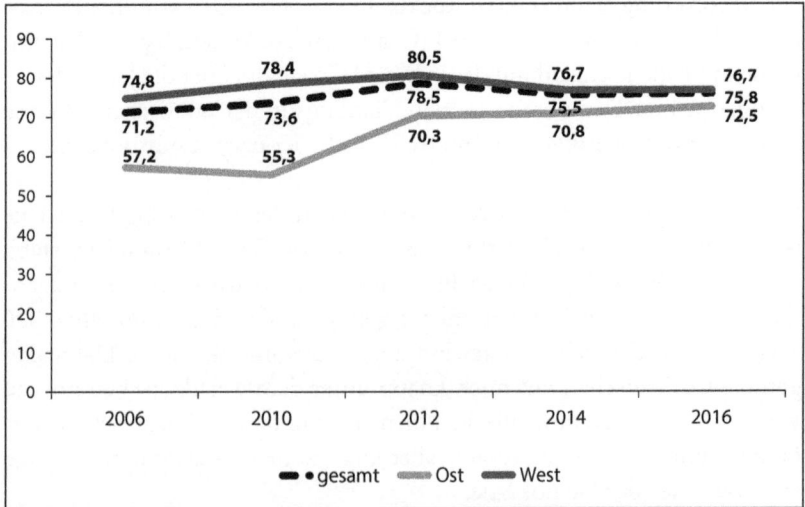

Die Zustimmung zur »Demokratie wie sie in der Bundesrepublik funktioniert« liegt im Jahr 2016 bei 52% (Grafik 16). Zwar ist dieser Wert weitaus geringer als die beiden vorherigen Items, aber über die Jahre lässt sich, insbesondere für Ostdeutschland, zumindest ein positiver Trend beobachten. Nach wie vor ist in Ostdeutschland die Zustimmung um 10% niedriger als in Westdeutschland. Je konkreter es um das demokratische System geht, desto zurückhaltender und ablehnender äußern sich die Befragten also. Einerseits kann dies als fehlende Identifikation mit der Demokratie gelesen werden, andererseits aber auch als Chance, da die offenbar positiv besetzte Norm der Demokratie als gemeinsamer Fixpunkt dienen kann.

Grafik 16: Zustimmung zur »Demokratie wie sie in der Bundesrepublik Deutschland funktioniert« 2006–2016 (in %)

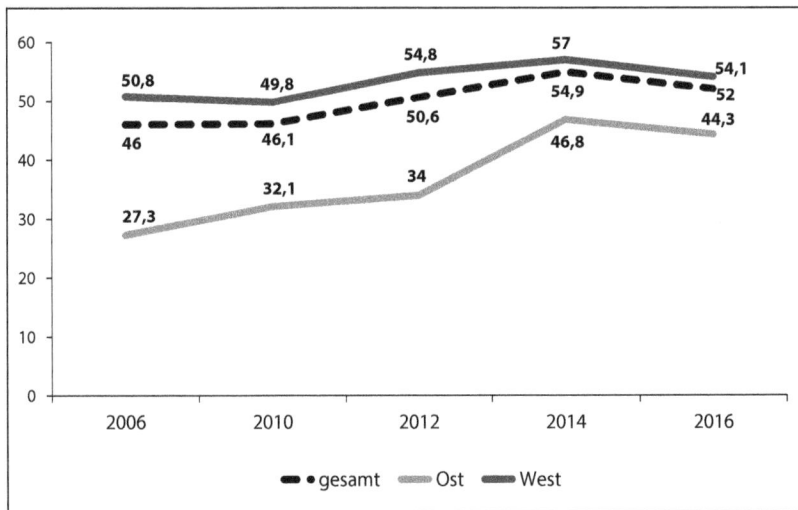

Ebenfalls gemessen wurden die politische und die soziale Deprivation. Tabelle 12 gibt Auskunft über die politische (»Leute wie ich haben sowieso keinen Einfluss darauf, was die Regierung tut«, »Ich halte es für sinnlos, mich politisch zu engagieren«) und soziale (»In meiner unmittelbaren Umgebung gibt es nicht genügend Menschen, die mich so nehmen, wie ich bin«, »In meiner unmittelbaren Umgebung fühle ich mich nicht wohl und sicher.«) Deprivation. Beide Dimensionen wurden als Einflussfaktoren für rechtsextreme Einstellungen identifiziert (Decker & Brähler, 2006), das heißt, dass sich hinter einer antidemokratischen Einstellung häufig (anhaltende) Frustration mit dem politischen System verbirgt und dass eine rechtsextreme Einstellung oftmals mit sozialer Isolation einhergeht. In beiden Dimensionen wurden im Jahr 2016 ähnlich hohe Werte wie 2012 gemessen (vgl. Decker et al., 2013b), 2014 wurden diese Fragen nicht mit erhoben. Nur 27,2% der Befragten verneinen die Aussage, selbst keinen Einfluss auf das Regierungshandeln zu haben – nur dieses Viertel empfindet sich also als einflussreich. Weiterhin sehen nur 40% politisches Engagement als sinnvoll an, während die Mehrheit von 60% keinen Sinn darin sieht. Diese hohe Frustration weist auf ein massives Teilhabedefizit hin. Bei der sozialen Deprivation fallen die Ergebnisse weniger offensichtlich aus, dennoch fühlen sich 16,6% von ihrer Umgebung nicht angenommen, 14,4% nicht sicher und wohl.

Tabelle 12: Soziale und politische Deprivation – Zustimmung auf Item-Ebene (in %)

Deprivation	trifft überhaupt nicht zu	trifft eher nicht zu	trifft eher zu	trifft voll und ganz zu
Leute wie ich haben sowieso keinen Einfluss darauf, was die Regierung tut.	7,2	20,1	38,6	34,1
Ich halte es für sinnlos, mich politisch zu engagieren.	13,0	27,0	33,6	26,4
In meiner unmittelbaren Umgebung gibt es nicht genügend Menschen, die mich so nehmen, wie ich bin.	50,4	33,0	13,4	3,2
In meiner unmittelbaren Umgebung fühle ich mich nicht wohl und sicher.	59,6	26,0	10,1	4,3

Die wirtschaftliche Deprivation in ihren unterschiedlichen Varianten (subjektiv und objektiv, individuell und kollektiv) gilt als einer der grundlegenden Erklärungsfaktoren für antidemokratische und rassistische Einstellungen (Pettigrew, 2001; Rippl & Baier, 2005; Decker et al., 2013c, 2015). Tabelle 13 gibt die Werte für die vier Items zur Messung der wirtschaftlichen Deprivation wieder. Mit 51,6% beurteilt über die Hälfte der Befragten die heutige wirtschaftliche Lage in Deutschland als sehr gut oder gut, weitere 35,5% antworten mit »teils/teils« und nur 10% beurteilen die Lage als schlecht oder sehr schlecht. Ein ähnliches Bild zeigt sich bei der Einschätzung der eigenen wirtschaftlichen Lage. Was die ökonomischen Zukunftsprognosen betrifft, verschiebt sich das Bild: Nur noch etwa jeder Zehnte sieht seine eigene Situation und die Deutschlands in einem Jahr optimistisch.

Tabelle 13: Einschätzungen zur wirtschaftlichen Lage – Zustimmung auf Item-Ebene (in %)

wirtschaftliche Lage	sehr gut	gut	teils gut/ teils schlecht	schlecht	sehr schlecht
Wie beurteilen Sie ganz allgemein die heutige wirtschaftliche Lage in Deutschland?	8,8	42,8	35,5	7,6	2,4
Und Ihre eigene wirtschaftliche Lage heute?	5,5	47,8	32,2	8,6	4,1
Was glauben Sie, wie wird die wirtschaftliche Lage in Deutschland in einem Jahr sein?	0,3	7,4	47,6	28,7	8,5
Und wie wird Ihre eigene wirtschaftliche Lage in einem Jahr sein?	1,7	11,4	62,4	11,3	3,8

Die Zustimmung zur Antwort »weiß nicht« ist hier nicht mit aufgeführt.

In der diesjährigen Erhebung wurde auch wieder ein Fragebogen eingesetzt, der die drei Dimensionen des Autoritarismus abbildet: die autoritäre Aggression, die autoritäre Unterwürfigkeit und den Konventionalismus (Beierlein et al., 2014). Eine große Mehrheit ist der Ansicht, man solle gegen Unruhestifter durchgreifen und ihnen zeigen, dass sie unerwünscht seien. 40,9% stimmen dieser Aussage »voll und ganz« zu, 26,6% »ziemlich« (Tab. 14). Weniger Zustimmung erfährt die Dimension der autoritären Unterwürfigkeit, die mit der Aussage gemessen wurde, dass wichtige Entscheidungen Führungspersonen vorbehalten sein sollten. 6,8% stimmten ihr »voll und ganz«, 16,3% »ziemlich« zu; immerhin 31,4% stimmen noch »etwas« zu. In der letzten Dimension, dem Konventionalismus, bezog sich die vorgelegte Aussage darauf, ob Bewährtes vor Infragestellung geschützt werden solle. 38,6% bejahten das »voll und ganz« oder »ziemlich«, 34,3% »etwas«. Insgesamt zeigt sich damit eine starke Orientierung für Sicherheit und gegen »Unruhestifter«, womit Gefahren für die gesellschaftliche Stabilität gleichzeitig personifiziert und externalisiert werden.

Oliver Decker, Johannes Kiess, Eva Eggers & Elmar Brähler

Tabelle 14: Autoritarismus – Zustimmung auf Item-Ebene (in %)

Autoritarismus	stimme ganz und gar nicht zu	stimme wenig zu	stimme etwas zu	stimme ziemlich zu	stimme voll und ganz zu
Unruhestifter sollten deutlich zu spüren bekommen, dass sie in der Gesellschaft unerwünscht sind.	5,8	7,5	19,3	26,6	40,9
Menschen sollten wichtige Entscheidungen in der Gesellschaft Führungspersonen überlassen.	18,0	27,5	31,4	16,3	6,8
Bewährte Verhaltensweisen sollten nicht in Frage gestellt werden.	9,3	17,8	34,3	25,1	13,5

Im Zeitverlauf erweist sich die autoritäre Einstellung als äußerst beständig (Tab. 15). Das ist nicht überraschend, handelt es sich beim Autoritarismus doch in der Tradition der Autoritarismusforschung von Horkheimer, Fromm und Marcuse (1936; Adorno et al., 1950) über Altemeyer (1988) bis heute um ein Konstrukt, das Persönlichkeitsmerkmale misst, die auf frühe Sozialisationsphasen zurückgehen und deshalb als relativ stabil gelten. In den bisherigen Erhebungen (2006, 2012 und 2014) wurde ein Fragebogen eingesetzt, der nur die zwei Dimensionen erfasste: autoritäre Aggression und autoritäre Unterwürfigkeit (Schmidt et al., 1995). In der aktuellen Erhebung kam nun ein Fragebogen zum Einsatz, der drei Dimensionen des Autoritarismus-Syndroms abbildet: autoritäre Aggression, autoritäre Unterwürfigkeit und Konventionalismus, jeweils mit einem ausgewählten Item (Beierlein et al., 2014). Der Vergleich im Zeitverlauf ist deshalb nur mit Einschränkung möglich.

Tabelle 15: Autoritarismus im Zeitverlauf (Zustimmung in % – Antwortkategorien »stimme voll und ganz zu« und »stimme ziemlich zu« zusammengefasst)

	2006	2012	2014	2016
autoritäre Aggression	58,8	65,1	52,1	67,5
autoritäre Unterwürfigkeit	23,5	24,1	19,7	23,1
Konventionalismus	–	–	-	38,6

Tabelle 16 stellt das Antwortverhalten zur Gewaltbereitschaft (Ulbrich-Herrmann, 1995) vor. Fast 20% der Befragten würden selbst Gewalt einsetzen, um sich durchzusetzen. Ein noch höherer Prozentsatz von 28,3% würde zwar selbst nicht handgreiflich werden, delegiert Gewaltausübung aber gern an andere, die »für Ordnung sorgen« sollen. 15,4% haben die Norm, dass das menschliche Miteinander ohne körperliche Gewalt ablaufen sollte, nicht verinnerlicht, sondern halten dieses Mittel für »ganz normal«.

Tabelle 16: Gewaltbereitschaft – Zustimmung auf Item-Ebene (in %)

Gewalt	stimmt über-haupt nicht	stimmt nicht	stimmt	stimmt voll und ganz
Ich bin bereit, mich mit körperlicher Gewalt gegen Fremde durchzusetzen.	54,7	25,7	15,5	4,1
Ich würde selbst nie körperliche Gewalt anwenden. Aber ich finde es gut, wenn es Leute gibt, die auf diese Weise für Ordnung sorgen.	41,8	29,9	21,7	6,6
Körperliche Gewalt gegen andere gehört ganz normal zum menschlichen Verhalten, um sich durchzusetzen.	52,4	32,2	13,5	1,9
Ich bin in bestimmten Situationen durchaus bereit, auch körperliche Gewalt anzuwenden, um meine Interessen durchzusetzen.	54,3	26,5	16,7	2,6
Man muss leider zu Gewalt greifen, weil man nur so beachtet wird.	64,6	25,4	8,6	1,4
Selber würde ich nie Gewalt anwenden. Aber es ist schon gut, dass es Leute gibt, die mal ihre Fäuste sprechen lassen, wenn's anders nicht mehr weitergeht.	47,4	29,0	19,7	3,9

Sexismus, der auch in modernen Gesellschaften noch weitverbreitet ist, ist eine Form des Vorurteils und somit auch Bestandteil einer Ungleichwertigkeitsideologie. Der klassische Sexismus beschränkt Frauen »auf die Rolle der Ehefrau, Hausfrau, Mutter und Karriereheferin« (Endrikat, 2003, S. 122). Dabei werden häufig biologistisch begründete Passivität und übersteigerte Emotionalität unterstellt. Klassischer oder »offener Sexismus« (Benokraitis & Feagin, 1995) beinhaltet darüber hinaus den Glauben an die Minderwertigkeit des weiblichen Geschlechts gegenüber dem männlichen sowie schließlich »die Unterstützung herkömmlicher Geschlechterrollen bzw. die Ausgrenzung von Frauen, die nichttraditionelle Rollen übernehmen« (Eckes & Six-Materna, 1998, S. 225). Moderner Sexismus ist dagegen durch die Leugnung der Diskriminierung von Frauen charakterisiert (Endrikat, 2003, S. 123). Politische Anstrengungen zu mehr Gleichberechtigung werden mithin als Angriff auf Etabliertenrechte und als Begünstigung von Frauen verurteilt.

Der 2016 verwendete Fragebogen mit zwei Items pro Dimension baut auf Endrikat (2003) auf, welche insgesamt sechs Items verwendet. Die beiden ersten Items (Tab. 17) zeigen, dass etwa die Hälfte der Befragten die Diskriminierung von Frauen in der Gesellschaft und im Beruf leugnet oder nicht zur Kenntnis nimmt. Der moderne Sexismus ist demnach weitaus häufiger als der traditionelle Sexismus, den nur etwa jeder Fünfte vertritt.

Tabelle 17: Sexismus – Zustimmung auf Item-Ebene (in %)

Sexismus	stimmt überhaupt nicht	stimmt eher nicht	stimmt	stimmt voll und ganz
Die Diskriminierung von Frauen ist in Deutschland immer noch ein Problem.	14,0	37,4	36,9	11,7
Die jetzige Beschäftigungspolitik benachteiligt die Frauen.	10,3	34,8	42,0	12,9
Die Frauen sollen sich wieder mehr auf die Rolle der Ehefrau und Mutter besinnen.	41,2	37,0	18,2	3,7
Für eine Frau sollte es wichtiger sein, ihrem Mann bei seiner Karriere zu helfen, als selbst Karriere zu machen.	50,3	32,6	14,5	2,6

DAS VERTRAUEN IN DIE INSTITUTIONEN, DIE VERSCHWÖRUNGS-
MENTALITÄT, DIE EINSTELLUNG ZU DEN MEDIEN UND ZUR PEGIDA-
BEWEGUNG

Das Erstarken von rechtsextremen Organisationen, Parteien und Bewegungen wird über Deutschland hinaus mit Effekten der Globalisierung,
der Durchsetzung neoliberaler Ideologie in immer mehr Gesellschaftsbe-
reichen und einem Rückgang politischer Legitimation in Zusammenhang
gebracht (Kriesi et al., 2006; Della Porta, 2015). Das klassische Argument
von Jürgen Habermas (1973) lautet, dass das politische System unter der
Vorstellung ständig steigender Renditeerwartungen (also Kostendruck)
immer weniger in der Lage sei, politische Legitimation in Form von Teilhabe und Teilnahme an der Gesellschaft zu produzieren (Decker & Kiess,
2013). Dies äußert sich unter anderem in zunehmender Distanz der Menschen zu politischen Parteien (Neugebauer, 2007) und schwindendem
Vertrauen in politische und gesellschaftliche Institutionen, denen unter
den Bedingungen der Globalisierung nicht mehr zugetraut wird, die eigenen Sicherheitsbedürfnisse zu befriedigen.

Tabelle 18 zeigt das geäußerte Vertrauen gegenüber einer Reihe von
Organisationen und Einrichtungen. Die Polizei genießt demnach noch
vor dem Bundesverfassungsgericht das höchste Vertrauen. Nur 14%
misstrauen der Polizei, 65,5% schenken ihr Vertrauen. Sind es beim Bundesverfassungsgericht noch immerhin 63,5%, so vertrauen der Justiz nur
mehr 54% der Befragten. Dem öffentlich-rechtlichen Rundfunk, den Ta-
ges- und Wochenzeitungen sowie der Fernsehberichterstattung vertrauen
jeweils um die 50% der Befragten, während die sozialen Medien und der
private Rundfunk nur auf 36% und 35% kommen. Dem Bundestag als Institution vertrauen zwar noch 44,2%, die Parteien aber erhalten mit 23,1%
das schlechteste Ergebnis. Die Gewerkschaften kommen auf 41,5%, die
Bundesregierung auf 38% und die Kirchen auf 31%. Zwar gibt es durchaus Vertrauen in einige Institutionen, vor allem in die »überparteilichen«
Akteure Polizei, Bundesverfassungsgericht und Justiz. Aber das wichtigste
Element der Meinungsbildung im parlamentarischen System, die Parteien,
wird äußerst skeptisch gesehen.

Tabelle 18: Vertrauen in Einrichtungen und Organisationen (Angaben auf einer 7-stufigen Skala, 1–3 zusammengefasst zu »kein Vertrauen« und 5–7 zusammengefasst zu »Vertrauen«; Angaben in % auf Item-Ebene)

	kein Vertrauen	teils/teils	Vertrauen
Polizei	14,0	20,5	65,5
Bundesverfassungsgericht	15,4	21,1	63,5
Justiz	22,3	23,7	54,0
öffentlich-rechtlicher Rundfunk	21,1	26,7	52,3
Fernsehberichterstattung	23,8	26,3	49,9
Tages-/Wochenzeitungen	24,4	29,3	46,3
Bundestag	28,6	27,2	44,2
Gewerkschaften	29,8	28,8	41,5
Bundesregierung	36,0	26,0	38,0
soziale Medien	34,4	29,6	36,0
privater Rundfunk	31,5	33,6	35,0
Kirchen	42,6	26,3	31,1
politische Parteien	47,7	29,2	23,1

Das Misstrauen in gesellschaftliche Institutionen geht oft mit der Vorstellung einher, ganz andere »Mächte« würden die Geschicke des Landes oder der Welt lenken. Tabelle 19 gibt die Ergebnisse wieder, die mit einem Fragebogen zur Messung der Akzeptanz von Verschwörungstheorien erhoben wurden (Imhof & Decker, 2013). Zunächst fällt auf, dass keines der eingesetzten Items von einer Mehrheit zurückgewiesen wird (bei den Items 3 und 4 ist die umgekehrte Polung zu beachten, d.h. Zustimmung drückt hier die Ablehnung der Verschwörungstheorie aus). 34% der Befragten geben an, die meisten Menschen wären verblendet und würden das Ausmaß der Verschwörungen nicht erkennen, weitere 22,6% wählen hier die Antwortmöglichkeit »teils/teils«. Geheimen Organisationen sprechen 38,6% der Befragten großen Einfluss zu und 34,8% halten die Eliten für »Marionetten der dahinterstehenden Mächte«. 40,7% betrachten dagegen die zirkulierenden Verschwörungstheorien als »Blödsinn« und 23,5% der Befragten sehen auch keinen Grund, Geheimdiensten, Regierungen oder Medien zu misstrauen.

Tabelle 19: Zustimmung zu Verschwörungstheorien (Angaben auf einer 7-stufigen Skala, 1–3 zusammengefasst zu »stimme nicht zu« und 5–7 zusammengefasst zu »stimme zu«; Angaben in % für auf Item-Ebene)

	stimme nicht zu	teils/teils	stimme zu
Die meisten Menschen erkennen nicht, in welchem Ausmaß unser Leben durch Verschwörungen bestimmt wird, die im Geheimen ausgeheckt werden.	43,4	22,6	34,0
Es gibt geheime Organisationen, die großen Einfluss auf politische Entscheidungen haben.	39,2	22,2	38,6
Die verschiedenen in den Medien zirkulierenden Verschwörungstheorien halte ich für ausgemachten Blödsinn.	37,3	22,0	40,7
Es gibt keinen vernünftigen Grund, Regierungen, Geheimdiensten oder Medien zu misstrauen.	52,5	24,1	23,5
Politiker und andere Führungspersönlichkeiten sind nur Marionetten der dahinterstehenden Mächte.	37,2	28,0	34,8

Grafik 17 zeigt die Zustimmung zu Verschwörungstheorien (Antwortkategorie 5–7 zusammengefasst zu »stimme zu«) im Zeitvergleich für die Erhebungen 2012 und 2016, in denen der Fragebogen zum Einsatz kam. Überraschenderweise zeigt sich 2016 eine etwas niedrigere Zustimmung als noch 2012. In Ostdeutschland ist die Zustimmung weiterhin etwas höher, aber auch hier ist sie um 10% sogar vergleichsweise stark gesunken. Eventuell hängt dies mit der verstärkten öffentlichen Thematisierung der Verschwörungsmentalität zusammen.

Grafik 17: Zustimmung zu Verschwörungstheorien 2012 und 2016, alle fünf Items zusammengefasst (in %)

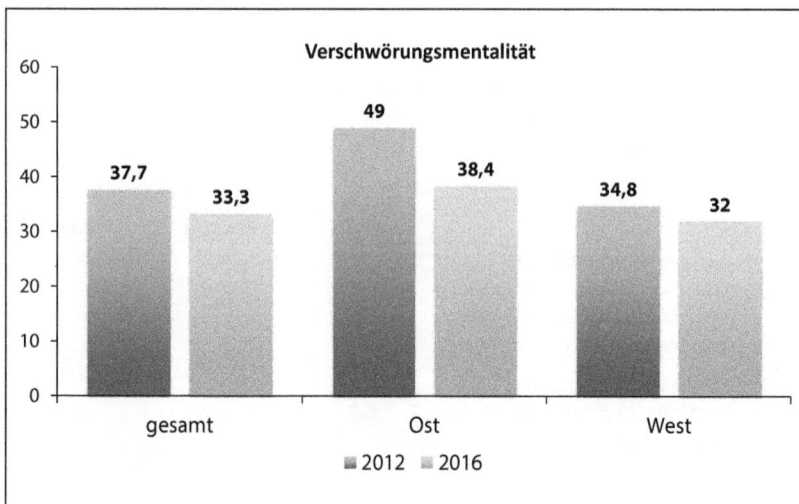

Neben dem Misstrauen in Institutionen als generelles Leitmotiv der öffentlichen Debatte drückt ein Begriff den rechtspopulistischen Protest auf der Straße in besonderer Weise aus und ist zum Schlachtruf der sogenannten Pegida-Bewegung geworden: der Begriff »Lügenpresse«. Daher wurde den Probanden der »Mitte«-Studie 2016 die Frage vorgelegt, ob sie von der Lügenpresse sprechen würden, wenn sie an die Medienlandschaft in Deutschland denken. 14% bejahten das. 41,2% positionieren sich gegen diesen Begriff: In Westdeutschland liegt die Ablehnung dieser Aussage bei 43,2% und damit um 10% höher als in Ostdeutschland (33,6%). In ganz Deutschland distanzieren sich also weniger als die Hälfte der Befragten von dem Begriff, beinahe die Hälfte signalisierte mit der Antwortkategorie »teils/teils« ihre Unentschiedenheit.

An verschiedenen Stellen ist öffentlichkeitswirksam auf die nationalsozialistische Provenienz des Begriffs hingewiesen worden, beispielsweise durch die Ernennung als »Unwort des Jahres 2014«. Begründet wird die Diffamierung der Medien meist mit »der« Ukraineberichterstattung in »den etablierten Medien« im Jahr 2014, die als einseitig gegen Russland gerichtet interpretiert wurde. Längst geht es aber um ein manifestes Vorurteil, die Medien würden grundsätzlich nicht objektiv berichten. Die hohe

Zustimmung ist nicht nur mit dem (fehlenden) Vertrauen in Institutionen zusammenzubringen, sondern auch mit der weiten Verbreitung von Verschwörungstheorien.

Grafik 18: Einstellung zu den Medien (in %)

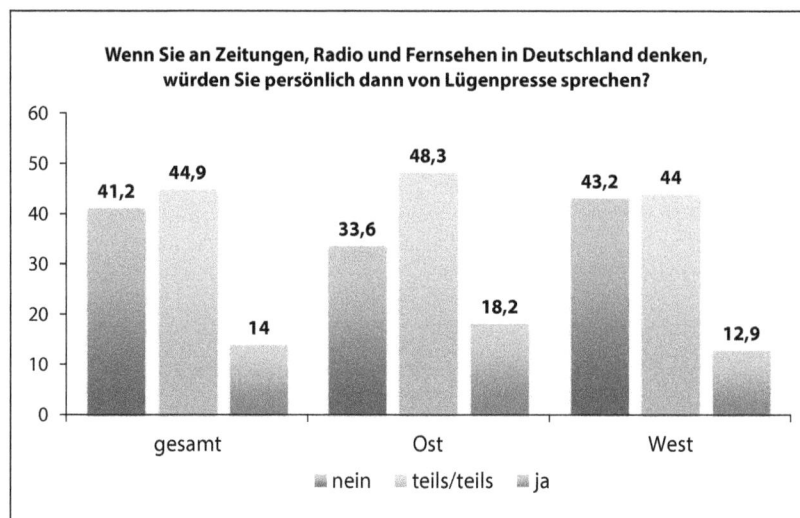

Seit Herbst 2014 hat die von Beginn an offen asyl- und islamfeindliche Pegida-Bewegung (Patriotische Europäer gegen die Islamisierung des Abendlandes) stark auf den politischen Diskurs und auf die politische Kultur in Deutschland ausgestrahlt. Offenbar traf die Initiative auf »fruchtbaren Boden« bei vielen Menschen, die ihre Ansichten in den von Pegida in den Diskurs getragenen rechten Positionen wiederfanden (siehe dazu die in Kap. 2 dargestellten Ergebnisse zu den politischen Einstellungen insbesondere gegenüber Muslimen/Muslimas und Geflüchteten). Die bereits thematisierte Frustration mit dem politischen System und (sinkendes) Vertrauen in die Institutionen sind ebenfalls Themen, die Pegida aufgreift. Pegida antwortet auf einen »Wunsch nach Autorität« (Kiess, 2015) und schafft es zumindest in Dresden, über das (sozioökonomische) Potenzial bisheriger rechtsextremer Demonstrationen hinaus zu mobilisieren. Neu dabei ist, dass rechtsextreme Positionen nun offen artikuliert werden.

Vor diesem Hintergrund haben wir in die vorliegende Studie eine Frage dazu aufgenommen, wie die Befragten zu Pegida und ihren Ablegern stehen (Grafik 19). Insgesamt lehnten 50,3% die Ziele dieser Bewegung ab: 53,2% in West- und 39,6% in Ostdeutschland. 9,5% gaben an, diese nicht zu kennen, 17,4% antworteten mit »teils/teils«. Mit 22,7% teilt allerdings fast ein Viertel der Befragten die Ziele von Pegida »vollkommen« (25,4% im Osten, 22% im Westen). Dieses Ergebnis zeigt, dass die lange schon vorhandene und über einen langen Zeitraum unter anderem durch die Leipziger »Mitte«-Studien nachgewiesene rechtsextreme Einstellung inzwischen verstärkt auf die Straße getragen wird, was von einem nicht unerheblichen Anteil der Bevölkerung unterstützt wird. Kapitel 4 geht auf dieses Thema ausführlicher ein.

Grafik 19: Einstellung zu Pegida (in %)

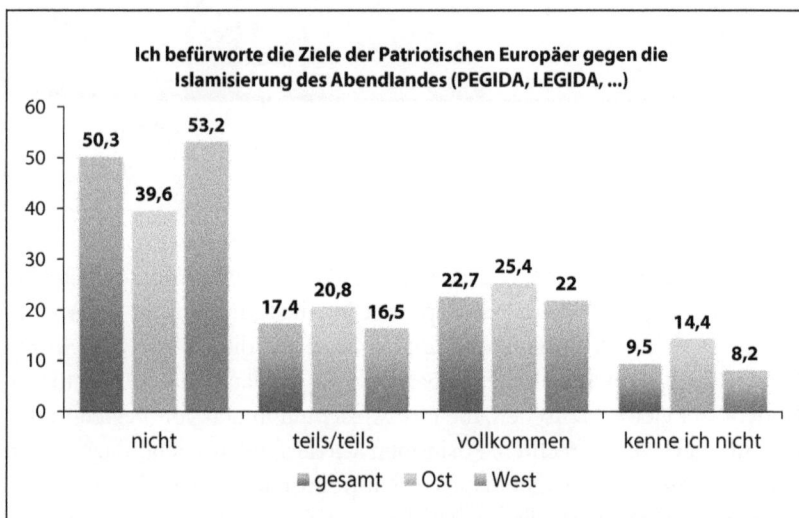

Zusammenfassend lässt sich festhalten, dass das Misstrauen in Institutionen, insbesondere gegenüber intermediären Organisationen wie den Parteien und den Medien (Stichwort »Lügenpresse«) eine große Herausforderung darstellt. Der Legitimationsverlust von etablierten Parteien und Institutionen ist ein entscheidender Faktor für den Erfolg von rechtspopulistischen und rechtsextremen Bewegungen und Organisationen. Gleichzeitig lässt der gesunkene Wert bei der Zustimmung zu Verschwörungstheorien auch hoffen: Die Auseinandersetzung mit ihnen kann durchaus positiv und über einen reinen Abwehrkampf hinaus wirken.

LITERATUR

Adorno, T. W., Frenkel-Brunswik, E., Levinson, D. J. & Sandford, R. N. (Hrsg.). (1950). *The Authoritarian Personality.* New York: Harper.

Altemeyer, B. (1988). *Enemies of Freedom. Understanding Right-Wing Authoritarianism.* San Fransico: Jossey-Bass.

Beierlein, C., Asbrock, F., Kauff, M. & Schmidt, P. (2014). *Die Kurzskala Autoritarismus (KSA-3). Ein ökonomisches Messinstrument zur Erfassung dreier Subdimensionen autoritärer Einstellungen, GESIS Working Papers 35.* Mannheim: GESIS – Leibniz-Institut für Sozialwissenschaften.

Benokraitis, N. V. & Feagin, J. R. (1995). *Modern sexism: blatant, subtle, and covert discrimination.* Upper Saddle River: Prentice Hall.

Decker, O. & Brähler, E. (2006). *Vom Rand zur Mitte. Rechtsextreme Einstellung und ihre Einflussfaktoren in Deutschland.* Berlin: FES.

Decker, O., Hinz, A., Geißler, N. & Brähler, E. (2013a). Fragebogen zur rechtsextremen Einstellung – Leipziger Form (FR-LF). In O. Decker, J. Kiess & E. Brähler (Hrsg.), *Rechtsextremismus der Mitte. Eine sozialpsychologische Gegenwartsdiagnose* (S. 197–212). Gießen: Psychosozial-Verlag.

Decker, O. & Kiess, J. (2013). Moderne Zeiten. In O. Decker, J. Kiess & E. Brähler (Hrsg.), *Rechtsextremismus der Mitte. Eine sozialpsychologische Gegenwartsdiagnose* (S. 13–64). Gießen: Psychosozial-Verlag.

Decker, O., Kiess, J. & Brähler, E. (2013b). Traditionslinien der Moderne. In Dies. (Hrsg.), *Rechtsextremismus der Mitte. Eine sozialpsychologische Gegenwartsdiagnose* (S. 97–126). Gießen: Psychosozial-Verlag.

Decker, O., Kiess, J. & Brähler, E. (2015). *Rechtsextremismus der Mitte und sekundärer Autoritarismus.* Gießen: Psychosozial-Verlag.

Decker, O., Rothe, K., Weißmann, M., Kiess, J. & Brähler, E. (2013c). Economic Prosperity as »Narcissistic Filling«: A Missing Link Between Political Attitudes and Right-Wing Authoritarianism. *Journal of Conflict and Violence, 7,* 135–149.

Della Porta, D. (2015). *Social movements in times of austerity: bringing capitalism back into protest analysis.* Cambridge, UK: Polity.

Eckes, T. & Six-Materna, I. (1998). Leugnung von Diskriminierung: Eine Skala zur Erfassung des modernen Sexismus. *Zeitschrift für Sozialpsychologie, 29,* 224–238.

Endrikat, K. (2003). Ganz normaler Sexismus. Reizende Einschnürung in ein Rollenkorsett. In W. Heitmeyer (Hrsg.), *Deutsche Zustände – Folge 2* (S. 120–144). Frankfurt/M.: Suhrkamp.

Habermas, J. (1973). *Legitimationsprobleme im Spätkapitalismus.* Frankfurt/M.: Fischer (1979).

Heitmeyer, W. (Hrsg.). (2012). *Deutsche Zustände – Folge 10.* Frankfurt/M.: Suhrkamp.

Horkheimer, M., Fromm, E. & Marcuse, H. (1936). *Studien über Autorität und Familie.* Springe: zu Klampen (Reprint der Originalauflage, 1987).

Imhof, R. & Decker, O. (2013). Verschwörungsmentalität als Weltbild. In O. Decker, J. Kiess & E. Brähler (Hrsg.), *Rechtsextremismus der Mitte. Eine sozialpsychologische Gegenwartsdiagnose* (S. 146–162). Gießen: Psychosozial-Verlag.

Kiess, J. (2015). 50 Shades of Brown: Pegida und der Wunsch nach Autorität. *Jahrbuch für Öffentliche Sicherheit,* 205–219.

Kriesi, H., Grande, E., Lachat, R., Dolezal, M., Bornschier, S. & Frey, T. (2006). Globalization and the transformation of the national political space: Six European countries compared. *European Journal of Political Research, 45,* 921–956.

Neugebauer, G. (2007). *Politische Milieus in Deutschland.* Bonn: Dietz.

Pettigrew, T. F. (2001). Summing up: Relative deprivation as a key social psychological concept. In I. Walker & H. J. Smith (Hrsg.), *Relative Deprivation. Specification, Development, and Integration* (S. 351–374). Cambridge: Cambridge University Press.

Rippl, D. S. & Baier, D. (2005). Das Deprivationskonzept in der Rechtsextremismusforschung. *KZfSS Kölner Zeitschrift für Soziologie und Sozialpsychologie, 57,* 644–666.

Schmidt, P., Stephan, K. & Herrmann, A. (1995). Entwicklung einer Kurzskala zur Messung von Autoritarismus. In G. Lederer & P. Schmidt (Hrsg.), *Autoritarismus und Gesellschaft. Trendanalysen und vergleichende Jugenduntersuchungen 1945–1993* (S. 221–227). Opladen: Leske + Budrich.

Ulbrich-Herrmann, M. (1995). Zur Verbreitung von gewaltbefürwortenden Einstellungen und Gewaltverhalten. In W. Heitmeyer (Hrsg.), *Gewalt. Schattenseiten der Individualisierung bei Jugendlichen aus unterschiedlichen Milieus* (S. 127–141). Weinheim: Juventa.

Ulbrich-Herrmann, M. (1998). *Lebensstile Jugendlicher und Gewalt.* Münster: LIT Verlag.

Zick, A. & Klein, A. (2014). *Fragile Mitte – Feindselige Zustände.* Bonn: Dietz-Verlag.

3. Politische Einstellungen und Parteipräferenz: Die Wähler/innen, Unentschiedene und Nichtwähler 2016

Elmar Brähler, Johannes Kiess & Oliver Decker

Neben der Erfassung der rechtsextremen Einstellung ist die Analyse der aktuellen politischen Situation ein Schwerpunkt der diesjährigen »Mitte«-Studie. Diese Situation ist gekennzeichnet durch die sogenannte Pegida-Bewegung (Kap. 5), die Polarisierung der politischen Milieus (Kap. 4) und die Entstehung und Konsolidierung einer neuen Partei, die sich selbst im politischen Spektrum rechts verortet. In der Vergangenheit konnten rechtsextreme und rechtspopulistische Parteien – ob neu gegründet oder mit langjähriger Tradition – keine Wahlerfolge erzielen, obwohl das rechtsextreme Einstellungspotential, wie es die »Mitte«-Studien seit Jahren ausweisen, kontinuierlich vorhanden war. Die Wählerinnen und Wähler mit rechtsextremer Einstellung waren stattdessen über Jahre vor allem an die beiden großen demokratischen Parteien SPD und CDU gebunden.

Mit diesem Kapitel schließen wir an eine Analyse aus der letzten »Mitte«-Studie an. Auf Grundlage unserer Erhebung 2014 hatten wir AfD- und NPD-Anhängerinnen und -Anhänger verglichen, um einerseits Unterschiede zwischen den Parteien bzw. ihren jeweiligen Anhängerschaften herauszuarbeiten und andererseits die Erfolgsbedingungen der neuen Partei zu analysieren (Kiess et al., 2015). Die Wahlerfolge der AfD, so das damalige Ergebnis, sind auf eine ganze Reihe von Gründen zurückzuführen (siehe auch Kap. 7): Auf der einen Seite konnte die AfD ein Angebot für bestimmte Wählerinnen und Wähler schaffen, indem sie in relativ kurzer Zeit und auf die Eurokrise reagierend eine funktionierende Organisation aufbaute. In der Debatte um Geflüchtete fand sie ein neues Thema, welches als Katalysator wirkte. Außerdem verfügt sie, so die Einschätzung nach der Bundestagswahl 2013, sowohl über fähiges Spitzenpersonal als auch finanzkräftige Geldgeber (Niedermayer, S. 2015, S. 89ff.). Auf der anderen Seite, und dies zeigte die Analyse der Umfragedaten der letzten »Mitte«-Studie, liegt ihr Erfolg darin begründet, dass sie Milieus ansprechen konnte, die zwar antidemokratisch und/oder menschenfeindlich eingestellt sind, die bisher aber demokratische Parteien wählten. Für diese – sich selbst der »Mitte« zurechnenden – Milieus ist die NPD als offen rechtsextreme Partei nicht wählbar gewesen. Damit war also schon seit einiger Zeit (und vor der »Flüchtlingskrise«) klar, dass die AfD vor allem eine Konkurrenz für die »etablierten« Parteien sein würde, weniger für die NPD.

Entlang der grundsätzlichen Unterscheidung zwischen Einstellungs- und Handlungsebene in der Rechtsextremismusforschung (Stöss, 2005, S. 25) lässt sich feststellen, dass bisher viele Personen rechtsextrem eingestellt waren, aber nicht entsprechend handelten. Das hat sich nun geändert – die Einstellung führt zur Handlung. So gab ein großer Teil der rechtsextrem Eingestellten in den bisherigen Erhebungen der »Mitte«-Studien an, eine der sogenannten etablierten Parteien wählen zu wollen; einige bekundeten sogar die Absicht, ihre Stimme der Linken zu geben. Dieses auf den ersten Blick paradoxe Ergebnis lässt sich, neben fehlenden »wählbaren« Angeboten am rechten Rand, unter anderem mit der Bindekraft der großen demokratischen Parteien erklären. Sie konnten lange Zeit mit anderen relevanten Themen (z.B. Wirtschaftskompetenz) Legitimation gewinnen und – als große Parteien – die autoritäre Orientierung durch Größe, Macht und Konventionalismus bedienen. Was passiert allerdings, wenn durch eine Verschiebung des Diskurses nach rechts »Alternativen« plötzlich »wählbar« werden, ein bestimmtes Thema, wie im letzten Jahr die »Flüchtlingsfrage«, die Auseinandersetzung dominiert und die Parteien Schwierigkeiten haben, ihre unterschiedlichen Wählerschichten zu binden? Der politikwissenschaftlichen Forschung folgend, lässt sich diese Situation als eine veränderte »diskursive Opportunitätsstruktur« (Giugni et al., 2005; Koopmans & Muis, 2009) deuten: Mit der Polarisierung der politischen Milieus (siehe Kap. 4) und der Verschiebung des politischen Diskurses nach rechts können rechtsextreme und rechtspopulistisch auftretende Parteien nun Anhängerinnen und Anhänger mobilisieren, die bisher von rechten Parteien nicht erreicht werden konnten.

In diesem Kapitel sollen zunächst die soziodemografischen Merkmale der Befragten nach Parteipräferenz dargestellt werden, dann werden die politischen Einstellungen nach Parteipräferenz ausführlich beschrieben. Damit werden die Wählerinnen und Wählern verschiedener Parteien miteinander verglichen, ebenso wie diejenigen, die nicht zur Wahl gehen oder ihre Wahlentscheidung noch nicht gefällt haben. Wegen der besonderen Situation liegt der Fokus bei der Interpretation auf der AfD und ihren Potenzialen.

Grundlage der folgenden Darstellung ist die »Sonntagsfrage«, die in der aktuellen Erhebung gestellt worden ist: »Wenn am nächsten Sonntag Bundestagswahlen wären, würden Sie wählen gehen und wenn ja, welche Parteien bekäme Ihre Stimme?« Damit werden neben den Wählerinnen und Wählern der Parteien auch diejenigen erfasst, die unentschlossen sind, ob sie überhaupt wählen gehen (»Wahlteilnahme unsicher«) und jene, die zwar wählen gehen wollen, aber noch nicht wissen, welche Partei (»Parteiwahl unsicher«).

SOZIODEMOGRAFIE UND PARTEIPRÄFERENZ

Grafik 1 zeigt den Bildungsgrad der Wählerinnen und Wähler anhand der Hochschulreife. Den höchsten Anteil an Wählern mit Abitur haben die Grünen (40,7%), gefolgt von der Linken (35,9%) und der FDP (33,3%). Auch unter denen, die zwar zur Wahl gehen wollen, aber noch unentschieden sind, haben 28,9% als Bildungsabschluss mindestens das Abitur. Bei denen, die noch nicht wissen, ob sie wählen gehen wollen, sind es mit 18% weit weniger. Von den Nichtwählerinnen und Nichtwählern haben nicht einmal 10% das Abitur abgelegt – die Entscheidung, wählen zu gehen, hängt offenbar stark vom Bildungsgrad ab. Die Anhängerinnen und Anhänger der AfD weisen einen deutlich unterdurchschnittlichen Bildungsgrad auf. Im Jahr 2014 lag der Anteil der AfD-Wähler mit Abitur noch bei 21,2% und ist 2016 auf 16,2% gesunken.

Grafik 1: Parteipräferenz und Abitur (in %)

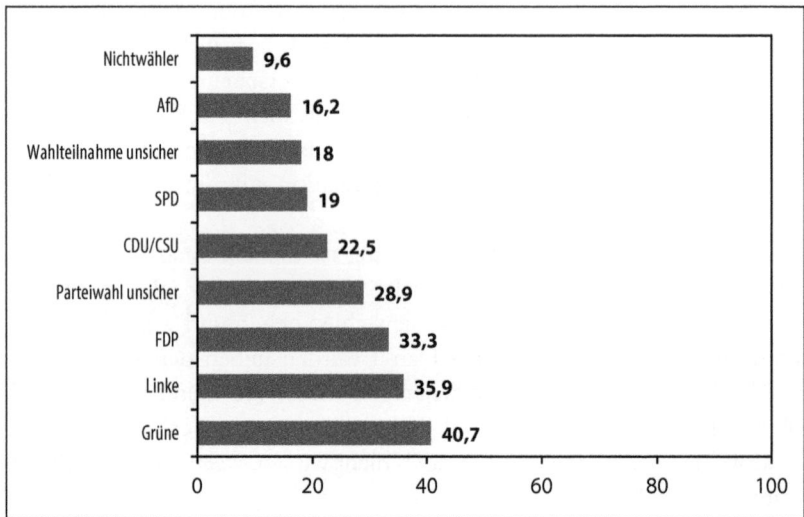

Das Alter der Wählerinnen und Wähler ist im Durchschnitt bei den Unionsparteien am höchsten. Es folgen FDP, SPD und die Linke, während die Grünen die jüngste Anhängerschaft haben (Grafik 2). Die AfD-Anhängerinnen und Anhänger sowie die Nichtwählerinnen und Nichtwähler sind ebenfalls relativ jung. Nur bei den AfD-Anhängerinnen und Anhängern beobachten wir eine deutliche Veränderung, denn das Durchschnittsalter ist von 50,6 (2014) auf 46,9 Jahre (2016) auffällig gesunken.

Auch beim Geschlecht zeigen sich deutliche Unterschiede in Bezug auf die Parteipräferenz (Grafik 3). Die AfD erfährt von Männern deutlich höheren Zuspruch als von Frauen, 64,2% der potenziellen AfD-Wähler sind männlich (2014: 65,4%). Bei den Grünen, den Nichtwählerinnen und Nichtwählern, den Befragten, die noch nicht wussten, ob sie an den nächsten Wahlen teilnehmen sowie denen, die sich noch für keine Partei entschieden hatten, überwiegt jeweils der Frauenanteil deutlich. Bei den übrigen Parteien ist das Verhältnis relativ ausgewogen.

Grafik 2: Parteipräferenz und Durchschnittsalter (Mittelwert)

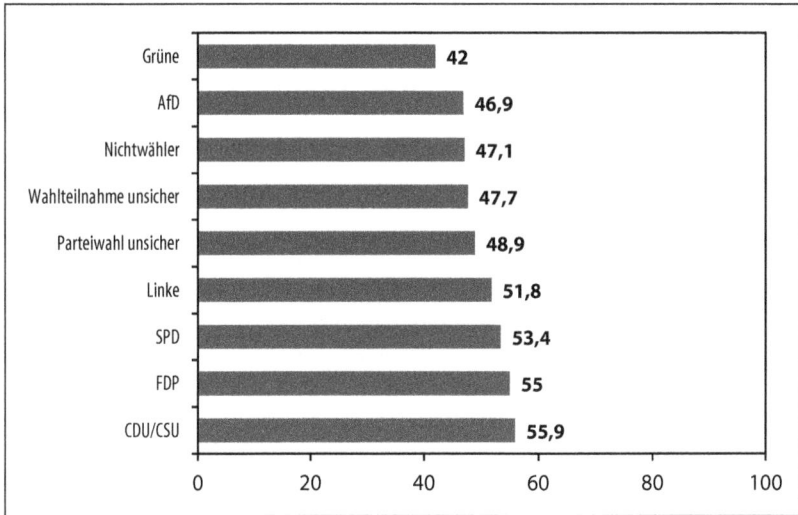

Grüne	42
AfD	46,9
Nichtwähler	47,1
Wahlteilnahme unsicher	47,7
Parteiwahl unsicher	48,9
Linke	51,8
SPD	53,4
FDP	55
CDU/CSU	55,9

Grafik 3: Parteipräferenz und Geschlecht (in %)

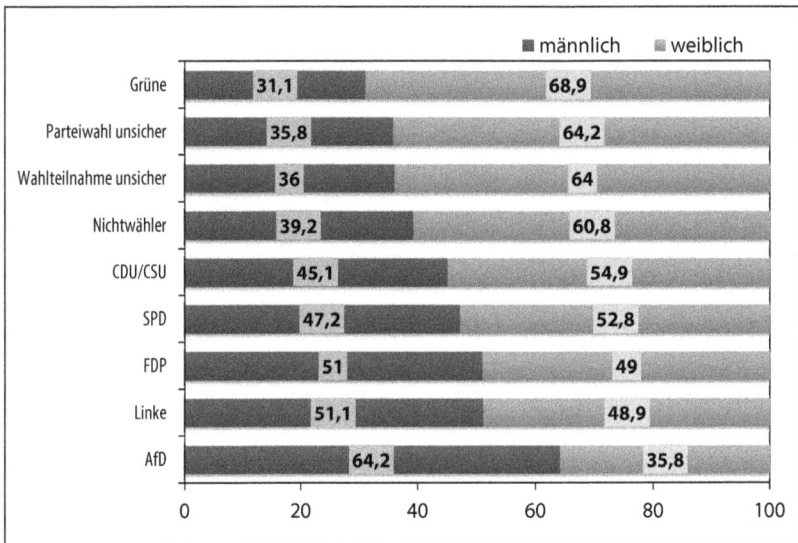

männlich weiblich

	männlich	weiblich
Grüne	31,1	68,9
Parteiwahl unsicher	35,8	64,2
Wahlteilnahme unsicher	36	64
Nichtwähler	39,2	60,8
CDU/CSU	45,1	54,9
SPD	47,2	52,8
FDP	51	49
Linke	51,1	48,9
AfD	64,2	35,8

Da in der Stichprobe nur wenige der Befragten andere Religionen als die beiden großen christlichen Konfessionen angaben, lässt sich die Religionszugehörigkeit in Verbindung mit der Parteipräferenz nur für diese und die Konfessionslosen darstellen (Grafik 4). Die SPD-Wählerinnen und -Wähler weisen den höchsten Anteil an evangelischen Christinnen und Christen auf, gefolgt von FDP und Grünen; die Unionsparteien werden hingegen von besonders vielen Katholikinnen und Katholiken gewählt. Der Anteil der Konfessionslosen ist bei den Wählern der Linken am höchsten. Bei der AfD zeigt sich wieder ein deutlicher Unterschied zu 2014, als 32,7% der AfD-Anhängerinnen und Anhänger angaben, konfessionslos zu sein, während es 2016 43% waren – der Anteil der Konfessionslosen ist hier also binnen zwei Jahren um fast 10% gestiegen.

Grafik 4: Konfessionszugehörigkeit und Parteipräferenz (in %)

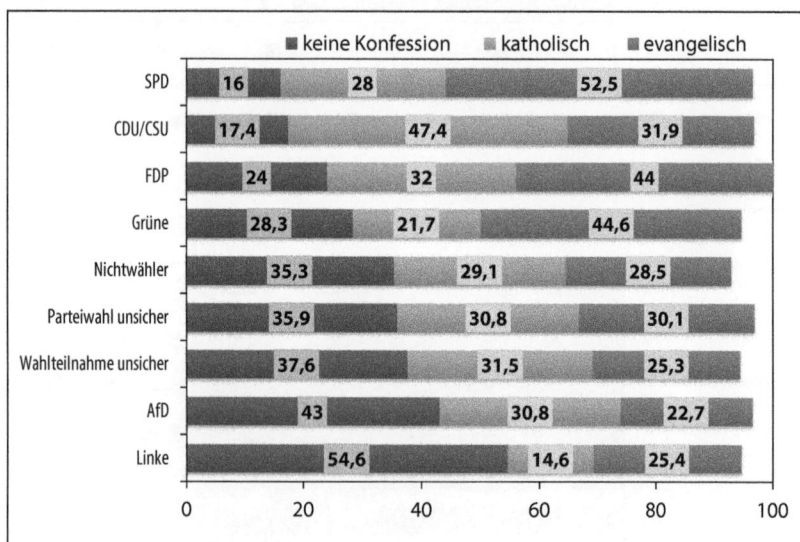

Schließlich soll ein Blick auf die Einkommenssituation nach Parteipräferenz der Befragten geworfen werden. Bei den Nichtwählerinnen und Nichtwählern ist der Anteil derer mit weniger als 1.250 Euro monatlichem Haushaltsnettoeinkommen am höchsten und der Anteil derer mit mehr als 2.500 Euro am geringsten. Ein ähnliches Bild ergibt sich bei denen, deren Wahlteilnahme unsicher ist. Diese Ergebnisse bestätigen die Annahme, dass die Bereitschaft, wählen zu gehen, stark mit der Einkommensschicht zusammenhängt (vgl. Schäfer, 2013, 2014). Bei den bezüglich der Parteiwahl Unsicheren findet sich der höchste Anteil der Besserverdienenden, die hingegen bei der Linken und der AfD unterrepräsentiert sind. Insgesamt gehören die AfD-Wählerinnen und Wähler eher nicht zu den Besserverdienenden, 2014 wiesen sie durchschnittlich noch ein höheres Einkommen auf.

Tabelle 1: Parteipräferenz und monatliches Haushaltseinkommen (in %)

	AfD	Nichtwähler	Parteiwahl unsicher	FDP	CDU/CSU	SPD	Grüne	Linke	Wahlteilnahme unsicher
unter 1.250 €	18,7	29,5	13,4	16,0	13,6	13,2	18,1	23,1	27,2
1.250 € bis 2.500 €	45,6	47,1	37,6	44,0	44,3	45,6	38,1	44,6	43,9
über 2.500 €	35,7	23,4	49,0	40,0	42,1	41,2	43,8	32,3	28,9

POLITISCHE EINSTELLUNG UND PARTEIPRÄFERENZ

Nachdem die Parteipräferenz nach soziodemografischen Merkmalen aufgeschlüsselt wurde, soll das Augenmerk nun den politischen Einstellungen gelten. Die ersten sechs Grafiken dieses Abschnitts geben die Zustimmung der Wählerinnen und Wähler der unterschiedlichen Parteien zu den Dimensionen rechtsextremer Einstellung wieder (zu den Dimensionen siehe Kap. 2). Dazu wurde die Summe für alle drei Aussagen je Dimension herangezogen: der Höchstwert liegt also bei 15, der Minimalwert bei drei. Je höher der Wert, desto stärker vertreten die Befragten die jeweilige Dimension der rechtsextremen Einstellung.

Wie Grafik 5 zeigt, ist die durchschnittliche Zustimmung zu den drei Aussagen der Dimension »Befürwortung einer rechtsautoritären Diktatur« bei den Anhängerinnen und Anhängern der AfD am höchsten. Mit einigem Abstand folgen die Nichtwählerinnen und Nichtwähler. Die geringste Zustimmung zeigen die Wählerinnen und Wähler der Grünen.

Grafik 5: Zustimmung zur Dimension »Befürwortung einer rechtsautoritären Diktatur« und Parteipräferenz (Mittelwert)

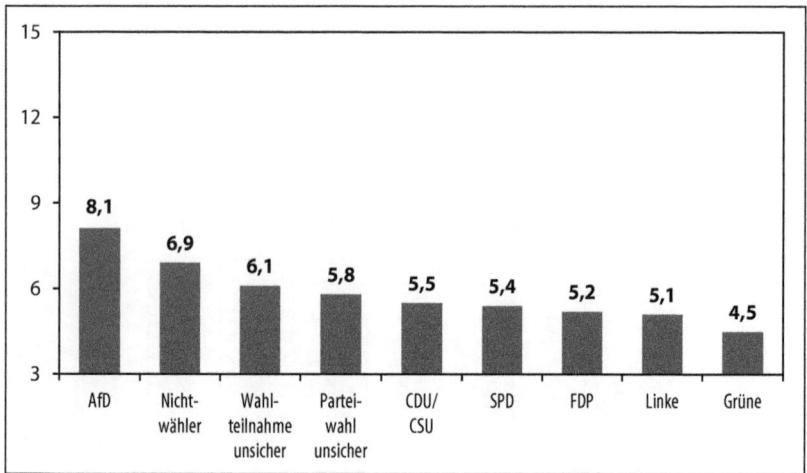

Das gleiche Bild zeigt sich bei der durchschnittlichen Zustimmung zu den drei Aussagen der Dimensionen Chauvinismus (Grafik 6), Ausländerfeindlichkeit (Grafik 7) und Antisemitismus (Grafik 8).

Grafik 6: Zustimmung zur Dimension »Chauvinismus« und Parteipräferenz (Mittelwert)

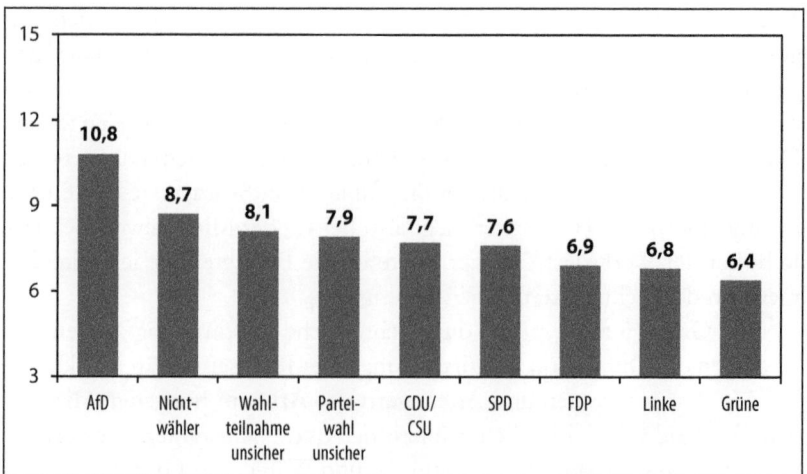

Grafik 7: Zustimmung zur Dimension »Ausländerfeindlichkeit« und Parteipräferenz (Mittelwert)

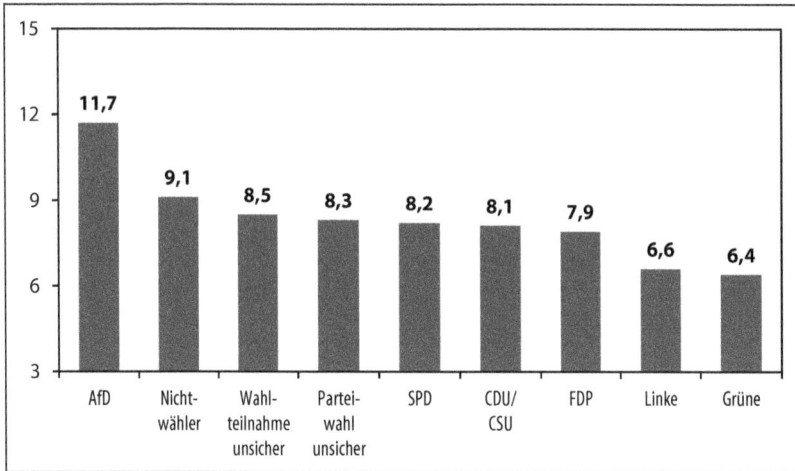

Grafik 8: Zustimmung zur Dimension »Antisemitismus« und Parteipräferenz (Mittelwert)

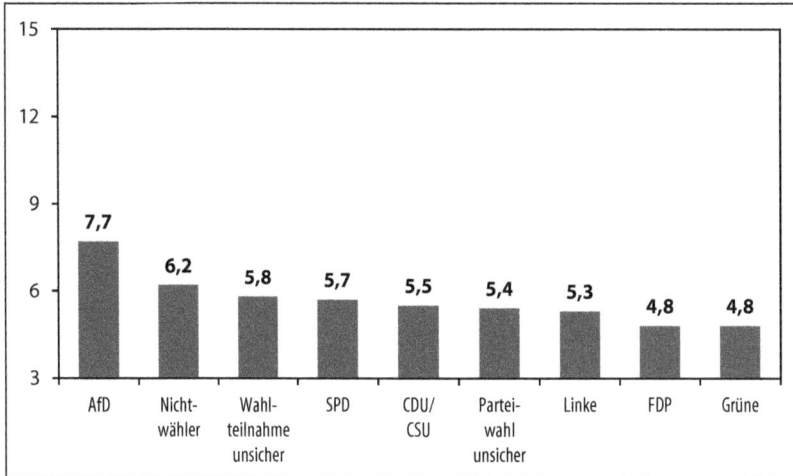

Auch bei der Zustimmung zur Dimension »Sozialdarwinismus« (Grafik 9) ist die Polarisierung deutlich ausgeprägt: Wieder stimmen die Anhängerinnen und Anhänger der AfD am stärksten zu, gefolgt von den Nichtwählerinnen und Nichtwählern. Die Anhängerinnen und Anhänger der Grünen, der Linken sowie der FDP sind durchschnittlich am wenigsten sozialdarwinistisch eingestellt.

Grafik 9: Zustimmung zur Dimension »Sozialdarwinismus« und Parteipräferenz (Mittelwert)

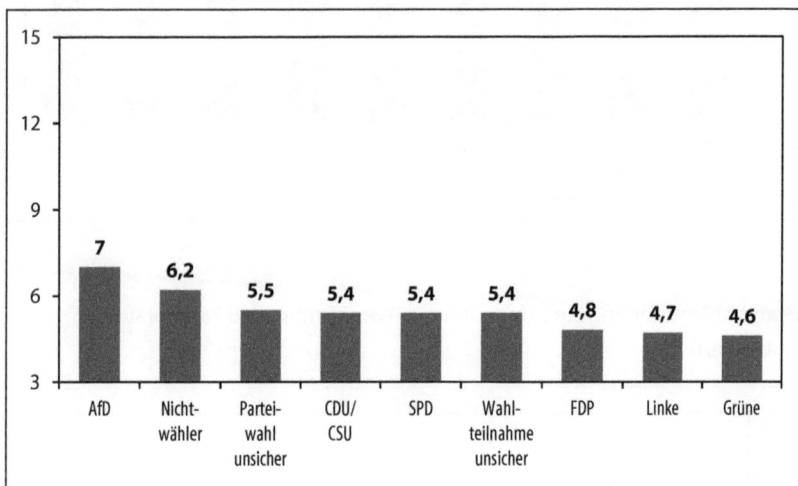

Schließlich erreichen die AfD-Anhängerinnen und -Anhänger auch in der Dimension »Verharmlosung des Nationalsozialismus« die höchsten Werte (Grafik 10). Am niedrigsten ist die Zustimmung hier bei der Anhängerschaft der FDP, die Unterschiede zu der der Grünen und der Linken sind aber auch hier wieder nur marginal.

Grafik 10: Zustimmung zur Dimension »Verharmlosung des Nationalsozialismus« und Parteipräferenz (Mittelwert)

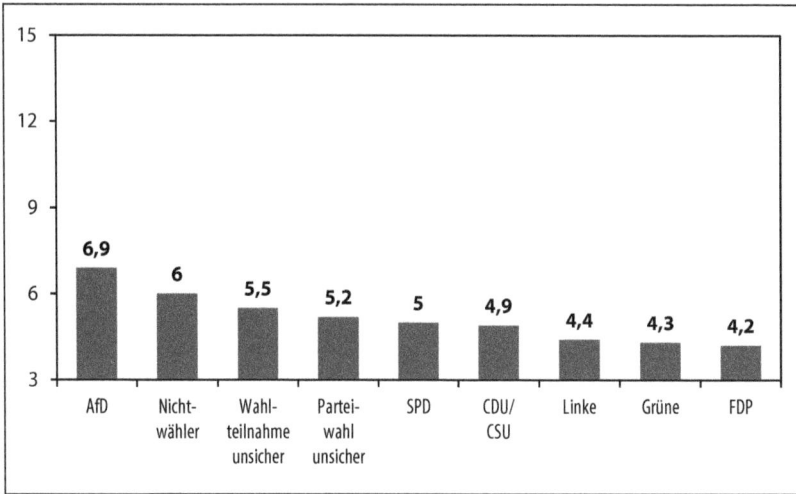

Für die Grafik 11 wurde der Wert der Zustimmung über alle 18 Aussagen des Fragebogens zu rechtsextremen Einstellungen zusammengefasst (Maximalwert 90, Minimalwert 18). Die Zustimmung über alle Aussagen hinweg ist bei den AfD-Wählerinnen und -Wählern mit einem Wert von 52,2 mit Abstand am höchsten. Bei der SPD und den Unionsparteien ergibt sich mit 37,3 und 37,1 fast derselbe Wert, den die Wählerinnen und Wähler der FDP (33,8), der Linken (32,9) und der Grünen (31) noch einmal deutlich unterschreiten. Durchgehend über alle Dimensionen und folglich auch in der Gesamtskala der rechtsextremen Einstellungen ist die Zustimmung der AfD-Anhängerinnen und Anhänger im Jahr 2016 höher als 2014. Zu vermuten ist einerseits, dass sich die Anhängerinnen und Anhänger seit 2014 radikalisiert haben, andererseits, dass bisher Nichtwählende und bei anderen Parteien Untergekommene verstärkt das Angebot der AfD wahrnehmen.

Grafik 11: Zustimmung zum Fragebogen rechtsextreme Einstellung und Parteipräferenz (Mittelwert)

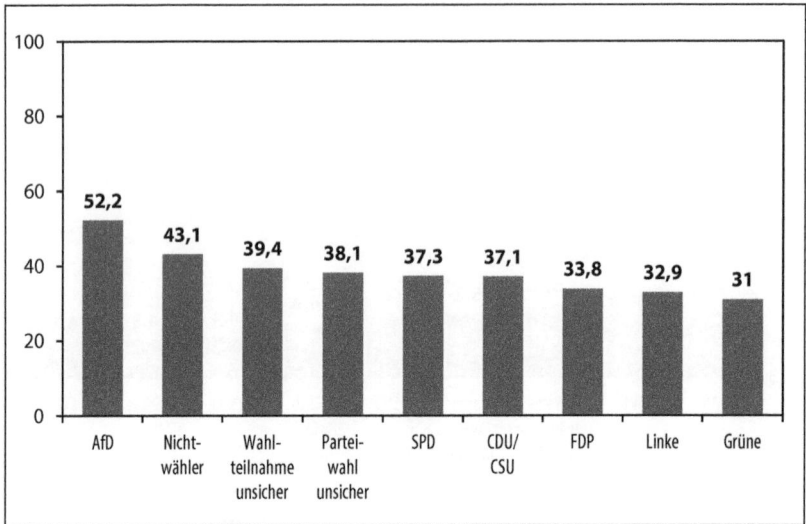

Für die Darstellung in Tabelle 2 wurde ermittelt, welche Partei die manifest rechtsextrem Eingestellten wählen würden. Manifest rechtsextrem eingestellt ist, wer durchschnittlich allen Aussagen im Fragebogen zur rechtsextremen Einstellung zustimmt (bei einem Summenwert von 54 und einem maximalen Summenwert von 90 wurde der Cut-off-Wert von ≥ 63 gewählt).

Tabelle 2: Was wählen Rechtsextreme? Grenzwert > 63 (Gesamtdeutschland, in %)

	CDU/CSU	SPD	FDP	Grüne	Die Linke	Nichtwähler	Wahlteilnahme unsicher	AfD	Parteiwahl unsicher
2016 (N = 106)	11,3	15,1	–	3,8	2,8	26,4	0,9	34,9	4,7

Konnten SPD und Unionsparteien 2014 zusammen noch knapp 50% der rechtsextrem Eingestellten an sich binden, sind es 2016 nur noch 26,4%.

Auch die Linke verliert diese Gruppe als Wählerinnen und Wähler. Die rechtsextrem Eingestellten sind vor allem zur AfD abgewandert: Gaben 2014 nur 6,3% der rechtsextrem Eingestellten an, diese Partei wählen zu wollen, so waren es 2016 34,9%. Das Gros der neuen Wählerinnen und Wähler der AfD dürfte aber von SPD und CDU/CSU »zugewandert« sein.

Die Idee der Demokratie wird von den meisten Befragten positiv gesehen. Allerdings zeigen sich bei näherer Betrachtung und Aufschlüsselung nach Parteipräferenz doch einige Unterschiede (Grafik 12). Während bei den Wählerinnen und Wählern aller anderen Parteien die Zustimmung auf einer sechsstufigen Skala (Antworten »sehr dafür« und »ziemlich dafür« zusammengefasst) bei deutlich über 90% liegt, bei der FDP sogar bei 98%, sind es bei der AfD nur knapp unter 90% und bei den Nichtwählerinnen und Nichtwählern noch etwas weniger.

Grafik 12: Zustimmung zur Demokratie als Idee und Parteipräferenz (in %)

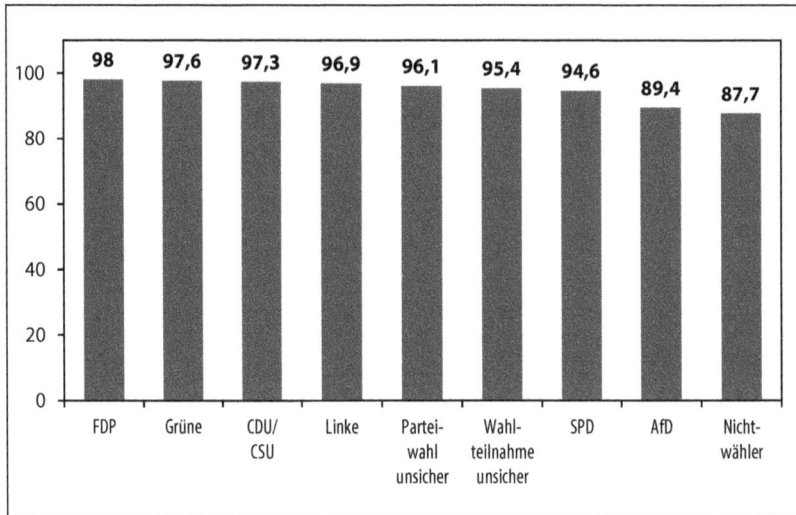

Fragt man nach der Demokratie wie sie in der Verfassung festgeschrieben ist (Grafik 13), sinkt die Zustimmung bei den AfD-Wählerinnen und -Wählern auf gut 50%, selbst die Nichtwählerinnen und Nichtwähler sind hier weniger skeptisch (63,7%). In dieser Grafik sind die zustimmenden

Antwortmöglichkeiten einer vierstufigen Skala (»eher zufrieden« und »sehr zufrieden« zusammengefasst) dargestellt. Waren sich die Anhängerinnen und Anhänger der Linken, der Grünen und der FDP bei der Ablehnung rechtsextremer Positionen und bei der Zustimmung zur Demokratie als Idee noch relativ einig (siehe oben), so bestehen offenbar Unterschiede, was die verfassungsmäßige Ausgestaltung angeht. Bei den Wählern der Linken sind hier nur zwei Drittel (67,9%) zufrieden, bei denen der FDP und der Grünen deutlich über 80%.

Grafik 13: Zustimmung zur Demokratie, wie in der Verfassung festgelegt, und Parteipräferenz (in %)

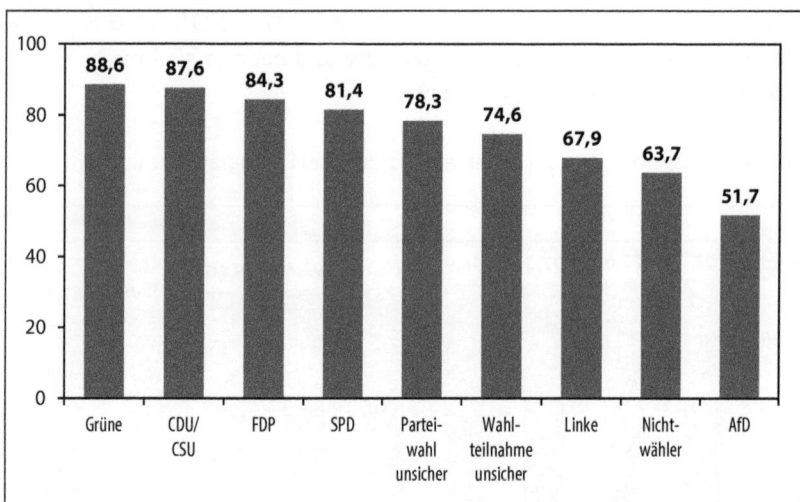

Auch in der folgenden Grafik sind die zustimmenden Antwortmöglichkeiten einer vierstufigen Skala (»eher zufrieden« und »sehr zufrieden« zusammengefasst) dargestellt. Am zufriedensten mit dem Funktionieren der Demokratie in Deutschland (Grafik 14) sind mit 70,2% die Anhängerinnen und Anhänger der Union. Dagegen äußern sich weniger als die Hälfte der Wählerinnen und Wähler der Linken, der bei der Parteiwahl noch Unsicheren sowie der Nichtwählerinnen und Nichtwähler auf diese Frage zufrieden. Allerdings sind lediglich 11,1% der Anhängerinnen und Anhänger der AfD mit der Ausgestaltung der Demokratie einverstanden – offenbar wird die Wahlentscheidung dieser Gruppe von einem großen Unmut über das demokratische System sowohl in seiner Verfasstheit als auch seinem tatsächlichen Funktionieren beeinflusst.

Grafik 14: Zustimmung zur Demokratie, wie sie tatsächlich funktioniert, und Parteipräferenz (in %)

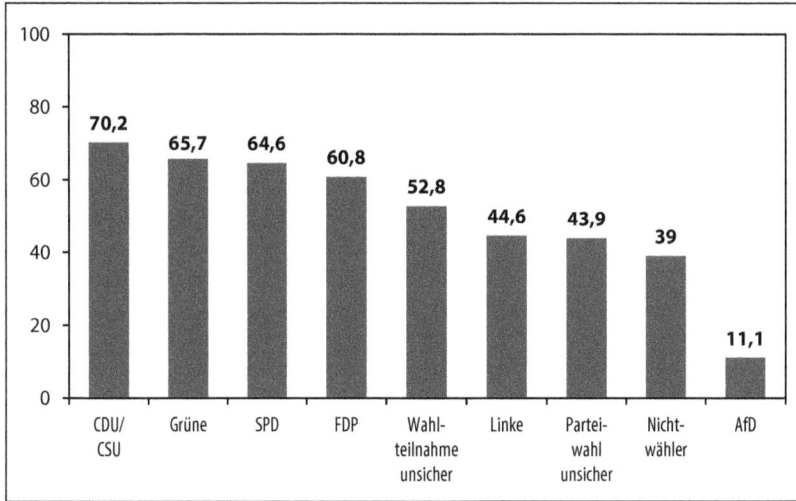

Auch für die Fragebögen zur Islamfeindschaft, zum Antiziganismus, zur Abwertung von Asylbewerberinnen und Asylbewerbern sowie zur Homophobie soll die Zustimmung für die einzelnen Wählergruppen dargestellt werden. Bei den AfD-Anhängerinnen und -Anhängern fühlen sich »durch die vielen Muslime« 85,9% »fremd im eigenen Land« (Grafik 15). Dieses Gefühl haben bei den Grünen nur 24,7%, bei SPD und CDU/CSU aber immerhin auch rund die Hälfte.

Noch etwas deutlicher ist der Abstand zwischen der Anhängerschaft von AfD und den übrigen Parteien bei der Frage, ob die Zuwanderung speziell für Muslime untersagt werden sollte (Grafik 16). Für die beiden islamfeindlichen Aussagen ist die Zustimmung unter den Wählerinnen und Wählern der AfD am stärksten, auch wenn diese Positionen durchaus auch bei denen der anderen Parteien teilweise Anklang finden.

Grafik 15: Zustimmung zur Aussage »Durch die vielen Muslime hier fühle ich mich manchmal wie ein Fremder im eigenen Land« und Parteipräferenz (in %)

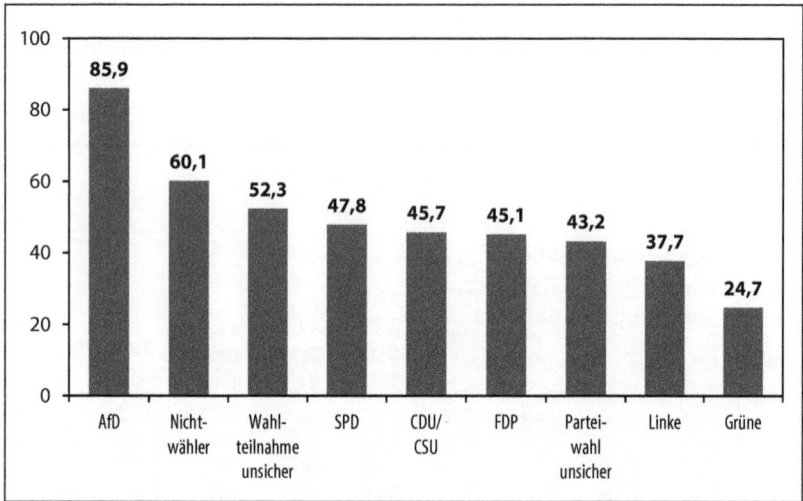

Grafik 16: Zustimmung zur Aussage »Muslimen sollte die Zuwanderung nach Deutschland untersagt werden« und Parteipräferenz (in %)

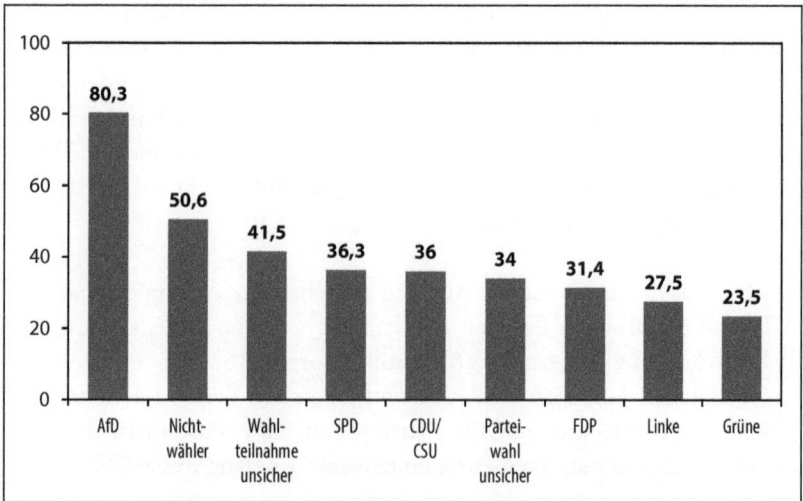

Wie die Islamfeindschaft sind auch Vorurteile gegenüber Sinti und Roma bei AfD-Anhängerinnen und -Anhängern besonders ausgeprägt (Grafiken 17–19). 84,8% der AfD-Wählerinnen und -Wähler hätten Probleme damit, wenn sich Sinti und Roma in ihrer Nähe aufhielten und 89% von ihnen schreiben Sinti und Roma eine Neigung zur Kriminalität zu. Aber auch bei den anderen Wählergruppen sind diese Vorurteile weit verbreitet. Selbst für rigide ordnungspolitische Maßnahmen – wie die Verbannung von Sinti und Roma aus den Innenstädten – findet sich eine hohe Zustimmung, mit Werten von nur knapp unter 50% bei FDP, SPD und Union. Nur bei den Wählerinnen und Wählern der Grünen und der Linken liegt die Zustimmung zu allen drei Aussagen deutlich unter 50%.

Grafik 17: Zustimmung zur Aussage »Ich hätte Probleme damit, wenn sich Sinti und Roma in meiner Gegend aufhalten« und Parteipräferenz (in %)

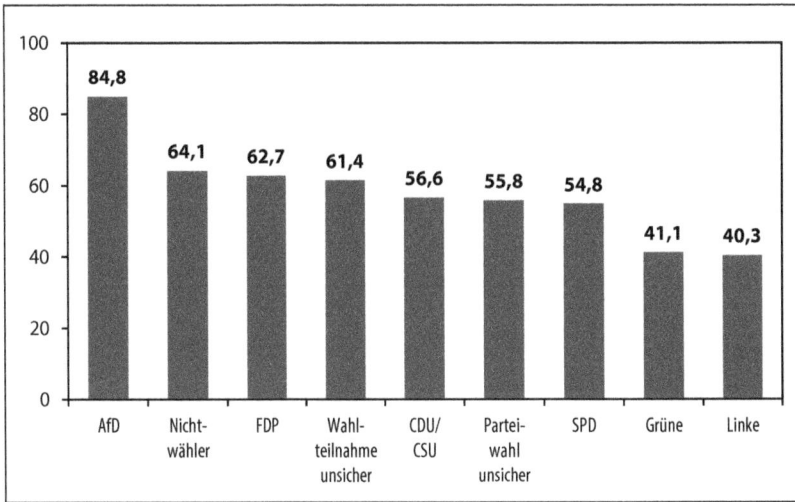

Grafik 18: Zustimmung zur Aussage »Sinti und Roma neigen zur Kriminalität« und Parteipräferenz (in %)

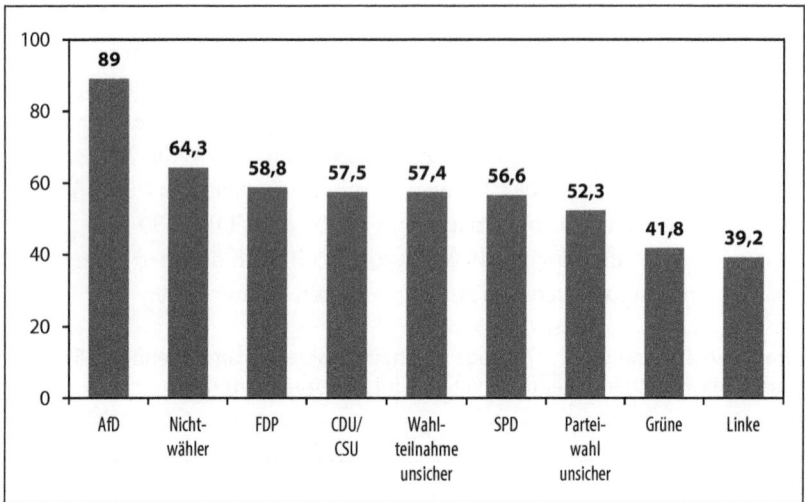

Grafik 19: Zustimmung zur Aussage »Sinti und Roma sollten aus den Innenstädten verbannt werden« und Parteipräferenz (in %)

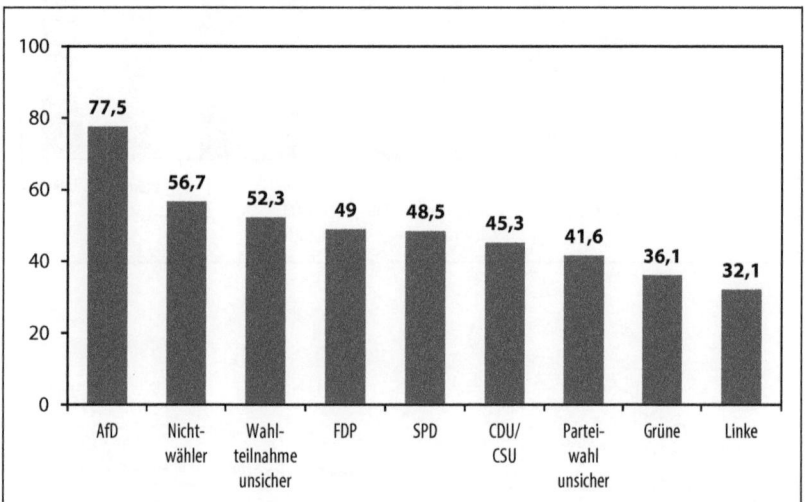

Das meistdiskutierte Thema der letzten Monate dürfte die Asylpolitik sein. Auch hier spielen Vorurteile eine wesentliche Rolle, nicht zuletzt auch für parteipolitische Positionierungen. Nur von die Anhängerinnen und Anhängern der Grünen wird die Aussage »Die meisten Asylbewerber befürchten nicht wirklich, in ihrem Heimatland verfolgt zu werden« (Grafik 20) von einer Mehrheit abgelehnt, aber selbst unter ihnen stimmen 36,1% zu. Bei der AfD liegt dieser Wert mit 88,4% am höchsten. Bei den übrigen Parteien stimmen durchgehend über 50% der Anhängerinnen und Anhänger zu.

Grafik 20: Zustimmung zur Aussage »Die meisten Asylbewerber befürchten nicht wirklich, in ihrem Heimatland verfolgt zu werden« und Parteipräferenz (in %)

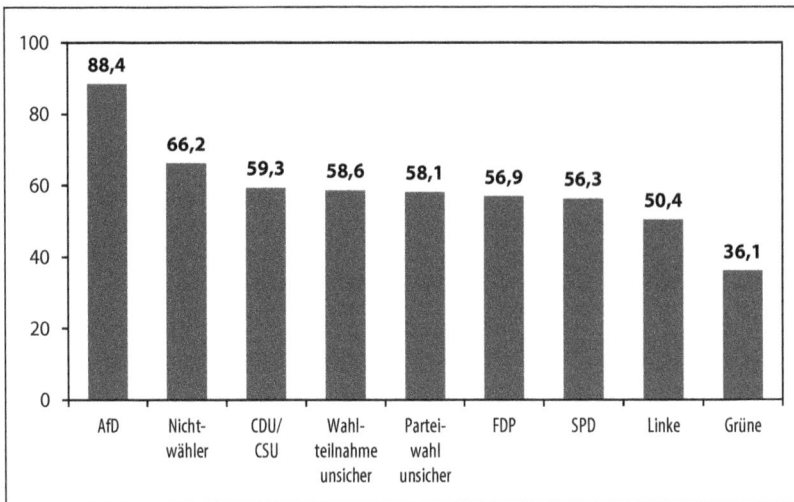

Die Abwertung von Homosexuellen findet wiederum bei AfD-Wählerinnen und -Wählern die größte Zustimmung, allerdings ist diesmal der Abstand zu denen der Unionsparteien nur gering (Grafik 21) – die Frage nach der Eheschließung für gleichgeschlechtliche Paare beantworten die Anhängerinnen und Anhänger von CDU/CSU sogar noch ablehnender als die der AfD (Grafik 22). Nochmals sei darauf hingewiesen, dass selbst bei den Liberalen und bei den Grünen durchaus Vorurteile gegenüber Homosexuellen nachweisbar sind. Am wenigsten Zustimmung findet die Aussage, Homosexualität sei unmoralisch (Grafik 23).

Grafik 21: Zustimmung zur Aussage »Es ist ekelhaft, wenn Homosexuelle sich in der Öffentlichkeit küssen« und Parteipräferenz (in %)

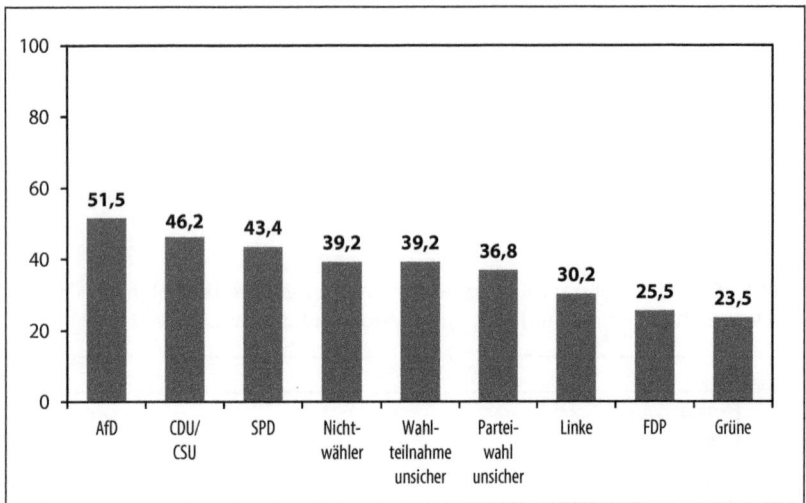

Grafik 22: Zustimmung zur Aussage »Ehen zwischen zwei Frauen bzw. zwischen zwei Männern sollten erlaubt sein« und Parteipräferenz (in %)

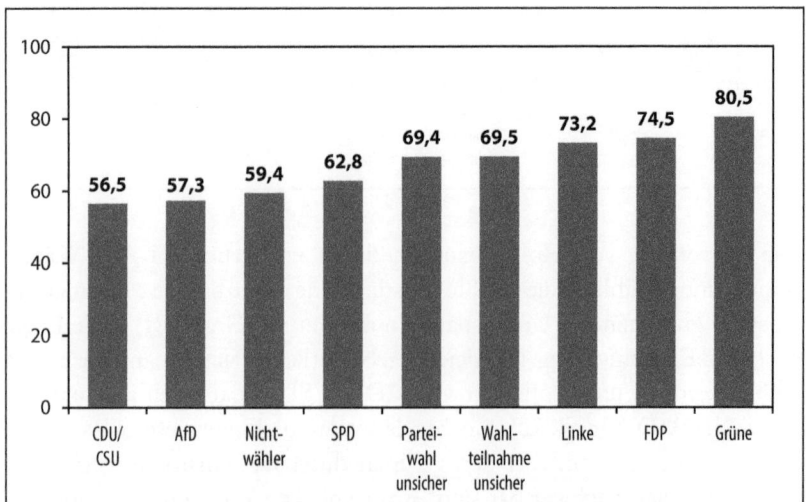

Grafik 23: Zustimmung zur Aussage »Homosexualität ist unmoralisch« und
Parteipräferenz (in %)

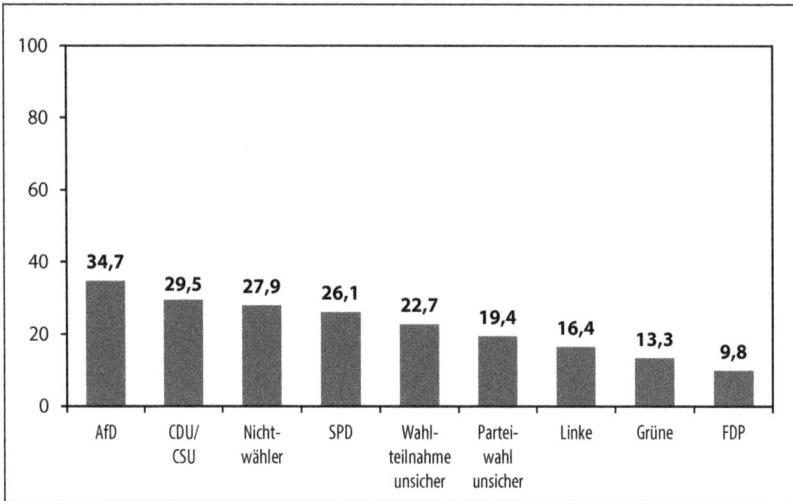

Ein ähnliches Bild ergibt sich beim Sexismus (Grafik 24). Knapp 20%
der Anhängerinnen und Anhänger der AfD stimmen den Aussagen im
Sexismusfragebogen durchschnittlich zu, sind also sexistisch eingestellt
(Zustimmungswerte zu den Einzelaussagen siehe Kap. 2). Bei FDP- und
CDU/CSU-Wählerinnen und -Wählern sind ebenfalls höhere Werte von
14% und 12,2% zu verzeichnen. Am wenigsten sexistisch sind mit 2,4%
die Grünen-Wählerinnen und -Wähler.

Für die Selbstverortung der Befragten auf der Links-rechts-Skala konnten
Werte von 1 (ganz links) bis 10 (ganz rechts) gewählt werden. Die AfD-
Wählerinnen und Wähler positionierten sich im Durchschnitt deutlich
rechts der Mitte ($M = 6,6$). Auch die übrigen Parteianhängerinnen und
-anhänger verorteten sich durchschnittlich erwartungsgemäß (Grafik 25).

Grafik 24: Sexismus und Parteipräferenz (in %)

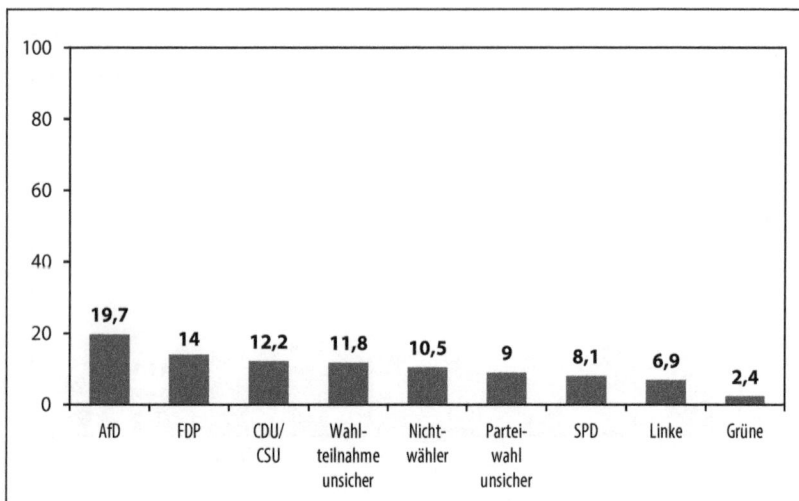

Grafik 25: Selbstverortung auf der Links-rechts-Skala und Parteipräferenz (Mittelwert)

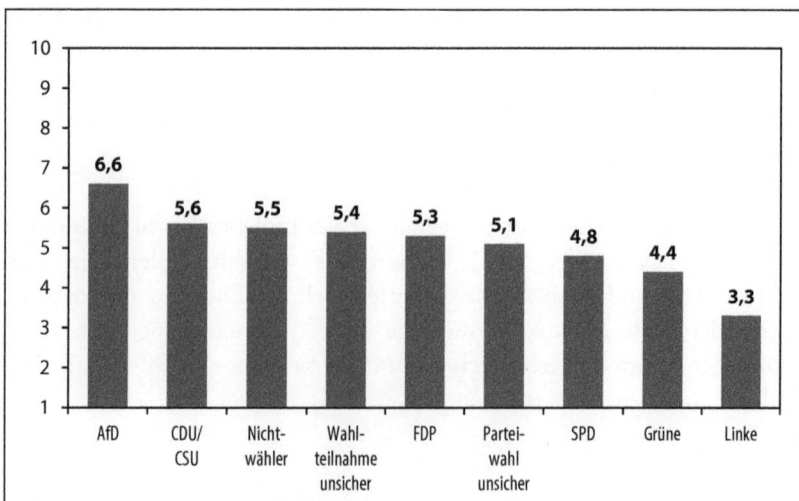

In die diesjährige »Mitte«-Studie wurden zwei Fragen aufgenommen, die auf aktuelle politische Entwicklungen zurückgehen: eine zur »Lügenpresse« und eine zu den Pegidademonstrationen. Von »Lügenpresse« würden am ehesten AfD-Anhängerinnen und -Anhänger sprechen, nur 10,5% von ihnen lehnen diesen Begriff ab (Grafik 26). Offenbar ist das Misstrauen gegenüber den Medien aber auch bei anderen Wählergruppen groß, wie der große Anteil an unentschiedenen Antworten (»teils/teils«) zeigt.

Grafik 26: Zustimmung zur Aussage »Wenn Sie an Zeitungen, Radio und Fernsehen in Deutschland denken, würden Sie persönlich dann von Lügenpresse sprechen oder nicht?« und Parteipräferenz (in %)

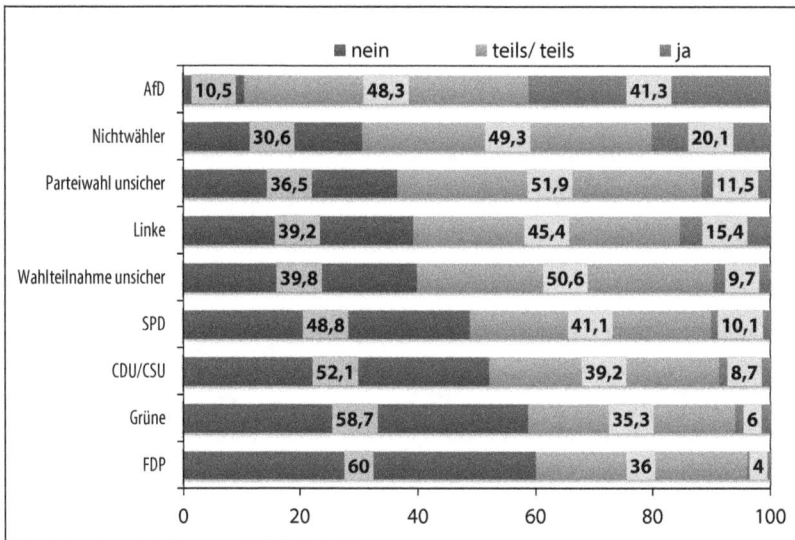

70,4% der AfD-Anhängerinnen und -Anhänger befürworten die Ziele von Pegida und ähnlichen Organisationen (Grafik 27). Bei den Nichtwählerinnen und Nichtwählern sind es 30%. Bei den Wählerinnen und Wählern aller anderen Parteien gibt es durchgehend einen Anteil von 15% bis 20%, die Sympathien für Pegida bzw. ihre Ziele hegen.

Grafik 27: Zustimmung zur Aussage »Ich befürworte die Ziele der Patriotischen Europäer gegen die Islamisierung des Abendlandes (PEGIDA, LEGIDA, ...)« und Parteipräferenz (in %)

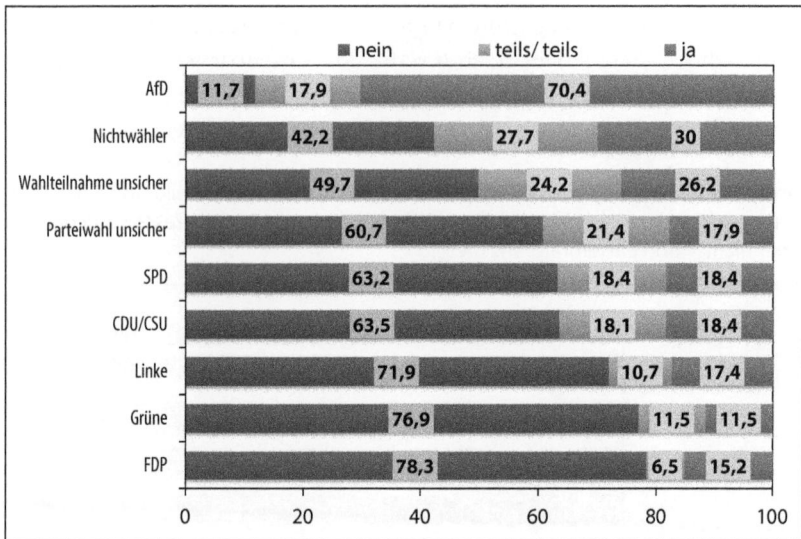

Um die Gewaltakzeptanz und Gewaltbereitschaft der Befragten je nach Parteipräferenz zu differenzieren, wurden zwei Skalen gebildet (Grundlage sind die in Kap. 2 vorgestellten Aussagen zur Gewaltakzeptanz und Gewaltbereitschaft). Wer durchschnittlich allen Aussagen der jeweiligen Dimension von Gewalt zustimmte, wird als Person aufgefasst, die entweder die Gewaltanwendung anderer zur Durchsetzung von Interessen akzeptiert oder selbst gewaltbereit ist. In beiden Dimensionen weisen die AfD-Wählerinnen und -Wähler deutlich höhere Werte auf als alle anderen. 48,8% akzeptieren Gewalt als legitimes Mittel der Auseinandersetzung und 47,4% sind selbst gewaltbereit (Grafiken 28 und 29).

Grafik 28: Gewaltakzeptanz und Parteipräferenz (in %)

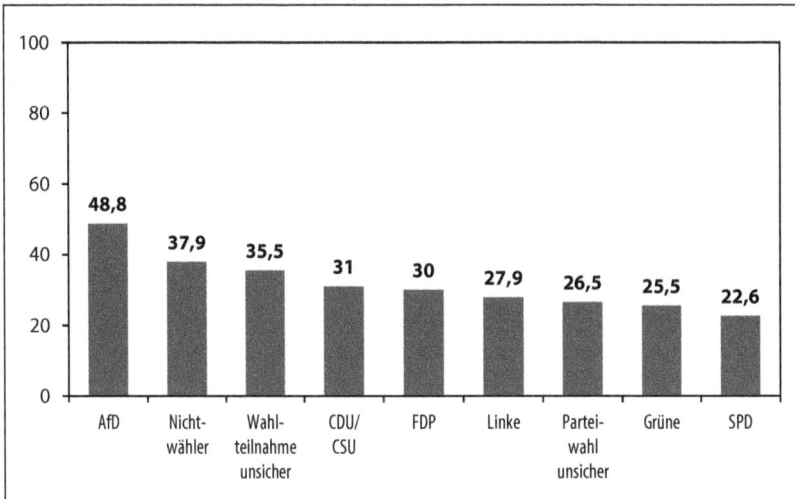

Grafik 29: Gewaltbereitschaft und Parteipräferenz (in %)

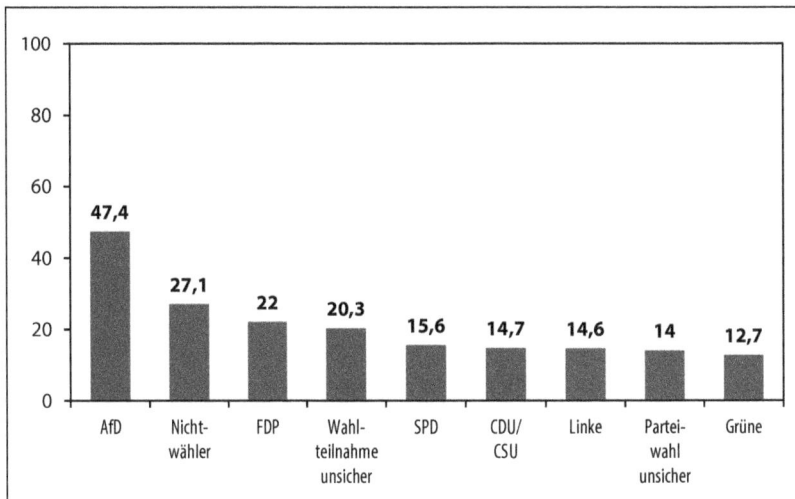

Schließlich zeigt Grafik 30 die Zustimmung zum Fragebogen »Verschwörungsmentalität« (zu den Einzelaussagen siehe Kap. 2) bei den Wählerinnen und Wählern der unterschiedlichen Parteien (Imhof & Decker, 2013).
Wer allen Aussagen im Fragebogen zur Verschwörungsmentalität durchschnittlich zustimmt, sieht zielgerichtetes und konspiratives Wirken nicht
erkennbarer Gruppen oder Mächte im Hintergrund des Weltgeschehens.
Diese ist bei den Anhängerinnen und Anhängern der AfD mit deutlichem
Abstand am höchsten: 65,3% von ihnen glauben an Verschwörungstheorien. Darauf folgen die Anhängerinnen und Anhänger der Linken mit
immerhin 44,6%; von den Wählerinnen und Wählern der übrigen Parteien
sind es jeweils noch etwa ein Viertel.

Grafik 30: Verschwörungsmentalität und Parteipräferenz (in %)

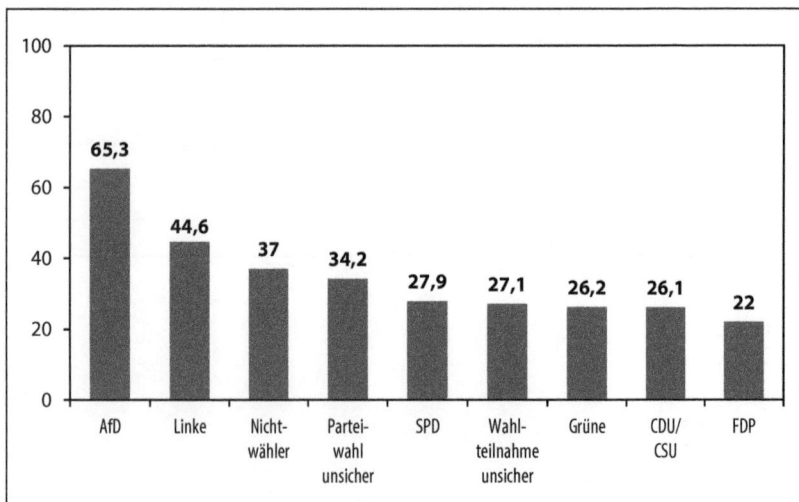

ZUSAMMENFASSUNG DER ERGEBNISSE MIT FOKUS AUF DIE AFD

In der Darstellung der Soziodemografie nach Parteipräferenz 2016 und
im Vergleich zu 2014 zeigen sich klare Tendenzen: Die Klientel der AfD
besteht weiterhin zu etwa zwei Dritteln aus Männern, doch hat sich ihre
sonstige soziale Zusammensetzung deutlich geändert und entspricht jetzt
stärker der für rechte Parteien üblichen: Die Wählerinnen und Wähler der

AfD sind im Jahr 2016 eher unterdurchschnittlich gebildet, haben ein eher unterdurchschnittliches (wenn auch nicht durchgehend niedriges) Einkommen und sind jünger als der Durchschnitt. Zudem bekennen sich nur noch ein Drittel und damit 10% weniger als 2014 zu einer der beiden großen Kirchen. Die Wählerschaft der AfD hat sich also in sozialer Hinsicht deutlich gewandelt, vermutlich hat sie entsprechend ihrer inhaltlichen Profilierung neue Wählerschichten hinzugewonnen.

Bei den politischen Einstellungen zeigt sich im Vergleich zu 2014 eine Radikalisierung der Anhängerinnen und Anhänger der AfD. In allen Dimensionen rechtsextremer Einstellung ist die Zustimmung der AfD-Anhängerinnen und -Anhänger im Jahr 2016 höher als 2014. Zu vermuten ist, dass sie sich seit 2014 radikalisiert haben, aber auch, dass bisher Nichtwählende und bei anderen Parteien Untergekommene verstärkt das Angebot der AfD wahrnehmen. Ganz deutlich zeigt sich das auch im abnehmenden Anteil der Rechtsextremen, die andere Parteien wählen würden. Außerdem sind die potenziellen Wählerinnen und Wähler der AfD besonders islamfeindlich, homophob, antiziganistisch und feindlich gegenüber Geflüchteten eingestellt. Zwar können die »Mitte«-Studien keine Wählerwanderung nachzeichnen, also unmittelbar abbilden, welche Wählerschichten in welchem Umfang zwischen welchen Parteien »gewandert« sind. Dennoch kann im Vergleich der Auswertungen 2014 und 2016 ein zentrales Ergebnis hinsichtlich der Wahlpräferenz rechtsextrem Eingestellter festgehalten werden: Ein gestiegener Anteil von ihnen würde nun die AfD wählen.

Schließlich ist auch die hohe Gewaltakzeptanz und Gewaltbereitschaft bei den Wählerinnen und Wählern der AfD hervorzuheben. Zieht man die niedrige Zustimmung zur Demokratie in ihrer verfassungsmäßigen und praktizierten Form sowie die hohe Abwertung von Minderheiten hinzu, ergibt sich eine gefährliche Mischung an Einstellungen. Diese schon lange und fest in Deutschland verankerten Einstellungen werden inzwischen auch in Handlungen übertragen: in Form von Wahlentscheidungen für die AfD und, wie die Statistiken von Polizeibehörden und Opferberatungsstellen zeigen, auch in Gewalt.

Elmar Brähler, Johannes Kiess & Oliver Decker

LITERATUR

m
Giugni, M., Koopmans, R., Passy, F. & Statham, P. (2005). Institutional and Discursive Opportunities for Extreme-Right Mobilization in Five Countries. *Mobilization: An International Quarterly, 10,* 145–162.

Imhof, R. & Decker, O. (2013). Verschwörungsmentalität als Weltbild. In O. Decker, J. Kiess & E. Brähler (Hrsg.), *Rechtsextremismus der Mitte. Eine sozialpsychologische Gegenwartsdiagnose* (S. 146–162). Gießen: Psychosozial-Verlag.

Kiess, J., Brähler, E. & Decker, O. (2015). Die Wählerinnen und Wähler von AfD und NPD – Gemeinsamkeiten und Unterschiede. In O. Decker, J. Kiess & E. Brähler (Hrsg.), *Rechtsextremismus der Mitte und sekundärer Autoritarismus* (S. 83–104). Gießen: Psychosozial-Verlag.

Koopmans, R. & Muis, J. (2009). The rise of right-wing populist Pim Fortuyn in the Netherlands: A discursive opportunity approach. *European Journal of Political Research, 48,* 642–664.

Niedermayer, O. (2015). Eine neue Konkurrentin im Parteiensystem? Die Alternative für Deutschland. In O. Niedermayer (Hrsg.), *Die Parteien nach der Bundestagswahl 2013* (S. 175–207). Wiesbaden: Springer Fachmedien Wiesbaden.

Schäfer, A. (2013). Wahlbeteiligung und Nichtwähler. *Aus Politik und Zeitgeschichte 2013,* 39–46.

Schäfer, A. (2014). *Der Verlust politischer Gleichheit. Warum sinkende Wahlbeteiligung der Demokratie schadet.* Frankfurt/M.: Campus.

Stöss, R. (Hrsg.). (2005). *Rechtsextremismus im Wandel.* Berlin: Friedrich-Ebert-Stiftung.

4. Ein Jahrzehnt der Politisierung: Gesellschaftliche Polarisierung und gewaltvolle Radikalisierung in Deutschland zwischen 2006 und 2016

Oliver Decker & Elmar Brähler

Einleitung

Die Jahre 2006 bis 2016 markieren eine Dekade großer politischer Veränderungen. Sie ist geprägt von den Arbeitsmarkt- und Sozialreformen, die seit dem Ende der rot-grünen Bundesregierung 2005 zu greifen begannen, von der Finanzmarktkrise 2009, der darauf folgenden Weltwirtschaftskrise und seit 2015 von einer globalen Migrationsbewegung noch nie gesehenen Ausmaßes. Diesen Ereignissen ist gemeinsam, dass sich auch die Angehörigen der über lange Jahrzehnte stabilen westlichen Industriegesellschaften ihnen nicht mehr entziehen können – weder innen- noch außenpolitisch. Welchen Abdruck diese Prägungen in der Bundesrepublik Deutschland hinterlassen, ist für die Bedingungen des gesellschaftlich-politischen Handelns für die nächsten Jahre von höchster Relevanz (Oertzen, 2006, S. 39). Das wird spätestens dann begreiflich, wenn die auch in diesem Band beschriebenen rechts-autoritären Bewegungen wie Pegida oder terroristische Vereinigungen wie der 2011 bekannt gewordene NSU in die Überlegungen einbezogen werden. Das Jahrzehnt zwischen 2006 und 2016 ist nicht nur der Zeitraum globaler Krisen und des Umbaus der Sozialsysteme, sondern auch der einer zunehmend lauten Artikulation einer neuen Rechten als Scharnier zwischen Rechtsextremismus und einem antiliberalen, antimodernen Neokonservativismus (Gessenharter, 1989). Es scheint sich ein neuer politisch-ideologischer Raum zu stabilisieren, dessen Entstehung bereits einige Jahre zurückreicht (Gessenharter, 1998). Um diesen Raum zu vermessen, werden im Folgenden die politischen Milieus beschrieben, wie sie 2016 in Deutschland zu finden sind. Darüber hinaus werden die politischen Milieus von 2006 erfasst. Der historische Vergleich von 2006 und 2016 dient der Schärfung des Blicks auf die Gegenwart, aber auch der Dokumentation von Veränderungen in einer Dekade, die durch globale wirtschaftliche und politische Umbrüche gekennzeichnet ist.

POLITISCHE MILIEUFORSCHUNG

Wie jemand politisch eingestellt ist, erscheint zunächst als individuelle Vorliebe. Es gehört schließlich zum Grundverständnis der demokratischen Gesellschaft, diese Meinungsfreiheit zu garantieren – die Pluralität der demokratischen Gesellschaft muss viele verschiedene Einstellungen akzeptieren können. Deshalb auch die Unterscheidung zwischen *radikalen* und *extremen* politischen Positionen: Radikale Positionen« mögen an die Wurzeln (lat. *radix*) der Gesellschaft gehen, aber ein demokratisches Gemeinwesen kann und muss solche Fundamentalkritik aushalten. Anders allerdings sieht es aus, wenn sich extreme politische Positionen gegen die demokratische Verfasstheit selbst richten. Sie stellen die Grundlage der offenen Gesellschaft infrage, von der sie doch selbst profitieren. Wenn viele Menschen eine extreme politische Position vertreten, wird offenkundig, dass es um weit mehr als um individuelle Meinungsbildung geht – es geht um die Zukunft der Demokratie.

Kaum jemand würde mit Blick auf vergangene Epochen anzweifeln, dass die Entscheidungen der damaligen Zeitgenossen stark von ihren Lebensbedingungen beeinflusst wurden. Was als individuelle Wahl erscheint, stellt sich bei näherer Betrachtung als Ergebnis von gesellschaftlichen Prozessen und Gruppenidentifikationen heraus. Als paradoxe innere Umwelt sind die Individuen einerseits der Gesellschaft entsprungen, andererseits führen sie gegenüber der Gesellschaft ein Eigenleben. Selbstverständlich bringen die Gesellschaftsmitglieder ihre Motive und Wünsche, ihre politischen Ziele und Mittel der Auseinandersetzung mit ein. Aber die Einzelnen stehen in einer Wechselbeziehung mit dem Umfeld, in dem sie sich bewegen. Politische Entwicklungen sind nicht nur als eine Abfolge von bewussten Entscheidungen – gar von »großen Männern« – zu denken, sondern als Produkt unzähliger ineinandergreifender Faktoren, das fällt selbst einem unbedarften Betrachter beim Blick in die Geschichte auf.

Doch für die eigene Gegenwart und die eigene Person gerät diese Abhängigkeit leicht aus dem Blick.

Die Frage nach den Einflüssen auf die politische Einstellung ist alles andere als nur akademisch. Sie bekommt eine lebenspraktische Dringlichkeit, wenn sich die Meinung vieler gegen die Demokratie richtet. Die Bedrohung der Demokratie ist ein wichtiger Grund, warum die Einflüsse auf die politische Einstellung auch mit den Mitteln der empirischen Sozialforschung untersucht werden. Der hier verwendete Demokratiebegriff wird – wie schon in der Vergangenheit von uns ausgeführt (Decker & Kiess, 2013) – entlang der psychoanalytischen Anerkennungstheorie (Honneth, 2001) und eines deliberativen Verständnisses von Demokratie verwendet (Habermas, 1992; Benhabib, 2008). In diesem Sinne bildet die vorurteilsgebundene, antidemokratische Einstellung den Gegenpol zur demokratischen Einstellung als Bedingung der Möglichkeit eines demokratischen Aushandlungsprozesses überhaupt (Horkheimer & Adorno, 1952). Die »Mitte«-Studien widmen sich diesem Anliegen seit Jahren und haben entscheidende Faktoren ausmachen können: etwa die sozialisatorischen Einflüsse in der Tradition des Autoritären Charakters (Decker et al., 2012) und die Transmissionsprozesse der Bedeutung von nationalen Kollektivgütern wie einer starken Wirtschaft (Decker, 2015).

Einer der prominentesten Zugänge für die Beschreibung der Wechselwirkung von Individuum und Gesellschaft in ihren historisch-konkreten Momenten ist die Milieuforschung. Die Beschäftigung mit Milieus war von Anfang an wegen der Möglichkeit so attraktiv, soziale Orientierungen und Wertemuster nicht allein aus einer sozioökonomischen Lage abzuleiten. Die Wurzeln der Milieuforschung reichen bis in das 19. Jahrhundert zurück, doch gewann sie zum Ende des 20. Jahrhunderts nochmals an Bedeutung, als Ulrich Beck und Anthony Giddens die Individualisierungsthese vorbrachten, also die fortschreitende Ablösung der Individuen von vorgeschriebenen Rollenmustern konstatierten (Beck, 1986, 1996; Giddens, 1994). Milieus gestatten es, gesellschaftliche Prozesse über eine von vielen geteilte »Mentalität« zu erklären: »Im Kern werden (Milieus) also durch ›psychologisch tief sitzende‹ psychische Dispositionen definiert«, es kennzeichnet sie ein »Wir-Gefühl« (Hradil, 2006, S. 4). Mit der Beschreibung von Milieus soll nicht die Entstehung dieser psychischen Innenseiten der Gesellschaft beantwortet werden: »Soziale Milieus werden vielmehr als Gruppierungen handlungsfähiger Menschen gesehen, die in der praktischen Auseinandersetzung mit aktuellen Lebensbedingungen und historischen Hinterlassenschaften bestimmte gemeinsame Mentalität entwickeln« (Hradil, 2006, S. 5). Milieus bilden sich durch psychische Identifikation ihrer Mitglieder mit Zielen und Erwartungen, Lebensformen und -stilen heraus, aber gerade dadurch weisen diese Gebilde über die Zeit hinweg eine unterschiedlich starke Stabilität auf. Wie in der Gruppenbildung vollzieht sich diese Bindung an ein gemeinsames Ideal »auf Zeit und auf Widerruf«: »Soziale Milieus verändern sich im Laufe der Zeit. Sie werden größer oder kleiner. Neue Milieus bilden sich heraus, alte verschwinden oder teilen sich« (ebd., S. 7).

Das gilt auch für die politischen Milieus. Allerdings stellt die *politische* Milieuforschung in mehrfacher Hinsicht einen Sonderfall der Milieuforschung dar. Eigentlich ist die Unterscheidung zwischen Milieus auf der einen Seite und »politischen Lagern« auf der anderen in der Forschung weit verbreitet (Vester et al., 2001, S. 16). Diese gesellschaftspolitischen Lager durchziehen verschiedene soziale Milieus, finden also ihre Anhänger nicht mehr nur in einem Milieu (ebd., S. 58). Ihre Berechtigung erhält diese Unterscheidung, wenn in der politikwissenschaftlichen Forschung zwischen der Werteorientierung von Milieus und den sogenannten Cleavages, also den Interessens- und Konfliktlinien in einer Gesellschaft, differenziert wird. Nicht zufällig richtet sich das Erkenntnisinteresse dann oftmals auf das »Entstehen, Agieren und Zerfallen ›kollektiver Akteure‹« (Oertzen, 2006, S. 38), um so die Handlungsfähigkeit dieser Akteure zu beforschen.

Im Vergleich dazu ist der hier angestrebte Einblick in die Dynamik politischer Milieus enger gefasst: Es geht lediglich um die Beschreibung politischer Milieus und nicht um lebensweltliche Aspekte oder reale Konfliktlinien in der politischen Auseinandersetzung. Nicht die habituellen Besonderheiten werden zur Bestimmung eines Milieus herangezogen, sondern das Verhältnis von individueller Einstellung und Gruppen-Ideal. Zugang und Definition des Milieu-Begriffs sind schmaler, etwa indem kein sinnrekonstruktives Verfahren wie qualitative Interviews oder Gruppendiskussionen gewählt wird (vgl. im Gegensatz dazu etwa Oertzen, 2006).

Dennoch soll für die im Folgenden beschriebenen Gruppen die Bezeichnung *politische Milieus* und nicht *politische Lager* verwendet werden. Dem liegt die Annahme zugrunde, dass politische Milieus durch psychischidentifikatorische Prozesse mit einem gemeinsamen Gruppen-Ideal konstituiert werden, das im Sinne der politikwissenschaftlichen Forschung als soziale Norm- und Wertvorstellung, im Sinne der sozialpsychologischen Forschung als kollektives Ich-Ideal begriffen wird. Diese Identifikationsprozesse sind nicht abgelöst von objektiven gesellschaftlichen Prozessen, jedoch auch nicht mit ihnen identisch.

In diesem Sinne steht die Forschung zu politischen Milieus eher in einer Linie mit der Sinus-Studie, die Anfang der 1980er-Jahre durchgeführt wurde (Greiffenhagen, 1981). Ähnliche Forschungsprojekte sind heute selten. Zuletzt wurden Milieus beispielsweise im Jahr 2007 für die Bundesrepublik (Neugebauer, 2007) und 2014 für das Bundesland Thüringen bestimmt (Best et al., 2014). In der Regel werden heute vor allem politische Kulturen beforscht; allerdings werden in diesen Studien meist nationale Kulturen miteinander verglichen, nicht die Kulturen innerhalb eines Landes (Pickel & Pickel, 2006). Eine jüngere Ausnahme ist die Beschreibung von subnationalen Kulturen in Deutschland (Mannewitz, 2015). Doch die Studien zur Kulturforschung machen auch eine wichtige Gemeinsamkeit politischer Milieuforschung mit der Erfassung der politischen Kultur sichtbar: das methodische Vorgehen. Hier wie da werden Individualdaten herangezogen, welche zur Beschreibung der gesellschaftspolitischen Wirklichkeit dienen.

In der übergreifenden Betrachtung des politischen Klimas findet sich wieder, was bereits den Befund zur rechtsextremen Einstellung kennzeichnete. Weiterhin sind Menschen aus allen Bevölkerungsgruppen rechtsextrem eingestellt, aber ihr Anteil hat nicht zugenommen. Auch das politische System scheint an Vertrauen eher gewonnen zu haben: Möglicherweise durch die Legitimationskraft der wirtschaftlichen Stärke scheint die politische Stimmung gut und der gefühlte Einfluss der Bevölkerung auf die politischen Prozesse sogar positiv bewertet zu werden. Das ist allerdings mit Blick auf die besondere historische Situation insofern überraschend, als die öffentliche Artikulation rechts-autoritärer Bewegungen häufiger und lauter geworden ist, die auch die Ablehnung der Repräsentanten des demokratischen Verfassungsstaates einschließt. Spätestens seit der Bundestagswahl 2005 ist die gesellschaftspolitische Orientierung der Bevölkerung zunehmend in den Blick der Forschung geraten. Dass insbesondere die SPD mit einem rapiden Stimmenverlust zu kämpfen hat (vgl. Vester, 2006; Geiling, 2010) und auch die Stimmenanteile von CDU/

CSU sinken – deutlich zum Beispiel bei den Landtagswahlen 2016 –, macht eine Entwicklung sichtbar, die sich schon länger vollzieht: den Legitimationsverlust des politischen Systems, der bereits in den 1970er-Jahren beschrieben wurde (Offe, 1972; Habermas, 1973). Er entspringt der Erfahrung politischer Deprivation weiter Teile der Bevölkerung und führte zur Diagnose einer »simulativen Demokratie« (Blühdorn, 2016) unter den Bedingungen einer Postwachstumsgesellschaft (Decker & Kiess, 2013). Zahlreiche gesellschaftspolitische Institutionen verlieren im Zuge des Milieuwandels an Vertrauen (Bremer & Lange-Vester, 2006, S. 20). Es lohnt sich deshalb, an dieser Stelle nicht nur einen Blick auf die politische Großwetterlage zu werfen, sondern auch auf unterschiedliche politische Akteure: auf die politischen Milieus.

POLARISIERUNG UND RADIKALISIERUNG – POLITISCHE MILIEUS IN DEUTSCHLAND

Methodisches Vorgehen

Die »Mitte«-Studien werden von uns seit 2002 im zweijährigen Rhythmus realisiert. Um die politischen Milieus zu berechnen, ziehen wir die Daten der »Mitte«-Studien aus den Jahren 2006 und 2016 heran.[1] Auf dieser Datengrundlage haben wir eine Clusteranalyse durchgeführt. Als Clusteranalyse wird ein statistisches Verfahren bezeichnet, mithilfe dessen große Datensätze auf das Vorkommen von Gruppen mit gemeinsamen Merkmalen untersucht werden. In die folgende Berechnung gehen die Antworten im Rechtsextremismus-Fragebogen ein (Decker et al., 2013a). So konnten Gruppen gefunden werden, die hinsichtlich dieser Antworten die größte Gemeinsamkeit, hinsichtlich anderer Gruppen aber möglichst große Unterschiede aufweisen. Nachdem die Anzahl der Cluster auf sechs festgelegt worden ist, wurde mit SPSS die iterierende (k-means) Analyse berechnet.[2] Die dabei herangezogenen Mittelwerte bilden eine generelle

---

1 Zur Beschreibung der Stichprobe für das Jahr 2016 siehe Kapitel 2, die Stichprobenbeschreibung für 2006 findet sich in der entsprechenden »Mitte«-Studie (Decker & Brähler, 2006).

2 Auf vergleichbare Weise wurden im Rahmen der »Mitte«-Studien bereits Partizipationsformen (Decker et al., 2013b) und die politische Einstellung bei verschiedenen Persönlichkeitstypen (Decker & Brähler, 2006, insb. Kap. 5) untersucht.

Orientierung im jeweiligen Milieu ab: die geteilte Identifikation mit entsprechenden politischen Werten, Normen oder Vorurteilen.

Im nächsten Schritt werden die politischen Milieus anhand dreier Dimensionen beschrieben: (1) des politischen Klimas und der politischen Einstellung ihrer Angehörigen, (2) der politischen Handlungsbereitschaft und (3) der Legitimation des politischen Systems.

1. Die erste Dimension des politischen Klimas und der politischen Einstellung wird auf Grundlage des Fragebogens zur rechtsextremen Einstellung gemessen. Mit den Mittelwerten wird das Klima in den Milieus bestimmt. Der Prozentanteil der manifest Zustimmenden gibt den Anteil derjenigen der Angehörigen dieses Milieus wieder, die die Gruppen-Ideale repräsentieren; oder, wenn die Gruppennorm rechtsextreme Positionen ablehnt, gegen dasselbe verstoßen. Genauso soll auch das Verhältnis von mittlerer Zustimmung und Prozentanteil bei den weiteren Fragebögen interpretiert werden, etwa zur sexistischen Einstellung oder zur gruppenbezogenen Abwertung. Auch die autoritäre Orientierung fließt mit in die Erhebung ein und wird entlang der drei Bestandteile autoritäre Aggression, autoritäre Unterwerfung und Konventionalismus untersucht.

2. Die zweite Dimension des politischen Milieus betrifft nicht die Normen oder die Einstellungsseite, sondern die Handlungsbereitschaft. Zwar lässt sich mit dem Mittel einer repräsentativen Erhebung keine tatsächlich realisierte Handlung erfassen, wohl aber die Verhaltensintension oder -akzeptanz. Die Fragen, die in diese Dimension fallen, betreffen die eigene Gewaltbereitschaft und die Legitimität von Gewalt als Mittel zur Durchsetzung von Interessen. Eine weitere Verhaltenskomponente ergibt sich aus der sogenannten Sonntagsfrage: Welche Partei würden Sie wählen, wenn am nächsten Sonntag Bundestagswahl wäre?

3. Die dritte Dimension zur Beschreibung eines politischen Milieus ist die Legitimation des politischen Systems der Bundesrepublik Deutschland. Hierfür wird vor allem das Vertrauen in ausgewählte gesellschaftliche und Verfassungsinstitutionen erfasst.

Alle genannten Aspekte können sowohl für 2006 als auch für 2016 beschrieben werden. Einige Aspekte wurden dagegen nur 2016 und nicht 2006 erhoben, doch sollen sie ebenfalls in die Beschreibung der politi-

schen Einstellung in den Milieus einfließen. Dies betrifft die Verschwörungsmentalität, die eng an die autoritäre Orientierung geknüpft ist, aber
auch die Islamophobie, den Antiziganismus, die Abwertung von Homosexuellen sowie von Asylbewerbern/innen.

Tabelle 1: Dimensionen des politischen Milieus

	2006	2016
politische Einstellung	Diktaturbefürwortung	Diktaturbefürwortung
	Chauvinismus	Chauvinismus
	Ausländerfeindlichkeit	Ausländerfeindlichkeit
	Antisemitismus	Antisemitismus
	Sozialdarwinismus	Sozialdarwinismus
	NS-Verharmlosung	NS-Verharmlosung
	Autoritarismus	Autoritarismus
	Sexismus	Sexismus
	–	Islamophobie
	–	Antiziganismus
	–	Abwertung von Schwulen und Lesben
	–	Abwertung von Asylberwerbern/innen
Handlungsbereitschaft	Gewaltbereitschaft	Gewaltbereitschaft
	Gewaltakzeptanz	Gewaltakzeptanz
	Sonntagsfrage	Sonntagsfrage
Legitimation des politischen Systems	Vertrauen in gesellschaftliche und Verfassungsinstitutionen	Vertrauen in gesellschaftliche und Verfassungsinstitutionen

Fragestellung

Der Vergleich zwischen den Daten der »Mitte«-Studien 2006 und 2016 ist
interessant, weil damit mögliche Veränderungen in den politischen Milieus
im Abstand von zehn Jahren erfasst werden können. Die Kontrastierung

auf einer längeren Zeitachse gestattet es, den Wandel deutlicher sichtbar zu machen. Im Fokus stehen dabei folgende Rahmenfragen:

- Welche globalen Veränderungen lassen sich feststellen (z.b. Links-rechts-Selbsteinschätzung, wirtschaftliche Lage)?
- Wie ist das Verhältnis der demokratischen zu den vorurteilsgebundenen und autoritären Milieus?
- Lassen sich quantitative (Größe der Milieus) und qualitative Verschiebungen (inhaltliche Präferenzen, Akzeptanz und Legitimität des politischen Systems der Bundesrepublik Deutschland) feststellen?
- Verändert sich die Akzeptanz der Wahl der Mittel (Gewalt zur Durchsetzung eigener Interessen)?
- Welche Parteien werden in den Milieus präferiert? Welche Veränderungen der Parteipräferenz sind festzustellen?
- In welchen Milieus lässt sich ein Rückgang generalisierter Vorurteile gegenüber Migranten/innen feststellen, und gibt es Milieus, in denen diese Vorurteile stabil bleiben (Dimension »Ausländerfeindlichkeit« im Rechtsextremismusfragebogen)? In welchen Milieus ist die Abwertung von bestimmten Gruppen 2016 besonders ausgeprägt?

In diesem Kapitel werden also Veränderungen *der* politischen Milieus und *in den* politischen Milieus untersucht. Dies hat seinen Grund darin, dass politische Milieus nicht nur meinungsbildend sind, sondern auch als Verstärker wirken. Es wird deutlich werden, wie sehr sich die Stimmung und die Einstellungen in den politischen Milieus unterscheiden.

Ergebnisse

Mit diesem Vorgehen können insgesamt sechs Milieus beschrieben werden (vgl. Tab. 2).

Um die politischen Milieus auch namentlich voneinander abzugrenzen, wurden zum einen das Antwortmuster im Rechtsextremismus-Fragebogen, zum anderen die Autoritätsgebundenheit herangezogen. Gruppen mit hohen Werten in allen Dimensionen des Rechtsextremismus-Fragebogens werden als *antidemokratisch-autoritäre Milieus*, Gruppen, die diese Aussagen ablehnen, dagegen als *demokratische Milieus* bezeichnet. Als dritte Milieu-Gruppe wird ein Cluster mit einer deutlichen Zustimmung als Ressentimentgeladenes Milieu zusammengefasst. Es ist eine soziale Normverschiebung zu erkennen, denn Milieus mit antidemokratisch-autoritärer Orientierung haben an Stärke verloren, demokratische Milieus dagegen gewonnen.

Tabelle 2: Politische Milieus in Deutschland 2006 und 2016 (Stärke in %)

	2006 (N = 4.872)	2016 (N = 2.420)
demokratische Milieus		
Modernes Milieu	23,3	30,6
Konformes Milieu	13,6	29,3
vorurteilsgebundenes Milieu mit relativer Akzeptanz des bestehenden Systems		
Ressentimentgeladenes Milieu	21,5	14,1
antidemokratisch-autoritäre Milieus		
Latent antisemitisch-autoritäres Milieu	17,5	8,4
Ethnozentrisch-autoritäres Milieu	12,8	10,3
Rebellisch-autoritäres Milieu	11,4	7,3

Die vorurteilsgebundenen und autoritären Milieus sind in der letzten Dekade geschrumpft. Waren vor zehn Jahren noch mehr als 73% der Bevölkerung diesen Milieus zuzuordnen und nur 36,9% den demokratischen Milieus, hat sich das Verhältnis nun nahezu umgekehrt. 60% der Bevölkerung sind nun in demokratischen Milieus beheimatet, während die anderen Milieus heute nur noch 40% der Bevölkerung binden. Die antidemokratischen Milieus lassen sich für beide Zeitpunkte hinsichtlich dreier Merkmale unterteilen:

– starke Vorurteile (manifest/latent),
– vergleichsweise große Bereitschaft zur autoritären Aggression,
– besonders ausgeprägter Verlust von Vertrauen in das demokratische System.

Drei Milieus werden als antidemokratisch-autoritär beschrieben, weil diese Merkmale vorliegen.

Für eine übersichtliche Darstellung sind die Milieus in eine Abbildung eingetragen worden. Die Größe der Kreise illustriert die relative Größe des Milieus (Prozentangaben siehe Tab. 2). Auf einer Achse wird die Gewaltbereitschaft abgebildet, unterteilt in Ablehnung von Gewalt als Mittel der Interessensdurchsetzung, Gewalt als Mittel bei anderen akzeptiert und Gewalt wird selbst angewendet. Auf der anderen Achse wird als Summenwert das Vertrauen in die gesellschaftspolitische und Verfassungsinstitutionen abgebildet (Aufstellung mit Prozentangabe siehe Tab. 3), interpretiert als Maß der Legitimation des politischen Systems.

Im Jahr 2006 fällt die geringere Legitimation dieser Institutionen durch alle Milieus auf. Auch im Modernen Milieu findet sich unterdurchschnittliches Vertrauen in die Institutionen, den höchsten Legitimationsgrad hat das politische System im Konformen Milieu. Aber auch das Ressentimentgeladene Milieu weist mehr Vertrauen in die gesellschaftspolitischen Institutionen auf. Insgesamt wird Gewalt als Mittel der Auseinandersetzung im Modernen Milieu nicht befürwortet. In den meisten Milieus und selbst im Konformen Milieu wird aber bis zu einem gewissen Maß begrüßt, wenn andere Gewalt anwenden.

In der Gegenüberstellung der Jahre 2006 und 2016 wird sichtbar, wie sich die Situation verändert hat. Die demokratischen Milieus der Modernen und Konformen sind gewachsen. Nun wird auch im Konformen Milieu Gewalt abgelehnt und in beiden hat das politische System massiv an Legitimation gewonnen. Das wird auch deutlich an der geringeren politischen Deprivation 2016 in diesen Milieus (vgl. Tab. 4). Sich selbst politisch einzubringen ist nun hegemoniales Ideal in diesen Milieus. Demgegenüber hat das politische System in den antidemokratischen Milieus an Legitimation noch einmal verloren. Seinen Institutionen wird deutlich weniger Vertrauen entgegengebracht. Auch Gewalt als Mittel der Auseinandersetzung ist nun akzeptierter. Insgesamt haben diese Milieus an Angehörigen verloren, aber es findet sich nun ein ausdrücklich gewaltbereites Milieu, das sich zudem der Akzeptanz seiner Gewaltbereitschaft in den anderen autoritären Milieus sicher sein kann.

Bevor auf die einzelnen Milieus im Detail eingegangen wird, soll die Veränderung in den politischen Milieus der Bundesrepublik Deutschland im Überblick betrachtet werden. Hierfür wird zunächst die prozentuale Zustimmung in den demokratischen und derjenigen in den vorurteilsgebundenen und autoritären Milieus gegenübergestellt.

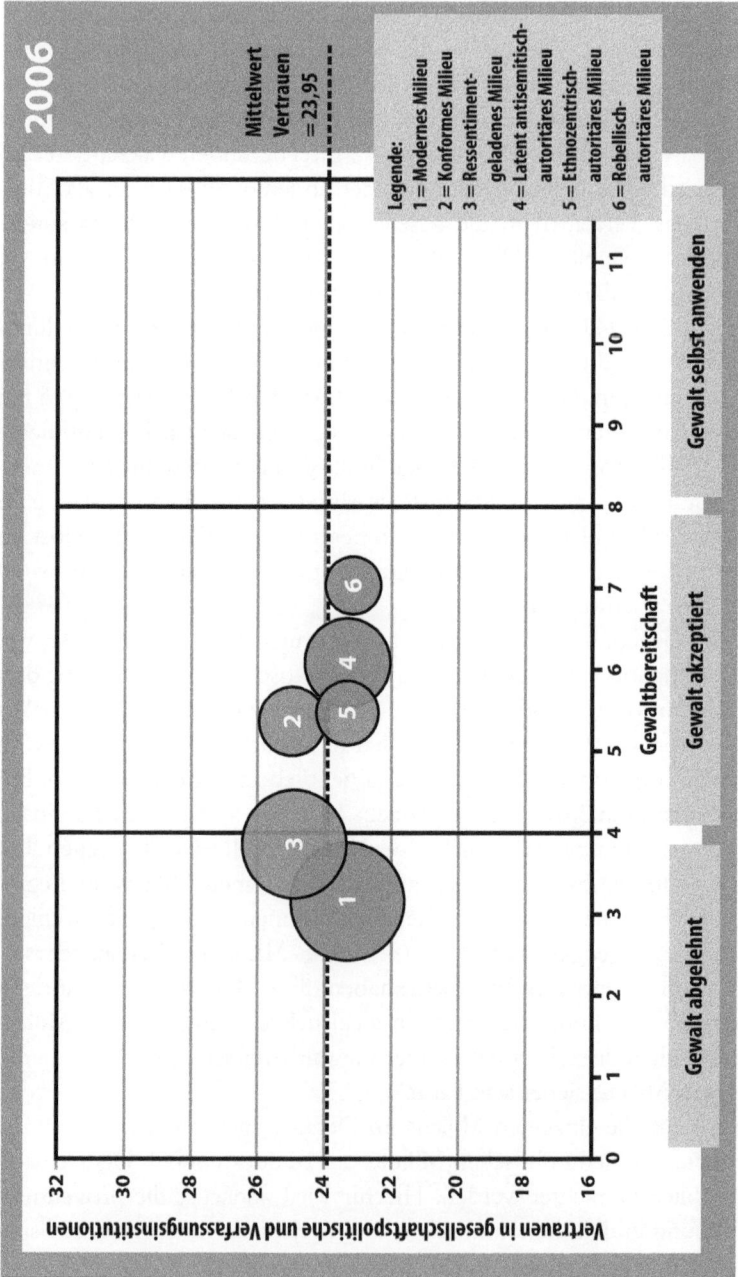

Abbildung 1: Gewaltbereitschaft und Legitimation des politischen Systems **2006**

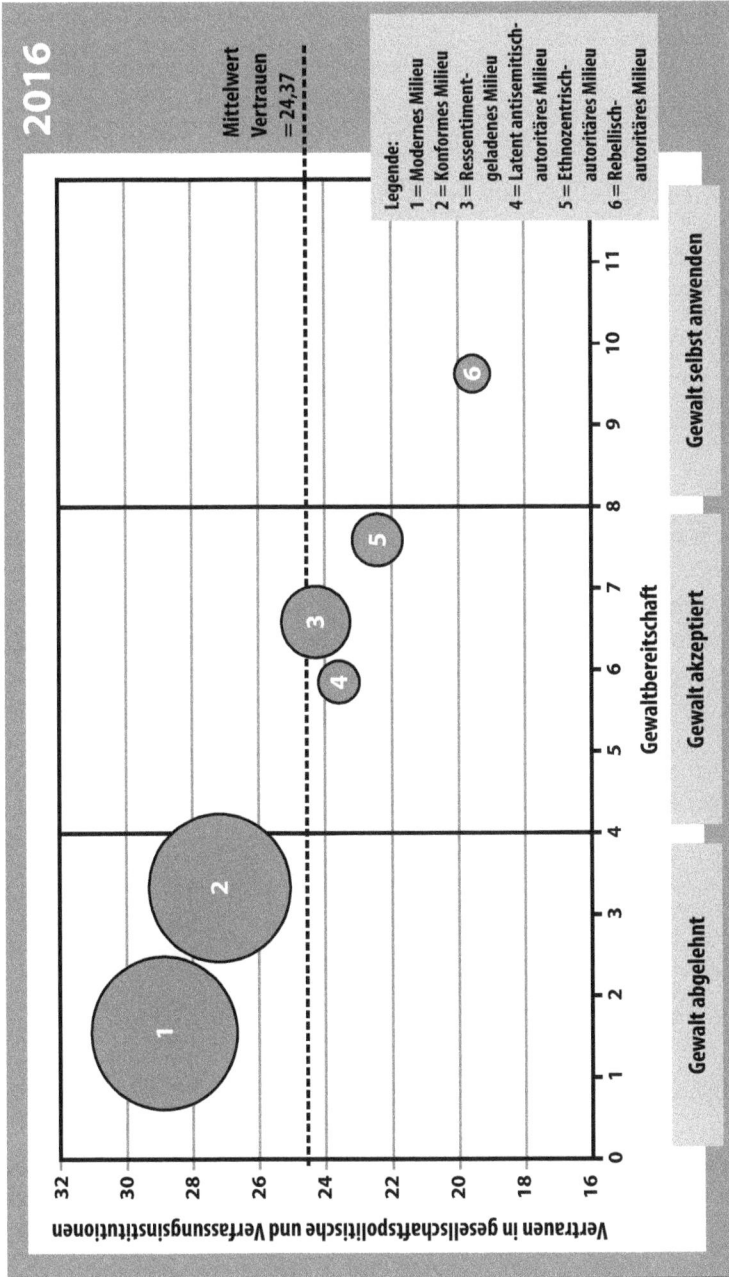

Abbildung 2: Gewaltbereitschaft und Legitimation des politischen Systems **2016**

Tabelle 3: Vertrauen in gesellschaftliche und Verfassungsinstitutionen (in %)

	demokratische Milieus		vorurteilsgebundene und autoritäre Milieus	
	2006	2016	2006	2016
Vertrauen in die Polizei	65,5	72,8	60,6	53,5
Vertrauen in das Bundesverfassungsgericht	64,9	75,0	56,2	45,6
Vertrauen in Justiz	56,9	63,0	48,6	39,3
Vertrauen in den Bundestag	38,4	55,1	32,8	27,3
Vertrauen in die Bundesregierung	31,1	47,9	24,8	22,7
Vertrauen in die politischen Parteien	18,7	29,5	13,6	13,3

Bereits ein erster Blick auf die Entwicklung des Vertrauens in die gesellschaftlich-politischen Institutionen des Verfassungsstaates macht eine Tendenz in den Milieus sichtbar, die gegenläufig ist: Während in den größer werdenden demokratischen Milieus die Bereitschaft wächst, politischen Institutionen Vertrauen entgegenzubringen, nimmt sie in den vorurteilsgebundenen und autoritären Milieus ab. In den demokratischen Milieus ist das Vertrauen in das Funktionieren der Institutionen einer deliberativen Demokratie deutlich gestiegen.

Tabelle 4: Deprivation in den Milieus (in %)

	demokratische Milieus		vorurteilsgebundene und autoritäre Milieus	
	2006	2016	2006	2016
politische Deprivation	57,3	50,5	73,1	70,1
soziale Deprivation	8,5	4,2	8,4	15,7

Dies spiegelt sich auch im Deprivationserleben wider. Bereits 2006 war das Gefühl, politisch depriviert zu sein – also keinen Einfluss auf die Entwicklungen im Land nehmen zu können –, in den demokratischen Milieus weitaus seltener als in den vorurteilsgebundenen und autoritären Milieus. Zwar ist auch in den demokratischen Milieus noch immer jede/jeder Zweite der Ansicht, dass sich politisches Engagement nicht lohne, aber die andere Hälfte erkennt hierin eine wichtige Option. In den antidemokratischen Milieus sind es auch heute weniger als ein Drittel, die politische Partizipation für sinnvoll erachten. Dagegen ist die soziale Deprivation – also das Fehlen von nahen Beziehungen – in den vorurteilsgebundenen und autoritären Milieus erkennbar gestiegen.

Tabelle 5: Befürwortung von Gewalt als Mittel der Interessensdurchsetzung (in %)

	demokratische Milieus		vorurteilsgebundene und autoritäre Milieus	
	2006	2016	2006	2016
gewaltbereit	12,7	11,0	20,1	36,1
Gewalt wird akzeptiert	20,2	18,7	31,8	50,7

Umgekehrt nimmt in den vorurteilsgebundenen und autoritären Milieus die Akzeptanz von Gewalt wie auch die eigene Gewaltbereitschaft zu. In den demokratischen Milieus ist sie leicht rückläufig.

Tabelle 6: Allgemeine wirtschaftliche Lage (in %)

	2016			2016		
	gut	teils/ teils	schlecht	gut	teils/ teils	schlecht
demokratische Milieus	17,8	52,6	29,6	63,5	33,0	3,6
vorurteilsgebundene und autoritäre Milieus	12,3	46,2	41,5	37,7	42,0	20,3

Insgesamt sehen die Angehörigen der demokratischen Milieus die wirtschaftliche Lage seit 2016 deutlich positiver als 2006, ihre gute Bewertung der allgemeinen wirtschaftlichen Lage ist sogar sprunghaft angestiegen (siehe Tab. 6). Aber auch die eigene wirtschaftliche Lage wird in allen Milieus besser eingeschätzt als noch 2006 (siehe Tab. 7). Die Finanz- und Wirtschaftskrise hat in der Bevölkerung zumindest dem ersten Anschein nach keine Spuren hinterlassen.

Tabelle 7: Eigene wirtschaftliche Lage (in %)

	2016			2016		
	gut	teils/ teils	schlecht	gut	teils/ teils	schlecht
demokratische Milieus	42,3	43,3	14,5	58,8	32,3	8,9
vorurteilsgebundene und autoritäre Milieus	36,4	44,1	19,4	47,7	33,5	18,8

DIE DEMOKRATISCHEN MILIEUS

Modernes Milieu

Zum Modernen Milieu gehörten 2006 23,3% (N = 1.116) und 2016 30,6% (N = 725) der Bevölkerung. Die Ost-West-Verteilung war 2006 repräsentativ, 2016 sind Westdeutsche allerdings etwas überrepräsentiert. Der Frauenanteil ist (leicht) überproportional und auch die Hochschulzugangsberechtigung und höhere formale Bildungsabschlüsse sind signifikant häufiger anzutreffen als in den anderen Milieus. Daher überrascht es nicht, dass die Angehörigen des Modernen Milieus eher über höhere und mittlere Einkommen als über niedrige verfügen.

Sowohl 2006 als auch 2016 war das Moderne Milieu das größte politische Milieu in Deutschland. Sein Kennzeichnen ist, dass die Angehörigen alle Aussagen des Rechtsextremismusfragebogens ablehnen; in keiner der sechs Dimensionen ist die rechtsextreme Einstellung manifest ausgeprägt. Diesem Milieu gehören nicht nur keine rechtsextrem Eingestellten an, im Gegenteil ist das politische Klima hier durch die Ablehnung dieser Einstellung gekennzeichnet. Die Mittelwerte (Tab. 8) zeigen die durchgängige Ablehnung aller Aussagen. In dieser Konstellation der Einstellung der Mitglieder und der vorherrschenden politischen Norm ist dieses Milieu die Stütze der demokratisch verfassten Gesellschaft.

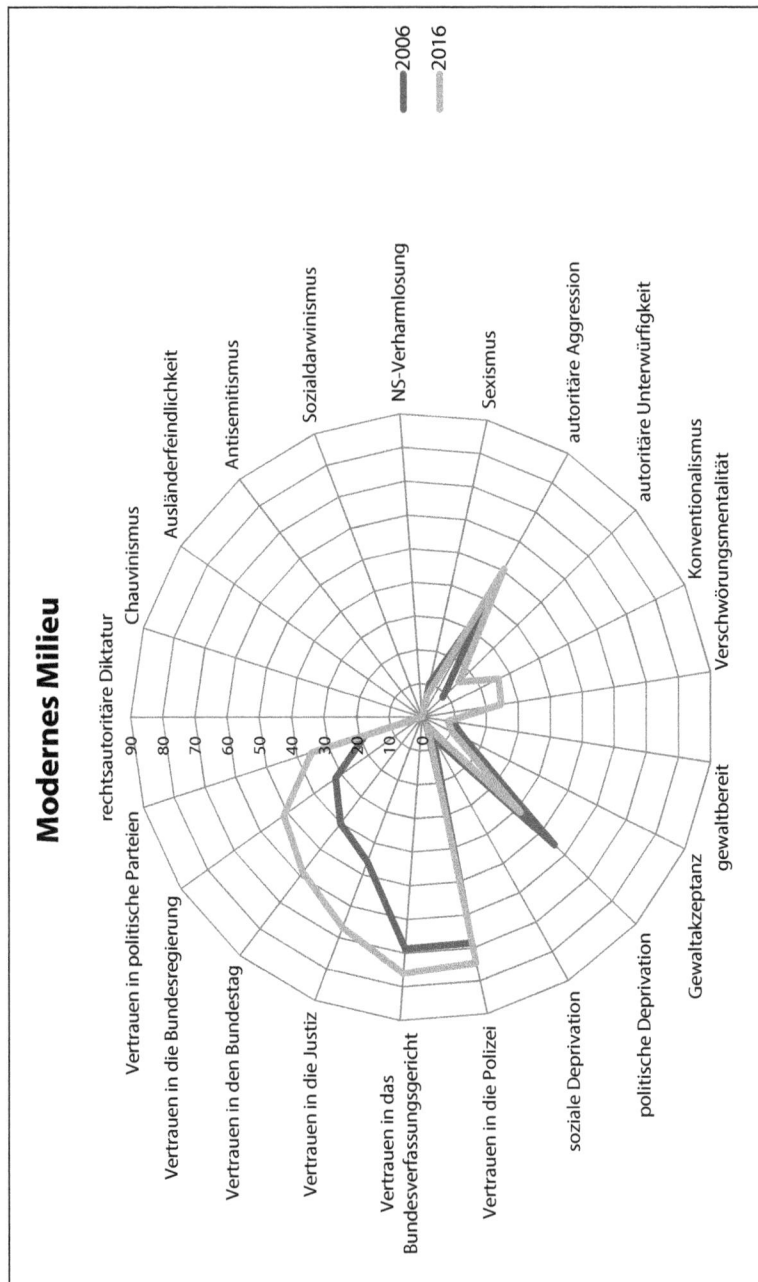

Abbildung 3: Anteil der Zustimmung im Modernen Milieu (in %)

Tabelle 8: Zustimmung zu den Dimensionen des Rechtsextremismus (Mittelwert)

	2006	2016
Befürwortung einer rechtsautoritären Diktatur	3,7	3,6
Chauvinismus	4,6	4,2
Ausländerfeindlichkeit	4,8	4,5
Antisemitismus	3,5	3,3
Sozialdarwinismus	3,5	3,4
NS-Verharmlosung	3,5	3,4

Ablehnung $M = 3$–6; zustimmend $M \geq 7$; hohe Zustimmung $M \geq 12$; maximale Zustimmung $M = 15$

Die Islamfeindschaft ist mit 16,8% so niedrig wie in keinem anderen Milieu. Allerdings sind auch hier Vorurteile nachweisbar. Immerhin fast jeder/jede Fünfte ist bereit, Homosexuelle abzuwerten (18,1%). Auffallend ist außerdem, dass mehr als jede/jeder Vierte Sinti und Roma abwertet (28,1%), auch wenn der Anteil im Vergleich zu den anderen Milieus am geringsten ist. Nur jede/jeder Zwanzigste kann sich mit den Zielen von Pegida und ähnlichen Organisationen identifizieren oder würde mit Blick auf die Medien von der »Lügenpresse« sprechen. In Bezug auf die Abwertung von Asylbewerbern/innen ist der Anteil an vorurteilsgeprägten Einstellungen in diesem Milieu allerdings auch vorhanden. Die Forderung nach großzügiger Bearbeitung von Asylanträgen wird aber von 71,5% abgelehnt, wohingegen die Aussage, Asylbewerber würden in ihren Heimatländern nicht wirklich verfolgt, nur von 38,4% – und damit von einer relativ kleinen Gruppe – unterstützt wird. Die konstant antisexistische Haltung in diesem Milieu findet Niederschlag im weiteren Rückgang der sexistisch Eingestellten 2016 auf 6,3% (2006: 10,2%).

Auffallend ist dagegen, dass sich das antiautoritäre Klima in diesem Milieu verändert hat. Zwar beheimatet dieses Milieu noch immer die wenigsten Autoritätsgebundenen, aber die autoritäre Aggression gegen Abweichung ist im Vergleich zu 2006 deutlich gestiegen: 50,6% möchten Normverletzungen nun hart sanktioniert sehen, 2006 waren das noch 36%. Dieses Milieu steht nicht für die Unterwerfung unter Autoritäten. Trotzdem finden sich nun mehr Menschen, die sich eine klare Führung wünschen (2006: 8,6%; 2016: 15,4%). Die Orientierung an Konventionen fordern 2016 26,2%, eine Verschwörungsmentalität zeigt ein Viertel der Angehörigen (24,7%).

Gewalt wurde 2006 und 2016 mit übergroßer Mehrheit abgelehnt, sowohl als eigene Verhaltensabsicht, als auch als Verhalten anderer. Auch 2016 ist die Norm in diesem Milieu strikt gegen Gewalt. Es fanden sich zwar 2006 9,4% Gewaltbereite und 14,6% mit Gewaltakzeptanz anderer, aber der Anteil dieser Gruppe hat sich 2016 noch einmal deutlich verringert (9%; 10,3%). Die Zustimmung zur Idee der Demokratie ist in diesem Milieu nach wie vor am höchsten (2006: 96,6%; 2016: 97,3%), und der Anteil derjenigen, die mit der Verfassung (2006: 82,6%; 2016: 88,1%) und der praktizierten Demokratie (2006: 56,6%; 2016: 69,1%) zufrieden sind, ist in diesem Milieu sogar kräftig angestiegen.

Hierzu passt, dass der Anteil an politisch Deprivierten von 55,7% (2006) auf 41,3% (2016) zurückgegangen ist. Auch sozial depriviert erlebten sich mit nur 6,6% (2006) und dann 3,5% (2016) verhältnismäßig wenige Menschen in diesem Milieu. Wie stark sich die Angehörigen des Modernen Milieus als Teilnehmende am politischen Prozess erleben und wie hoch die Legitimation des politischen Systems ist, machen die sehr hohen Vertrauenswerte bezüglich aller gesellschaftspolitischen und Verfassungsinstitutionen deutlich.

In keinem anderen politischen Milieu findet sich eine derart große Gruppe mit Vertrauen in die zentralen Institutionen des demokratischen Rechtsstaats. Dieses Vertrauen ist zudem noch angewachsen: Insbesondere fällt auf, wie stark die Akzeptanz von Bundestag, Bundesregierung und politischen Parteien gestiegen ist. Interessant ist, dass in diesem Milieu nun nicht mehr die Polizei, sondern das Bundesverfassungsgericht das größte Vertrauen genießt. Sogar der Anteil derjenigen, die Vertrauen in die politischen Parteien haben, hat sich innerhalb von zehn Jahren fast verdoppelt (2006: 18,2%; 2016: 35,2%).

Gleichzeitig hat sich das Wahlverhalten verändert (vgl. Tab. 9). CDU/CSU und SPD haben an Akzeptanz verloren, während Grüne und Linke mehr Anhänger aus diesem Milieu gewonnen haben. Die rechten Parteien spielen gar keine Rolle; die Nichtwähler und diejenigen, die noch nicht wissen, welche Partei sie wählen, stellen aber zwei große Gruppen.

Tabelle 9: Parteipräferenz (in %)

	2006	2016
CDU/CSU	30,1	20,4
SPD	29,7	22,8
FDP	5,0	3,3
Bündnis 90/Die Grünen	12,3	14,4
Die Linke (PDS/Linkspartei/ WASG)	5,3	10,5
NPD	–	–
AfD	–	1,0
nicht wählen	12,1	10,5
Parteipräferenz unklar	–	14,2

Fehlende Werte zu 100%: andere Partei, ungültig gewählt, nicht wahlberechtigt

Konformes Milieu

2006 gehörten 13,4% ($N = 651$) und 2016 29,3% ($N = 693$) der Bevölkerung dem Konformen Milieu an. Ostdeutsche sind mit 16,9% unterrepräsentiert, die Verteilung von Männern und Frauen entspricht etwa der Grundgesamtheit, mit 46,9 Jahren ist das Durchschnittsalter in dieser Gruppe relativ niedrig. Mit 51% waren die mittleren Einkommen in dieser Gruppe unterrepräsentiert (nur im rebellisch-autoritären Milieu sind sie noch seltener); die niedrigen und die höheren Einkommensgruppen lagen dagegen etwas über dem Durchschnitt der anderen Milieus.

Das politische Klima in diesem Milieu ist chauvinistisch und ausländerfeindlich gefärbt. Dennoch zeigen sich nur wenige manifest chauvinistisch eingestellt (2006: 6,6%; 2016: 3,8%). Trotz eines Ressentiments gegen Migranten/innen waren in diesem Milieu 2006 keine Menschen anzutreffen, die manifest ausländerfeindlich eingestellt waren. 2016 allerdings haben sich bei 5,2% die Ressentiments manifestiert. Die Ablehnung der rechtsextremen Ideologie im Ganzen bleibt aber vorherrschend. So wurden 2016 sozialdarwinistische, antisemitische und diktaturbefürwortende Aussagen und auch die Verharmlosung Nazi-Deutschlands abgelehnt.

114

Konformes Milieu

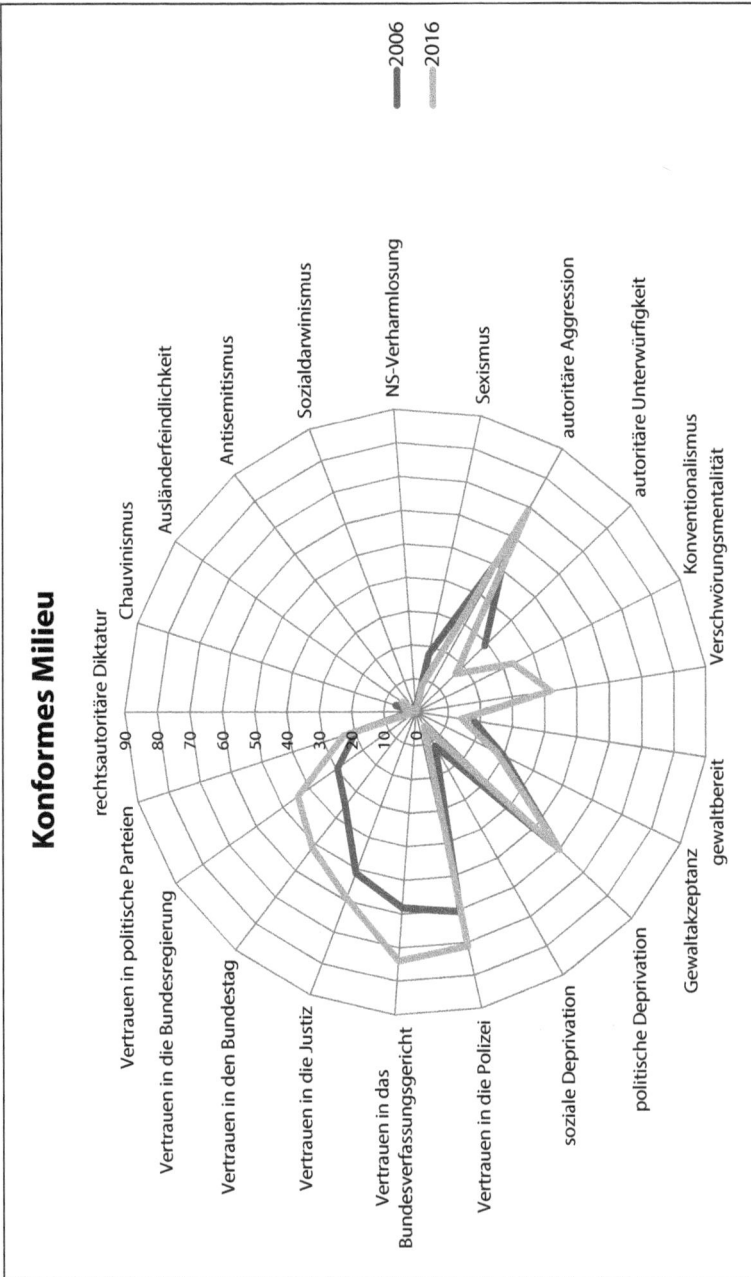

Abbildung 4: Anteil der Zustimmung im Konformen Milieu (in %)

Tabelle 10: Zustimmung zu den Dimensionen des Rechtsextremismus (Mittelwert)

	2006	2016
Befürwortung einer rechtsautoritären Diktatur	6,9	5,1
Chauvinismus	8,5	7,9
Ausländerfeindlichkeit	7,2	8,5
Antisemitismus	6,5	4,9
Sozialdarwinismus	6,9	4,7
NS-Verharmlosung	6,3	4,4

Ablehnung $M = 3$–6; zustimmend $M \geq 7$; hohe Zustimmung $M \geq 12$; maximale Zustimmung $M = 15$

In diesem Milieu ist die Bereitschaft, sich Autoritäten zu fügen und zur autoritären Aggression gegenüber Abweichung groß. Auch mit Blick auf die Verschwörungsmentalität gibt es in diesem Milieu eine deutliche Präsenz der autoritären Orientierung.

Traditionelle und sexistische Rollenbilder finden in diesem Milieu nicht durchgängig Ablehnung, manifest sexistisch eingestellt sind 17,6%. In der Gewaltfrage war 2006 eine gewisse Polarisierung festzustellen: Gewalt, egal ob durch die eigene Person oder durch andere, wurde als Mittel von den meisten abgelehnt, doch 18,1% befürworteten sie. Dieser Anteil ist im Jahr 2016 auf 14,1% zurückgegangen.

Die Abwertung von Muslimen ist in diesem Milieu allerdings sehr stark. Mehr als die Hälfte findet 2016, Muslimen sollte die Zuwanderung verwehrt bleiben, und fühlt sich durch Muslime fremd in Deutschland. An dieser Stelle manifestiert sich eine latent ressentimentgeladene Atmosphäre in diesem Milieu. Das gilt auch für die Abwertung von Sinti und Roma, der zwischen 40% und 60% zustimmen können. Mehr als die Hälfte wertet Homosexuelle ab.

Im Unterschied zu den anderen Milieus gestehen allerdings rund zwei Drittel den Asylsuchenden zu, tatsächlich verfolgt zu werden. Dies führt jedoch nicht zu einer höheren Akzeptanz für ihre Anträge: Nur 14,1% wollen diese großzügig bearbeitet sehen.

Die Ziele von Pegida und ähnlichen Organisationen unterstützt jeder sechste Angehörige dieses Milieus (17,5%), von »Lügenpresse« würde dagegen nur jede/jeder Zwanzigste sprechen. Die politische und soziale

Deprivation ist in diesem Milieu am zweitniedrigsten, nur im Modernen Milieu sind 2016 weniger Menschen depriviert. Hierzu passt auch der Legitimationsgrad des politischen Systems. Das Vertrauen in die gesellschaftlich-politischen Institutionen ist seit 2006 im Konformen Milieu deutlich gewachsen. Zusammen mit den Modernen bringen die Konformen diesen Institutionen das höchste Vertrauen entgegen. Die Zufriedenheit mit der Demokratie, wie in der deutschen Verfassung festgeschrieben, ist mit 71,% zwar relativ hoch, aber weiterhin sind über die Hälfte mit der Realität des demokratischen Staates unzufrieden (51,6%).

Bei Wahlen präferierten 2006 die meisten Angehörigen dieses Milieus die CDU/CSU, gefolgt von der SPD. 2016 haben diese Parteien allerdings klar an Zuspruch verloren. 2006 fanden sich hier mehr Wähler/innen der Grünen als in den anderen Milieus.

Tabelle 11: Parteipräferenz (in %)

	2006	2016
CDU/CSU	32,8	24,3
SPD	31,5	19,9
FDP	5,4	2,3
Bündnis 90/Die Grünen	7,6	7,4
Die Linke (PDS/Linkspartei/ WASG)	5,1	5,3
NPD	0,2	0,3
AfD	–	7,0
nicht wählen	13,2	15,8
Parteipräferenz unklar	–	15,9

Fehlende Werte zu 100%: andere Partei, ungültig gewählt, nicht wahlberechtigt

VORURTEILSGEBUNDENES MILIEU MIT RELATIVER AKZEPTANZ DES POLITISCHEN SYSTEMS

Ressentimentgeladenes Milieu

Zum Ressentimentgeladenen Milieu gehörten im Jahr 2006 21,5% (N = 1.030) und 2016 14,1% (N = 334) der Bevölkerung. 2006 war es somit noch das zweitgrößte Milieu nach dem Modernen Milieu. Frauen sind damals wie heute in diesem Milieu etwas häufiger anzutreffen als Männer. Dieses politische Milieu stellte 2006 mit 22,3% die zweitgrößte Gruppe an Ostdeutschen nach dem Ethnozentrischen Milieu, 2016 waren es noch immer 21%.

In diesem Milieu besteht eine ausländerfeindliche Atmosphäre. Der Anteil der manifest ausländerfeindlich Eingestellten liegt zwar 2016 nur bei 5,1% und ist damit gegenüber 2006 zurückgegangen, aber das Klima ist durch die Ablehnung von Migranten/innen gekennzeichnet. Darauf weist der verhältnismäßig hohe Mittelwert in der Dimension »Ausländerfeindlichkeit« hin. Der Chauvinismus erreicht ebenfalls einen relativ hohen Wert: 2016 zeigt sich jede/jeder Zehnte manifest chauvinistisch eingestellt (2006: 6,7%). Insgesamt ist dieses Milieu rechtsextremer geworden; wegen der Betonung der nationalen Binnengruppe und der Abwertung der Migranten/innen ist es als potenziell Ethnozentrisches Milieu zu bewerten.

Tabelle 12: Zustimmung zu den Dimensionen des Rechtsextremismus (Mittelwert)

	2006	2016
Befürwortung einer rechtsautoritären Diktatur	4,9	8,2
Chauvinismus	8,2	9,3
Ausländerfeindlichkeit	9,6	9,2
Antisemitismus	4,9	8,0
Sozialdarwinismus	4,5	8,7
NS-Verharmlosung	4,2	7,5

Ablehnung $M = 3-6$; zustimmend $M \geq 7$; hohe Zustimmung $M \geq 12$; maximale Zustimmung $M = 15$

Ressentimentgeladenes Milieu

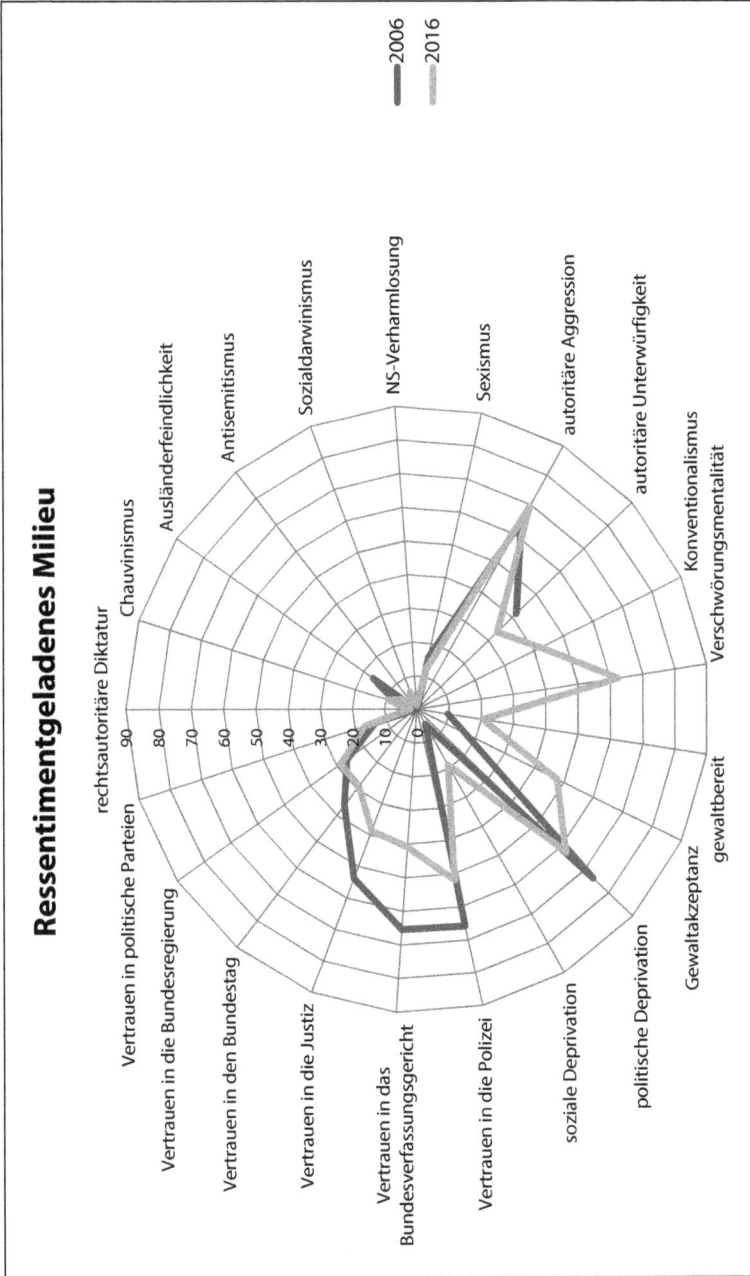

Abbildung 5: Anteil der Zustimmung im Ressentimentgeladenen Milieu (in %)

Die Abwertung von Migranten/innen richtet sich vor allem gegen Muslime – nahezu die Hälfte des Milieus richtet die Ressentiments auf Angehörige dieser Religionsgemeinschaft. Die Vorurteile gegenüber Asylsuchenden sind dagegen relativ schwach, und immerhin zwei Drittel glauben, dass diese wirklich verfolgt werden. Im Vergleich zum Durchschnitt fällt auch die Abwertung von Sinti und Roma etwas niedriger aus.

Für 2006 fiel die geringe Gewaltakzeptanz und geringe eigene Gewaltbereitschaft bei der Durchsetzung von Interessen auf. Neben dem Modernen war es das Milieu der Ressentimentgeladenen, in dem Gewalt die niedrigsten Zustimmungswerte erhielt. Das hat sich 2016 verändert: Nun wird Gewalt durch andere von der Hälfte der Ressentimentgeladenen akzeptiert. Auffällig ist das ausgeprägt autoritäre Klima, sowohl in Bezug auf die autoritäre Aggression als auch auf die Bereitschaft zur Unterwerfung unter Autoritäten: 64,2% befürworten Aggression gegen Abweichung, 41,7% sind zur Unterwerfung unter Autoritäten bereit. Fast die Hälfte der Befragten betont als eigenen Maßstab des Verhaltens die Konvention und nur ein Drittel steht der Verschwörungsmentalität fern. Ein Viertel unterstützt die Ziele von Pegida oder ähnlichen Bewegungen, 15% würden mit Blick auf die Medien von »Lügenpresse« sprechen.

Dabei ist die politische Deprivation von 2006 bis 2016 zurückgegangen. Stellten vor zehn Jahren noch drei Viertel der Befragten in diesem Milieu die Sinnhaftigkeit politischer Partizipation infrage, sind es aktuell mit zwei Dritteln deutlich weniger. Auffallend ist aber, dass die Legitimation des politischen Systems im selben Zeitraum deutlich nachgelassen hat, was insbesondere die Parteien, den Bundestag und die Bundesregierung betrifft. Polizei und Bundesverfassungsgericht wird die höchste Glaubwürdigkeit zugesprochen. 2006 konnten die beiden großen Parteien CDU/CSU und SPD noch zwei Drittel der Wähler/innen aus dem Ressentimentgeladenen Milieu an sich binden. Trotz des ausländerfeindlichen Klimas fanden ausdrücklich ausländerfeindlich agierende Parteien damals keine Anhänger unter den Angehörigen. 2016 hat die Attraktivität von CDU/CSU und SPD deutlich nachgelassen.

Tabelle 13: Parteipräferenz (in %)

	2006	2016
CDU/CSU	34,1	19,6
SPD	30,3	18,9
FDP	5,0	2,3
Bündnis 90/Die Grünen	5,3	3,7
Die Linke (PDS/Linkspartei/ WASG)	5,2	5,0
NPD	0,6	0,3
AfD	–	7,0
nicht wählen	12,1	21,9
Parteipräferenz unklar	–	19,3

Fehlende Werte zu 100%: andere Partei, ungültig gewählt, nicht wahlberechtigt

DIE ANTIDEMOKRATISCH-AUTORITÄREN MILIEUS

Latent antisemitisch-autoritäres Milieu

Im Latent antisemitisch-autoritären Milieu fanden sich 2006 12,8% (N = 615) der Befragten, 2016 vereinigt es 8,3% der Bevölkerung auf sich (N = 200). Das Geschlechterverhältnis ist ausgewogen, und fast alle Angehörigen des Milieus haben eine niedrige Bildung. Es ist in Ost- und Westdeutschland gleichermaßen anzutreffen.

Dieses Milieu weist eine Besonderheit auf: 2006 und 2016 ist das Klima eindeutig ethnozentrisch und antisemitisch (Tab. 14). Das spiegelt sich auch in den manifesten Einstellungen wider: Ein hoher Anteil von 45,2% ist ausländerfeindlich eingestellt und 12,5% zeigen sich offen antisemitisch. Obwohl die Mittelwerte für 2016 noch weiter angestiegen sind und sich die Grundhaltung unter den Angehörigen damit stabil ethnozentrisch und antisemitisch zeigt, ist fast keine manifeste Zustimmung zu den Dimensionen des Rechtextremismus anzutreffen, mit Ausnahme lediglich des Chauvinismus (3,8%) und der Ausländerfeindlichkeit (5,2%).

121

Latent antisemitisch-autoritäres Milieu

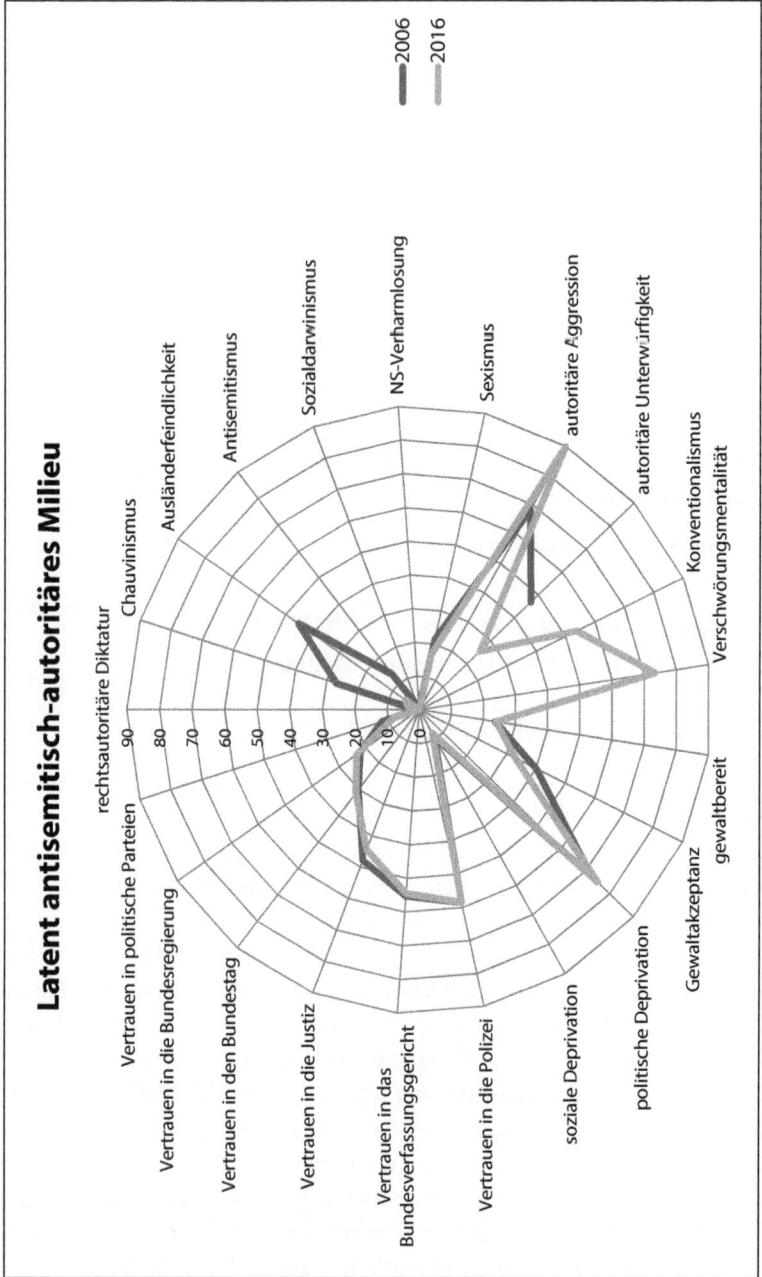

Abbildung 6: Anteil der Zustimmung im Latent-antisemitisch-autoritären Milieu (in %)

Eine vergleichbare Stimmung findet sich nur im Rebellisch-autoritären und im Ethnozentrisch-autoritären Milieu, in denen ethnozentrische und antisemitische Einstellungsmuster ähnlich stark verankert sind. Nur im Rebellisch-autoritären Milieu gilt der Antisemitismus in ähnlicher Weise als akzeptabel.

Demgegenüber erfahren Muslime von 20,1% der Angehörigen dieses Milieus – und damit unterdurchschnittlich wenig – Abwertung. Die meisten sehen nicht, dass Ayslbewerber/innen verfolgt werden, und lehnen auch zu 95% eine großzügige Gewährung von Asyl ab. Entsprechend hoch ist das Ressentiment gegen Sinti und Roma: 89,4% hätten Probleme, wenn sich diese in ihrer Gegend aufhielten, und 85,8% wollen sie aus den Innenstädten verbannen. 52,5% werten Homosexuelle massiv ab.

Tabelle 14: Zustimmung zu den Dimensionen des Rechtsextremismus (Mittelwert)

	2006	2016
Befürwortung einer rechtsautoritären Diktatur	6,9	5,1
Chauvinismus	10,3	11,2
Ausländerfeindlichkeit	11,3	12,2
Antisemitismus	9,7	10,0
Sozialdarwinismus	7,3	6,8
NS-Verharmlosung	6,4	5,2

Ablehnung $M = 3$–6; zustimmend $M \geq 7$; hohe Zustimmung $M \geq 12$; maximale Zustimmung $M = 15$

Darüber hinaus fällt die starke autoritäre Orientierung auf. In keinem anderen Milieu herrscht ein derart ausgeprägtes Klima autoritärer Aggression, und auch die Bereitschaft, sich Autoritäten zu unterwerfen, ist sehr hoch. Betrachtet man den Umstand, dass die Verschwörungsmentalität nur noch im Rebellisch-autoritären Milieu ähnlich stark verbreitet ist, dass hier zudem Antisemitismus und massive Abwertung von Sinti und Roma wie auch Homosexuellen zusammenkommen, lässt sich von einem ausgeprägt antidemokratischen Klima sprechen. Nahezu die Hälfte der Angehörigen dieses politischen Milieus unterstützt die Ziele von Organisationen wie Pegida und 16,1% würden die Medien als »Lügenpresse« bezeichnen. Unter den antidemokratischen Milieus ist das Latent antisemitisch-autoritäre Milieu aber dasjenige mit der geringsten Gewaltbereitschaft.

Das politische System der Bundesrepublik genießt unter den Angehörigen einen gewissen Grad an Legitimation. Das höchste Vertrauen erhält die Polizei, gefolgt von Bundesverfassungsgericht und Justiz, das geringste der Bundestag, die Bundesregierung und die politischen Parteien. Auch hier findet sich mit der Legitimation von »strafenden« und ordnungsstiftenden Instanzen das autoritäre Klima dieses Milieus bestätigt. Wäre am nächsten Sonntag Bundestagswahl, könnte die AfD mit großer Affinität aus diesem Milieu rechnen: Nach dem Ressentimentgeladenen und dem Rebellisch-autoritären Milieu ist unter den Angehörigen des Latent antisemitisch-autoritären Milieus der Anteil an potenziellen AfD-Wählern/innen am größten. Auffallend ist jedoch die noch immer hohe Akzeptanz der SPD.

Tabelle 15: Parteipräferenz (in %)

	2006	2016
CDU/CSU	36	18,2
SPD	27,7	22,7
FDP	6,0	2,3
Bündnis 90/Die Grünen	5,6	4,6
Die Linke (PDS/Linkspartei/WASG)	3,3	4,0
NPD	0,5	0,6
AfD	–	13,1
nicht wählen	14,4	16,5
Parteipräferenz unklar	–	14,5

Fehlende Werte zu 100%: andere Partei, ungültig gewählt, nicht wahlberechtigt

Ethnozentrisch-autoritäres Milieu

Zum Ethnozentrisch-autoritären Milieu gehörten 2006 12,8% (N = 615) und 2016 10,3% (N = 243) der Befragten. Das Geschlechterverhältnis ist 2016 ausgewogen, 2006 waren Frauen leicht überrepräsentiert. Das Bildungsniveau ist sehr niedrig, weniger als 10% haben die Hochschulreife erreicht. Der Anteil an Ostdeutschen war 2006 in diesem Milieu am höchsten, doch wurde es durch das Rebellisch-autoritäre Milieu abgelöst, das 2016 den höchsten Anteil an Ostdeutschen stellt. Das Haushaltseinkommen ist im Ethnozentrisch-autoritären Milieu niedriger als im Durchschnitt.

Das Klima ist in diesem Milieu deutlich chauvinistisch und ausländerfeindlich. In beiden Dimensionen des Rechtextremismus sind die Zustimmungswerte zwischen 2006 und 2016 sogar noch angestiegen. Die Abwertung von Migranten/innen und die Betonung der Größe der eigenen Nation haben sich gegen den allgemeinen Trend in diesem Milieu verfestigt. Der Antisemitismus spielt allerdings keine besondere Rolle – im Unterschied zum Latent antisemitisch-autoritären wie auch zum Rebellisch-autoritären Milieu. Entsprechend ist auch eine Zunahme an manifest rechtsextrem Eingestellten in den Dimensionen »Ausländerfeindlichkeit« und »Chauvinismus« zu verzeichnen. Waren 2006 28,8 der Befragten manifest chauvinistisch und 45,2% manifest ausländerfeindlich eingestellt, sind es 2016 46,9% und 71,2% – die Verschärfung ist unübersehbar.

In diesem Milieu erfährt die Islamfeindschaft mit 76,5% überdurchschnittliche Zustimmung, auch wird Asylbewerbern von 86% abgesprochen, tatsächlich verfolgt zu werden. Sinti und Roma werden ebenfalls überdurchschnittlich abgewertet (76,2%). 26,2% finden zudem Homosexualität unmoralisch.

Oliver Decker & Elmar Brähler

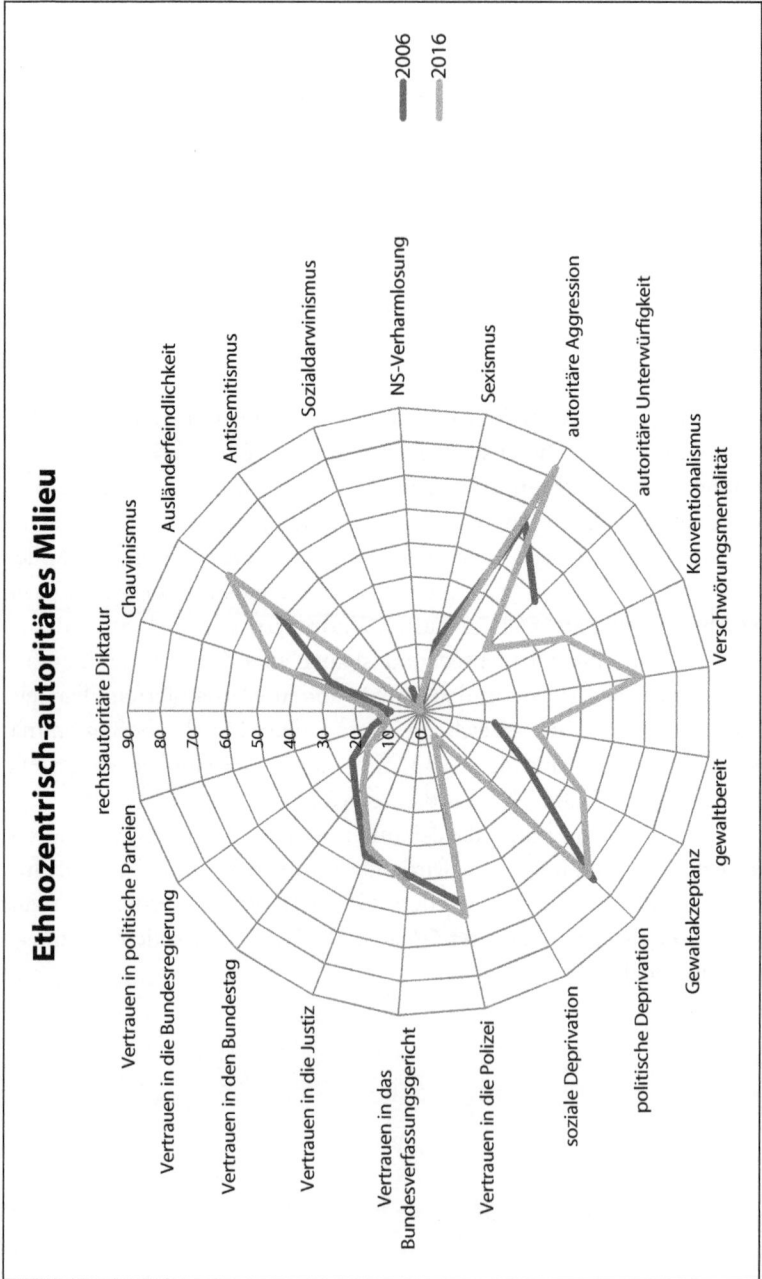

Abbildung 7: Anteil der Zustimmung im Ethnozentrisch-autoritären Milieu (in %)

Tabelle 16: Zustimmung zu den Dimensionen des Rechtsextremismus (Mittelwert)

	2006	2016
Befürwortung einer rechtsautoritären Diktatur	9,4	8,8
Chauvinismus	10,5	11,4
Ausländerfeindlichkeit	11,6	12,4
Antisemitismus	6,0	5,7
Sozialdarwinismus	8,3	5,8
NS-Verharmlosung	6,7	6,9

Ablehnung $M = 3$–6; zustimmend $M \geq 7$; hohe Zustimmung $M \geq 12$; maximale Zustimmung $M = 15$

54,6% der Angehörigen dieses Milieus können sich mit den Zielen von Gruppierungen wie Pegida identifizieren, 28,2% würden von »Lügenpresse« sprechen, wenn sie an die Medien denken – zwei signifikant überdurchschnittlich hohe Werte. Auch herrscht in diesem Milieu eine starke autoritäre Orientierung vor: 83,1% fordern autoritäre Aggression gegen Abweichung, die Konvention ist für 49,8% eine starke bindende Verhaltensnorm, wohingegen die autoritäre Unterwürfigkeit stark rückläufig ist (2006: 47,9%; 2016: 27,3%). Mit 68,6% teilen die meisten Menschen in diesem Milieu eine autoritäre Verschwörungsmentalität.

Mit 21,1% (2006) und 15,6% (2016) ist die sexistische Einstellung überrepräsentiert. Gewalt hat als Mittel der Interessensdurchsetzung seit 2006 stark an Akzeptanz in diesem Milieu gewonnen. Hatten 2006 nur wenige Bereitschaft bekundet, selbst Gewalt anzuwenden, finden sich 2016 35,8% Gewaltbereite in dieser Gruppe. Gewalt von anderen, etwa gegen Fremde, wurde 2016 von 55,6% akzeptiert oder gewünscht. Nur 31,9 % waren mit der Demokratie unzufrieden, wie sie in der Verfassung definiert ist, 58% mit der Praxis der deutschen Demokratie. In diesem Milieu besteht noch eine höhere Legitimation des politischen Systems als im Rebellisch-autoritären Milieu. Polizei und Bundesverfassungsgericht wird, gefolgt von der Justiz, das höchste Vertrauen entgegengebracht, den Parteien wiederum am wenigsten.

Auch in diesem Milieu lag die Parteipräferenz 2006 noch bei CDU/ CSU und SPD und ist nun massiv erodiert. CDU/CSU haben fast 20%

ihrer Wähler/innen aus diesem politischen Milieu verloren, wohingegen die AfD hier einen hohen Stimmenanteil erwarten kann.

Tabelle 17: Parteipräferenz (in %)

	2006	2016
CDU/CSU	32,2	12,3
SPD	25,4	18,3
FDP	3,9	1,8
Bündnis 90/Die Grünen	2,4	2,8
Die Linke (PDS/Linkspartei/WASG)	8,1	0,9
NPD	0,3	2,3
AfD	–	20,1
Nicht wählen	23,1	20,1
Parteipräferenz unklar	–	20,1

Fehlende Werte zu 100%: andere Partei, ungültig gewählt, nicht wahlberechtigt

Rebellisch-autoritäres Milieu

Das Rebellisch-autoritäre ist das kleinste Milieu. 2006 gehörten ihm 11,4% der Befragten ($N = 547$) an, 2016 7,3% ($N = 173$). Das Alter ist in dieser Gruppe höher als im Durchschnitt, Männer sind mit 55,8% (2006) bzw. 55,5% (2016) deutlich überrepräsentiert. Der Bildungsgrad ist der niedrigste im Vergleich zu allen anderen Milieus. Waren 2006 noch relativ wenige Ostdeutsche (15,7%) darunter, ist ihr Anteil 2016 größer als in anderen Milieus (29,5%).

In diesem Milieu herrscht ein ausgeprägtes rechtsextremes Klima vor, viele haben zudem sowohl 2006 als auch 2016 ein geschlossenes rechtsextremes Weltbild. In allen Dimensionen fanden Aussagen mit rechtextremem Inhalt schon 2006 hohe Zustimmung. Die meisten in diesem Milieu konnten chauvinistische, ausländerfeindliche und antisemitische Aussagen teilen, drei Viertel waren chauvinistisch und ausländerfeindlich, mehr als die Hälfte antisemitisch eingestellt.

Rebellisch-autoritäres Milieu

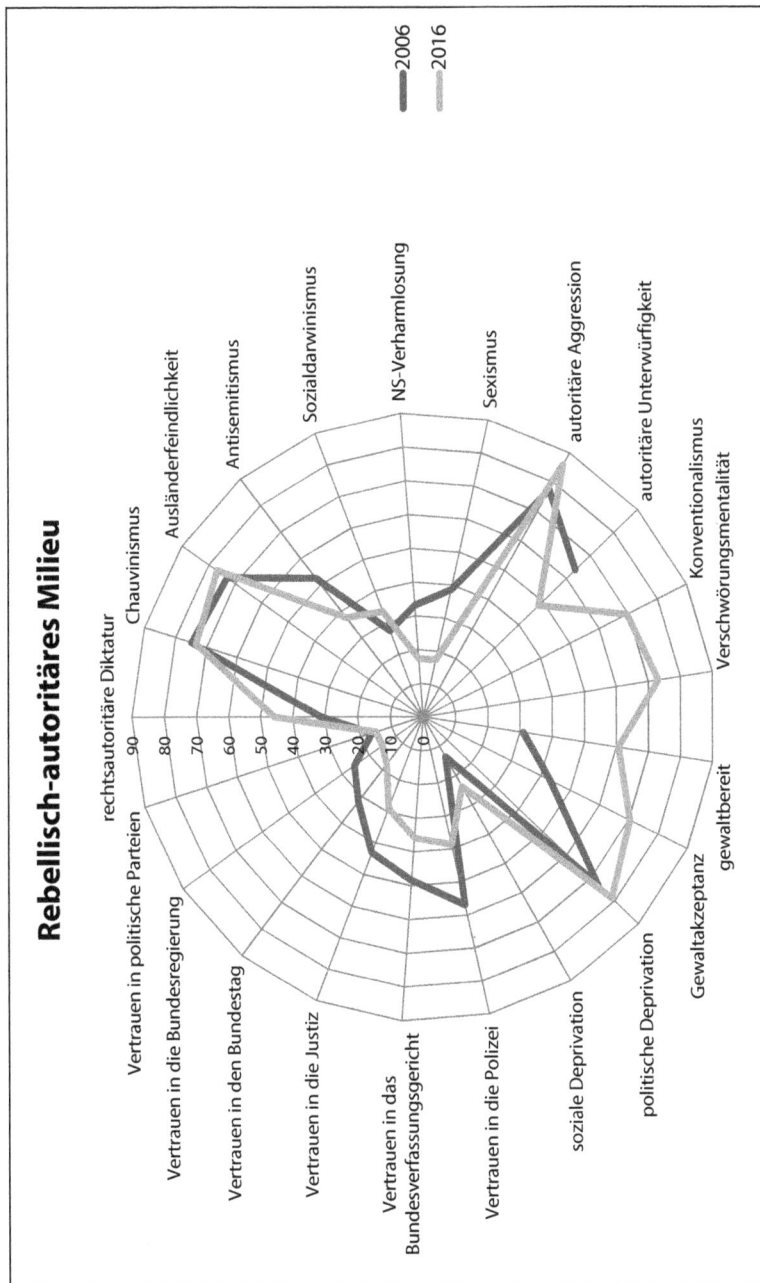

Abbildung 8: Anteil der Zustimmung im Rebellisch-autoritären Milieu (in %)

Während in den anderen Milieus der Sozialdarwinismus und die Verharmlosung des Nationalsozialismus in der politischen Einstellung schon 2006 keine zentrale Rolle mehr spielte, fanden und finden hier entsprechende Aussagen die Zustimmung der Befragten. Entsprechend haben 2016 68,2% der Befragten in diesem Milieu ein geschlossenes rechtsextremes Weltbild, am stärksten verbreitet ist mit der Ausländerfeindlichkeit (76,9%) und dem Chauvinismus (73,4%) das ethnozentrische Denken. 84,9% fühlen sich durch Muslime fremd im eigenen Land und 91,4% wollen Muslimen die Zuwanderung generell verbieten. Nur 19,3% wünschen die großzügige Behandlung der Asylanträge und 59,8% glauben nicht, dass Asylbewerber in ihren Heimatländern tatsächlich verfolgt werden. Sinti und Roma werden massiv abgewertet: 88,8% wollen keine Sinti und Roma in ihrer Gegend, 86,6% wollen sie aus den Innenstädten vertreiben. Die Emanzipation von Homosexuellen wird von der Hälfte abgelehnt, 69,9% finden es ekelhaft, wenn sich Schwule oder Lesben in der Öffentlichkeit küssen.

Tabelle 18: Zustimmung zu den Dimensionen des Rechtsextremismus (Mittelwert)

	2006	2016
Befürwortung einer rechtsautoritären Diktatur	10,7	11,2
Chauvinismus	12,6	12,7
Ausländerfeindlichkeit	12,7	13,1
Antisemitismus	11,5	10,6
Sozialdarwinismus	10,3	10,4
NS-Verharmlosung	10,5	9,6

Ablehnung $M = 3–6$; zustimmend $M \geq 7$; hohe Zustimmung $M \geq 12$; maximale Zustimmung $M = 15$

Das Klima in diesem Milieu ist auch 2016 extrem rebellisch-autoritär. 72,3% identifizieren sich mit den Zielen von Organisationen wie Pegida, 41,8% würden mit Blick auf die Medien von »Lügenpresse« sprechen. Diese Gruppe war schon 2006 durch eine ausgeprägt autoritäre Haltung aufgefallen, die sich durch hohe Aggressionsbereitschaft gegenüber Abweichung ($M = 5,5$) und eine entsprechende Bereitschaft, sich selbst Autoritäten und Führern zu unterwerfen ($M = 4,4$), auszeichnete. Die autoritäre Aggression war mit 77,5% und die autoritäre Unterwürfigkeit mit 63,7% außergewöhnlich hoch. Der Anteil der autoritär Aggressiven ist 2016 auf 85,9% angestiegen, der der Unterwürfigen allerdings auf 48,3% gesunken. Somit scheint ein Wandel in der autoritären Orientierung stattgefunden zu haben. Die Angehörigen dieses Milieus entsprechen nun eher den autoritären konformistischen Rebellen. Die Konventionen werden weiterhin von 69,6% betont. 73,1% sehen versteckte Kräfte in der Politik am Werk – mit dieser Verschwörungsmentalität wird das Bild des autoritären Charakters abgerundet.

Das Frauenbild ist in diesem Milieu überwiegend sexistisch geprägt, indem Geschlechterstereotype von der Frau als Ehefrau, Mutter und Unterstützerin des Mannes als Norm begriffen werden ($M = 2,7$). Das spiegelte sich auch im hohen Anteil derjenigen wider, die allen sexistischen Aussagen zustimmten (2006: 38,5%; 2016: 15,6%).

Die Islamfeindlichkeit ist ebenfalls stark ausgeprägt. So wollen 91,4% der Angehörigen des Milieus Moslimen die Zuwanderung nach Deutschland untersagen; 90,2% gehen davon aus, dass Asylsuchende nicht wirklich verfolgt werden. Die Abwertung von Sinti und Roma ist fast genauso ausgeprägt, 88,8% wollen keine Sinti und Roma in ihrer Gegend, 86,6% wollen sie aus den Innenstädten entfernen und 88,4% glauben, sie würden zur Kriminalität neigen. Die Abwertung von Homosexuellen findet ebenfalls sehr hohe Zustimmung, 60,5% halten Homosexualität für unmoralisch, 69% finden sich küssende Homosexuelle ekelhaft und 50% wollen die Ehe für Homosexuelle nicht gestatten.

Die politische Deprivation stieg in diesem Milieu zwischen 2006 und 2016 von 73% auf 78,8% an. Gleichzeitig sank die soziale Integration, sodass nun fast einem Viertel die Einbindung in ein soziales Umfeld fehlt. Die Angehörigen des Rebellisch-autoritären Milieus fallen darüber hinaus durch hohe Affinität zur Gewalt auf. Ihre Bereitschaft, selbst Gewalt in politischen Auseinandersetzungen anzuwenden, war 2006 im Vergleich zu den anderen Gruppen am deutlichsten ausgeprägt, mehr noch wurde Gewalt durch andere begrüßt. Diese Gruppenhaltung hatten sich 2006 bereits 31% angeeignet, die bereit waren, selbst Gewalt anzuwenden, und 43,1%, die Gewalt als Mittel zur Durchsetzung von Zielen bei anderen akzeptierten. Die Gewaltbereitschaft ist allerdings 2016 stark angestiegen: 60,7% würden nun selbst Gewalt anwenden, um ihre Interessen durchzusetzen, 70,4% befürworten Gewalt durch andere.

Den Verfassungsinstitutionen bringt dieses Milieu sehr geringes Vertrauen entgegen. Das höchste Vertrauen genoss 2006 die Polizei (56,9%), gefolgt von Bundesverfassungsgericht (48,4%) und Justiz (43,1%). Allerdings ist die Legitimation des politischen Systems sehr gering. Selbst der Polizei vertrauen 2016 nur noch 38,5% der Angehörigen dieses Milieus. Vertrauen in die Bundesregierung und die politischen Parteien bekunden 2016 gerade einmal 15%.

Die Akzeptanz der Demokratie ist gegenüber allen anderen Milieus am niedrigsten (Verfassungsnorm: 56,5%; Verfassungsrealität: 37,7%), und kein anderes Milieu hat einen so hohen Anteil an ausdrücklichen Befürwortern einer Diktatur, der beim Rebellisch-autoritären Milieu bei 31,1% liegt. Entsprechend fand auch die Idee der Demokratie in keinem anderen Milieu so wenig Zustimmung. Hier lässt sich der Wunsch nach einer starken Autorität und die Rebellion gegen eine schwache Führung erkennen. Die Mitglieder dieses Typus entsprechen einem klassischen autoritären Charakter, dem rebellischen Typus. Er scheint mit rebellischem Gestus Autoritäten infrage zu stellen, verachtet aber vor allem eine Führung, die er als schwach wahrnimmt (vgl. Adorno et al., 1950).

2006 fühlten sich die Angehörigen dieses Milieus vor allem von der CDU/CSU und der SPD repräsentiert – keine andere Gruppe hatte eine so hohe Affinität zu den großen demokratischen Parteien. Allerdings fand sich hier auch der größte Anteil an Anhängern rechtsextremer Parteien, der aber mit 3,8% im Verhältnis zur politischen Einstellung dieses Milieus sehr gering ausfiel. Auch die Gruppe der Nichtwähler war mit 15,3% groß. Die Parteipräferenz hat sich im Untersuchungszeitraum deutlich verschoben. Die großen Parteien haben an Akzeptanz verloren: Nur noch 15,7% würden nun die CDU/CSU wählen, nur noch 12,9% die SPD. Dafür liegt der Anteil an AfD-Wählern/innen bei 29,6%, 2% würden die NPD wählen. Die Gruppe der Nichtwähler ist mit 23,8% im Vergleich zu den anderen Milieus überdurchschnittlich hoch. Nur noch 38,7% würden sich selbst noch in der politischen Mitte verorten, während sich 34,7% als rechts und 6,4% als rechts außen einstufen.

Tabelle 19: Parteipräferenz (in %)

	2006	2016
CDU/CSU	33,6	15,7
SPD	32,6	12,9
FDP	3,8	–
Bündnis 90/Die Grünen	4,1	2,7
Die Linke (PDS/Linkspartei/WASG)	1,9	4,8
NPD	2,1	2,0
AfD	–	29,3
nicht wählen	15,3	23,8
Parteipräferenz unklar	–	7,5

Fehlende Werte zu 100%: andere Partei, ungültig gewählt, nicht wahlberechtigt

RESÜMEE

In fast allen Milieus gibt es manifeste und latente Ressentiments gegenüber Gruppen, die als abweichend oder fremd wahrgenommen werden. Auch wenn Ausländerfeindlichkeit vor allem in den antidemokratischen Milieus als manifeste Orientierung auftritt, existieren latent ausländerfeindliche Einstellungen auch in den meisten anderen Milieus. Lediglich im Modernen Milieu ist die Atmosphäre weniger von Vorurteilen geprägt. Zwar gibt es auch in diesem Milieu Menschen mit manifesten Vorurteilen, aber die Gruppennorm ist deutlich demokratisch ausgebildet.

Die soziale Normverschiebung gegenüber den Migrationsbewegungen führt in der Bundesrepublik zur Polarisierung. Die utilitaristischen Argumente für die Einwanderung – die unter den Stichworten »demografischer Wandel« und »Facharbeitermangel« firmieren – werden selbst in Milieus anerkannt, die traditionell ausländerfeindlich eingestellt waren. Zwar werden die antidemokratischen Milieus dadurch kleiner, in ihnen steigt aber die Ausländerfeindlichkeit an.

Mit dem Ethnozentrismus tritt eine völkische Komponente hervor, die die Wahrnehmung von Migranten/innen bestimmt. Ihre Bedeutung ist die der Bedrohung des Eigenen, was sich mit den Begriffen »Überfremdung« und »Fremdheit« in den Fragebögen verbindet. Das Eigene wird bekräftigt, das Fremde dagegen abgelehnt. Dabei ist die Haltung gegenüber Migranten/innen der Kristallisationspunkt, an dem sich demokratische und antidemokratische Milieus voneinander abgrenzen, wobei auch jeweils andere Normen und Werte akzentuiert werden. In der Reaktion auf die aktuelle Migrationsbewegung lässt sich auch ein Aufleben normativer Wertvorstellungen feststellen, die sich gegen liberale und offene Gesellschaften als Kennzeichen der Moderne richten. Im Grunde sind diese »volksorientierten« Bewegungen in diesem Punkt so antimodern, wie sie es einem ihrer Hassobjekte – »dem Islam« – unterstellen.

Entsprechend ist die »klassische Ausländerfeindlichkeit« nicht verschwunden. Der ausländerfeindliche Diskurs hat sich allerdings insgesamt verändert: Zum einen erfahren bestimmte Gruppen eine besondere Abwertung, zum anderen findet die generalisierte Abwertung von Migranten/innen verstärkt in jenen Milieus statt, in denen auch andere Komponenten rechtsextremer Einstellung stark ausgeprägt sind.

Die allgemeine gesellschaftliche Normverschiebung in der Wahrnehmung von Migranten/innen macht sich in einem Anwachsen des Modernen und des Konformen Milieus bemerkbar. Im Konformen Milieu sind jedoch auch Normen erkennbar, die für Ressentiments empfänglich machen. In beiden Milieus ist die Legitimation des gesellschaftlich-politischen Systems der Bundesrepublik zurzeit hoch ausgeprägt. Doch auch in ihnen zeigen sich eine Betonung von Konventionen und eine Zunahme von autoritären Aggressionen. Diese können interpretiert werden als Betonung der jeweiligen Gruppenidale in Zeiten gesellschaftlicher Polarisierung. Werden die Gruppennormen als bedroht erlebt – in diesem Fall die des demokratischen Miteinanders –, steigt auch in diesen Milieus die Bereitschaft zur Sanktionierung von abweichendem Verhalten an.

Die Polarisierung und Radikalisierung in den anderen Milieus wird durch den rapiden Vertrauensverlust bezüglich der Institutionen des demokratischen Rechtsstaats offenkundig. Während in den demokratischen Milieus das Vertrauen in die Institutionen deutlich gewachsen ist, ist der Rückgang in den antidemokratisch-autoritären Milieus überdeutlich. Kaum noch ein Angehöriger dieser Milieus vertraut Bundesregierung, Bundestag oder politischen Parteien, selbst der Polizei nicht einmal mehr die Hälfte. In diesen Milieus ist demnach ein rapider Legitimationsverlust festzustellen.

LITERATUR

Beck, U. (1986). *Risikogesellschaft. Auf dem Weg in eine andere Moderne.* Frankfurt/M.: Suhrkamp.

Beck, U. (1996). Das Zeitalter der Nebenfolgen und die Politisierung der Moderne. In U. Beck, A. Giddens & S. Lash (Hrsg.), *Reflexive Modernisierung. Eine Kontroverse* (S. 19–112). Frankfurt/M.: Suhrkamp.

Benhabib, S. (2008). *Die Rechte der Anderen.* Frankfurt/M.: Suhrkamp.

Best, H., Niehoff, S., Salheiser, A. & Salomo, K. (2014). *Thüringen Monitor 2014 – Politische Kultur im Freistaat Thüringen.* Jena: Universität Jena. http://www.lpb.sachsen-anhalt.de/fileadmin/Bi bliothek/Politik_und_Verwaltung/MK/LPB/Dateien2014/PDF/SAM_2014.pdf (18.04.2016).

Blühdorn, I. (2016). Das Postdemokratische Diskursquartett. Kommunikative Praxis in der simulativen Demokratie. In O. Decker & D. Eversberg (Hrsg.), *Postwachstumsgesellschaft – Subjektivität – Demokratie. Psychosozial Schwerpunktthema 143* (S. 13–31). Gießen: Psychosozial-Verlag.

Bremer, H. & Lange-Vester, A. (2006). Einleitung: Zur Entwicklung des Konzepts sozialer Milieus und Mentalitäten. In Dies. (Hrsg.), *Soziale Milieus und Wandel der Sozialstruktur. Die gesellschaftlichen Herausforderungen und die Strategien der sozialen Gruppen* (S. 11–36). Wiesbaden: VS Verlag für Sozialwissenschaften.

Decker, O. (2015). Narzisstische Plombe und sekundärer Autoritarismus. In O. Decker, J. Kiess & E. Brähler (Hrsg.), *Rechtsextremismus der Mitte und sekundärer Autoritarismus* (S. 21–34). Gießen: Psychosozial-Verlag.

Decker, O. & Brähler, E. (2006). *Vom Rand zur Mitte. Rechtsextreme Einstellung und ihre Einflussfaktoren in Deutschland.* Berlin: FES.

Decker, O., Grave, T., Rothe, K., Weißmann, M., Kiess, J. & Brähler, E. (2012). Erinnerte Erziehungserfahrung und Erziehungsideale über die Generationen. Befunde aus Gruppendiskussionen und Repräsentativerhebungen. *Jahrbuch für Pädagogik,* 267–301.

Decker, O., Hinz, A., Geißler, N. & Brähler, E. (2013a). Fragebogen zur rechtsextremen Einstellung – Leipziger Form (FR-LF). In O. Decker, J. Kiess & E. Brähler (Hrsg.), *Rechtsextremismus der Mitte. Eine sozialpsychologische Gegenwartsdiagnose* (S. 197–212). Gießen: Psychosozial-Verlag.

Decker, O. & Kiess, J. (2013). Moderne Zeiten. In O. Decker, J. Kiess & E. Brähler (Hrsg.), *Rechtsextremismus der Mitte. Eine sozialpsychologische Gegenwartsdiagnose* (S. 13–64). Gießen: Psychosozial-Verlag.

Decker, O., Kiess, J. & Brähler, E. (2013b). Wo ist der Ort der Demokratie heute? Öffentlichkeit und Partizipation 2012. In O. Decker, J. Kiess & E. Brähler (Hrsg.), *Rechtsextremismus der Mitte. Eine sozialpsychologische Gegenwartsdiagnose* (S. 174–185). Gießen: Psychosozial-Verlag.

Geiling, H. (Hrsg.). (2010). *Die Krise der SPD. Autoritäre oder partizipatorische Demokratie.* Berlin: LIT.

Gessenharter, W. (1989). Die »Neue Rechte« als Scharnier zwischen Neokonservatismus und Rechtsextremismus in der Bundesrepublik. In R. Eisfeld & I. Müller (Hrsg.), *Gegen Barbarei. Robert M. W. Kempner zu Ehren* (S. 414–452). Frankfurt/M.: Athenäum.

Gessenharter, W. (1998). Neue radikale Rechte, intellektuelle Neue Rechte und Rechtsextremismus: Zur theoretischen und empirischen Neuvermessung eines politisch-ideologischen Raumes. In W. Gessenharter & H. Fröchling (Hrsg.), *Rechtsextremismus und Neue Rechte in Deutschland. Neuvermessung eines politisch-ideologischen Raumes?* (S. 25–66). Opladen: Leske + Budrich.

Giddens, A. (1994). Leben in einer posttraditionalen Gesellschaft. In U. Beck, A. Giddens & S. Lash (Hrsg.), *Reflexive Modernisierung. Eine Kontroverse.* Frankfurt/M.: Suhrkamp (1996).

Greiffenhagen, M. (1981). *5 Millionen Deutsche: »Wir sollten wieder einen Führer haben* ...*« Die SINUS-Studie über rechtsextremistische Einstellungen bei den Deutschen.* Reinbek: Rowohlt.

Habermas, J. (1973). *Legitimationsprobleme im Spätkapitalismus.* Frankfurt/M.: Fischer (1979).

Habermas, J. (1992). *Faktizität und Geltung. Beiträge zur Diskurstheorie des Rechts und des demokratischen Rechtsstaates.* Frankfurt/M.: Suhrkamp.

Honneth, A. (2001). Das Werk der Negativität. Eine psychoanalytische Revision der Anerkennungstheorie. In W. Bohleber & S. Drews (Hrsg.), *Die Gegenwart der Psychoanalyse – Die Psychoanalyse der Gegenwart* (S. 238–245). Stuttgart: Klett-Cotta.

Horkheimer, M. & Adorno, T. W. (1952). Vorurteil und Charakter. In R. Tiedemann (Hrsg.), *Theodor W. Adorno – Gesammelte Schriften,* Bd. 9.2 (S. 360–373). Frankfurt/M.: Suhrkamp.

Hradil, S. (2006). Soziale Milieus – Eine praxisorientierte Forschungsperspektive. *Aus Politik und Zeitgeschehen,* 44/45, 3–10.

Mannewitz, T. (2015). *Politische Kultur und demokratischer Verfassungsstaat. Ein subnationaler Vergleich zwei Jahrzehnte nach der deutschen Wiedervereinigung.* Baden-Baden: Nomos.

Neugebauer, G. (2007). *Politische Milieus in Deutschland.* Bonn: Dietz.

Oertzen, P. V. (2006). Klasse und Milieu als Bedingungen gesellschaftlich-politischen Handelns. In H. Bremer & A. Lange-Vester (Hrsg.), *Soziale Milieus und Wandel der Sozialstruktur* (S. 36–69). Wiesbaden: VS Verlag für Sozialwissenschaften.

Offe, C. (1972). *Strukturprobleme des kapitalistischen Staates.* Frankfurt/M.: Suhrkamp.

Pickel, S. & Pickel, G. (2006). *Politische Kultur- und Demokratieforschung. Grundbegriffe, Theorien, Methoden Eine Einführung.* Wiesbaden: VS Verlag für Sozialwissenschaften.

Vester, M. (2006). Soziale Milieus und Gesellschaftspolitik. *Aus Politik und Zeitgeschehen,* 44/45, 10–17.

Vester, M., Oertzen, P. V., Geiling, H., Hermann, T. & Müller, D. (2001). *Soziale Milieus im gesellschaftlichen Strukturwandel. Zwischen Integration und Ausgrenzung.* Frankfurt/M.: Suhrkamp.

5. Wer unterstützt Pegida und was erklärt die Zustimmung zu den Zielen der Bewegung?

Alexander Yendell, Oliver Decker & Elmar Brähler

Über die Pegida-Bewegung wurde in den letzten zwei Jahren viel diskutiert. Seit ihrem Aufkommen stehen die Fragen im Raum, aus welchen sozialen Gruppen sich Pegida zusammensetzt und warum die Anhänger von Pegida vor allem in Dresden an den montäglichen Demonstrationen teilnehmen. Die Studien, die in diesem Zusammenhang entstanden sind (z.B. Patzelt, 2015a; Vorländer et al., 2016), wurden von vielen Sozialwissenschaftlern kritisiert, da die Stichprobenziehung aufgrund der mangelnden Bereitschaft der Pegida-Anhänger, mit Journalisten und Wissenschaftlern zu sprechen, erschwert ist. Es ist zu vermuten, dass insbesondere der harte Kern von Pegida die Interviews verweigert, sodass die Repräsentativität dieser Stichproben und damit die Ergebnisse infrage gestellt werden müssen. Zudem mangelt es an multivariaten Analysen, die eine Vielzahl von Einflüssen und auch Scheinkorrelationen überprüfen und so ein realistisches Gesamtbild der Gründe für die Teilnahme an den Demonstrationen liefern.

In der »Mitte«-Studie 2016 wurden nicht dezidiert die Pegida-Anhänger befragt, doch beinhaltete der Fragebogen eine Aussage zur persönlichen Befürwortung der Ziele von Pegida (siehe Grafik 19 in Kap. 2), zu der sich die Befragten positionieren sollten und die im Folgenden statistisch ausgewertet wird. Hierbei stehen sechs Fragen im Vordergrund:

- Wie groß ist innerhalb der deutschen Bevölkerung die Unterstützung der Ziele von Pegida?
- Wie stark ist der Zusammenhang zwischen rechtsextremen und islamfeindlichen Einstellungen und der Befürwortung von Pegida?
- Welche Parteien wählen diejenigen, die den Zielen von Pegida zustimmen?

- Wie stark ist der Zusammenhang zwischen soziodemografischen Merkmalen wie Alter, Geschlecht sowie Bildung und der Zustimmung zu
  Pegida?
- Welche sozialen Faktoren und Einstellungsmuster erklären die Unterstützung von Pegida?
- Geht von Pegida-Befürwortern eine Gefahr für die Demokratie und
  das gewaltfreie Miteinander aus?

Die folgenden Analysen beziehen sich ausschließlich auf die Befragten
mit deutscher Staatsangehörigkeit ($N = 2.405$).

WIE GROSS IST DAS UNTERSTÜTZUNGSPOTENZIAL?

Die Aussage, die den Befragten vorgelegt wurde, lautete: »Ich befürworte
die Ziele der Patriotischen Europäer gegen die Islamisierung des Abendlandes (PEGIDA, LEGIDA, …).« Die Befragten konnten sich auf einer
Skala von 1 (= überhaupt nicht) bis 5 (= vollkommen) positionieren. Grafik 1 zeigt, dass die Antwortkategorie »überhaupt nicht« mit rund 35% die
höchste Zustimmungsrate erzielt hat. Das heißt, dass etwas mehr als ein
Drittel der Bundesdeutschen die Ziele von Pegida ganz eindeutig ablehnt.
Zählt man diejenigen, die »eher nicht« zustimmen (14,5%) hinzu, lässt
sich aussagen, dass knapp die Hälfte der Deutschen gar nichts oder eher
nichts mit den Zielen von Pegida anfangen kann. Die mittlere Kategorie
wurde von rund 17% gewählt. 13,6% der Befragten befürworten die Ziele
von Pegida eher, fast 9% vollkommen. Wir haben es also in Deutschland
mit einer großen Gruppe zu tun, die die Ziele von Pegida überhaupt nicht
befürwortet, und mit einer kleineren, die diese Ziele vollkommen teilt.
Knapp die Hälfte der Deutschen (45,3%) positioniert sich zwischen diesen beiden Polen. 9,4% der Deutschen sagen aus, dass sie die Ziele von
Pegida und/oder deren Ablegern nicht kennen.

Grafik 1: Befürwortung der Pegida-Ziele innerhalb der deutschen Bevölkerung (in %)

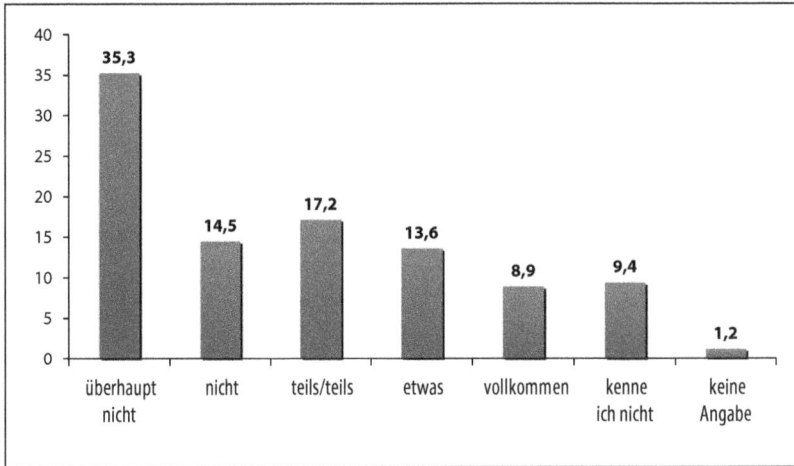

WIE STARK IST DER ZUSAMMENHANG ZWISCHEN RECHTSEXTREMEN UND ISLAMFEINDLICHEN EINSTELLUNGEN UND DER BEFÜRWORTUNG VON PEGIDA?

In Grafik 2 sind die Mittelwerte für die fünf Werte der Befürwortung der Ziele von Pegida (1–5) zu den einzelnen Rechtsextremismusdimensionen dargestellt. Es wird deutlich, dass es einen eindeutigen Zusammenhang zwischen den verschiedenen Dimensionen des Rechtsextremismus und der Zustimmung zu den Zielen von Pegida gibt. Je höher die Gesamtwerte der Befragten für die Dimensionen Befürwortung einer rechtsautoritären Diktatur, Chauvinismus, Ausländerfeindlichkeit, Antisemitismus, Sozialdarwinismus und Verharmlosung des Nationalsozialismus sind, desto größer ist das Zustimmungspotenzial bezüglich der Ziele von Pegida. Die Unterschiede zwischen den Zustimmungskategorien sind bei allen Dimensionen des Rechtsextremismus statistisch signifikant.

139

Grafik 2: Pegida-Befürwortung und die manifest rechtsextreme Einstellung innerhalb der Dimensionen

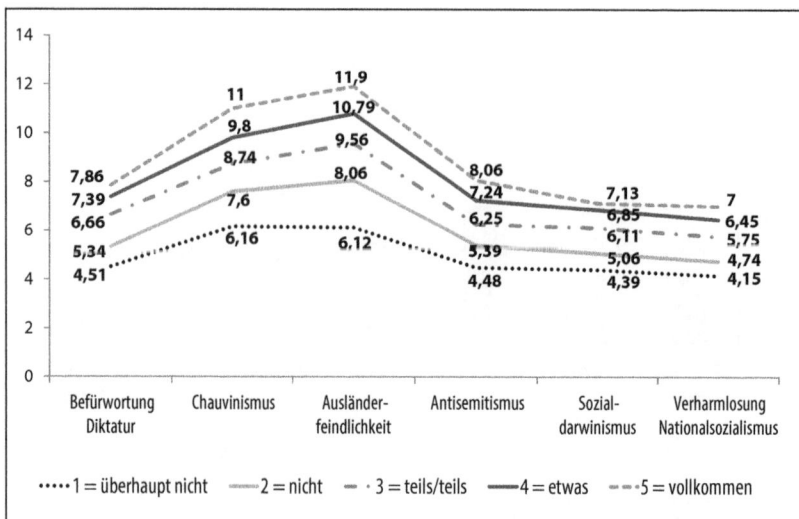

ANOVA = statistisch höchst signifikant (p < .001) bezüglich aller Dimensionen; Mittelwerte zwischen 3 und 15

Darüber hinaus besteht, wie erwartet, auch ein statistisch signifikanter Zusammenhang zwischen Islamfeindschaft und der Befürwortung der Ziele von Pegida: Je höher die Zustimmung zu Pegida, desto eher fühlen sich die Befragten durch die Muslime »manchmal wie ein Fremder im eigenen Land« und desto eher stimmen sie zu, dass Muslimen die Zuwanderung nach Deutschland untersagt werden solle (vgl. Grafik 3).

WELCHE PARTEIEN WÄHLEN DIEJENIGEN, DIE DEN ZIELEN VON PEGIDA ZUSTIMMEN?

Aus Tabelle 1 wird ersichtlich, dass die AfD unter denjenigen, die den Zielen von Pegida besonders zugeneigt sind, die begehrteste Partei ist (Kategorie 4, eher Zustimmung: 18,6%; Kategorie 5, vollkommene Zustimmung: 31,4%). Interessant ist der Anteil der Nichtwähler. Er ist am höchsten in Kategorie 4 (21,4%), nimmt aber unter denen, die mit den Pegida-Zielen vollkommen übereinstimmen, wieder ab (14,7%).

Grafik 3: Pegida-Befürwortung und Islamfeindschaft

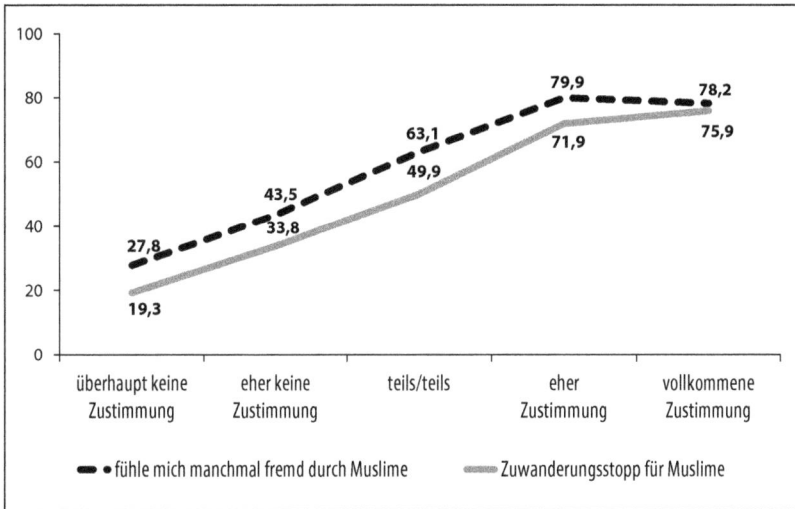

Aussagen: »Muslimen sollte die Zuwanderung nach Deutschland untersagt werden«; »Durch die vielen Muslime hier fühle ich mich manchmal wie ein Fremder im eigenen Land«. Anteil derjenigen, die den Aussagen eher bzw. voll und ganz zustimmen nach Zustimmung zu Pegida-Zielen, in Prozent; Zusammenhangsmaße: Kendall-Tau-b = .389 (p < .001) und .401(p < .001)

Das heißt, dass bei denjenigen, die vollkommen zustimmen, eine deutlichere Positionierung hin zur AfD zu verzeichnen ist. SPD und CDU erreichen unter den Befürwortern der Ziele (in den Kategorien 4 und 5) zwischen 14,1% und 16,2%, sind also bei denen, die eher oder vollkommen hinter Pegida stehen, nahezu gleich beliebt. Von denjenigen, die vollkommen zustimmen, würden jeweils 16,2% die CDU/CSU oder die SPD wählen, 2,6% die FDP, 3,1% die Linke, 1% die Grünen, 1,6% die NPD und 0,5% die Piraten.

141

Tabelle 1: Parteienpräferenz nach Zustimmungsgrad zu den Pegida-Zielen

	überhaupt keine Zustimmung	eher keine Zustimmung	teils/teils	eher Zustimmung	vollkommene Zustimmung
CDU/CSU	22,9	24,1	19,5	14,5	16,2
SPD	22,9	22,5	19,5	14,1	16,2
FDP	3,0	4,2	0,8	0,7	2,6
Linke	8,5	6,8	3,5	5,2	3,1
Grüne	12,6	7,2	4,9	5,5	1,0
NPD	0,1	0,3	–	2,1	1,6
Piraten	0,5	0,7	0,3	–	0,5
AfD	1,2	3,3	7,9	18,6	31,4
Nichtwähler	11,3	13,0	22,8	21,7	14,7
andere	2,1	1,3	2,2	2,4	–
weiß nicht	14,5	16,0	18,2	14,1	12,6
wähle ungültig	0,5	0,7	0,5	1,0	–
Gesamt	100,0	100,0	100,0	100,0	100,0

Frage: »Wenn am nächsten Sonntag Bundestagswahl wäre, würden Sie dann zur Wahl gehen?«, »Und welche Partei würden Sie dann wählen?«; die Prozentabgaben in der Tabelle beziehen sich auf alle Befragten, die wahlberechtigt sind und die Frage zu den Pegida-Zielen beantwortet haben (N = 1.906).

WIE STARK IST DER ZUSAMMENHANG ZWISCHEN SOZIODEMOGRAFISCHEN MERKMALEN UND DER ZUSTIMMUNG ZU PEGIDA?

Die Zustimmung zu den Zielen von Pegida ist unter den Befragten mit niedrigem Bildungsniveau höher (vgl. Tab. 2).

Tabelle 2: Zustimmung zu Pegida nach ausgewählten soziodemografischen Merkmalen

Merkmale	Mittelwert Zustimmung zu Pegida-Zielen
ohne Schulabschluss	2,76
Haupt-/Volksschulabschluss	2,60
Mittlere Reife/Realschulabschluss	2,46
Abschluss POS (10. Klasse)	2,80
FS-Abschluss	2,22
Abitur ohne abgeschlossenes Studium	1,90
abgeschlossenes Studium	1,93
noch Schüler	2,43
weiblich	2,30
männlich	2,52
arbeitslos	2,64
nicht arbeitslos	2,38
Westdeutschland	2,33
Ostdeutschland	2,67

ANOVA in Bezug auf Schulabschluss p < .001, Arbeitslosigkeit p < .05, Geschlecht p < .01, Region (West-Ost) = p < .001; Stadt/Land sowie Alter nicht signifikant

Am niedrigsten ist die Zustimmung zu den Zielen von Pegida unter denen, die Abitur haben, und denen, die ein Studium abgeschlossen haben. Mit niedrigerem Bildungsabschluss steigt die Wahrscheinlichkeit der Zustimmung und ist am höchsten bei denen mit einem Abschluss der Polytechnischen Oberschule. Männer befürworten Pegida durchschnittlich etwas häufiger als Frauen, Ostdeutsche etwas häufiger als Westdeutsche. Ob Personen in der Stadt oder auf dem Land wohnen, steht dagegen in keinem Zusammenhang mit der Befürwortung der Pegida-Ziele, und auch das Alter steht nicht in signifikantem Zusammenhang.

Welche sozialen Faktoren und Einstellungsmuster erklären die Unterstützung von Pegida?

Um die Zustimmung zu den Zielen von Pegida zu erklären, wurde ein Strukturgleichungsmodell mit einfacher Kausalstruktur berechnet (vgl. Tab. 3). Als zu erklärender Indikator wurde die Frage nach der Zustimmung zu Pegida gewählt. Die erklärenden bzw. beeinflussenden Indikatoren sind ein Rechtsextremismus-Gesamtwert, eine ausgeprägte Islamfeindschaft, Vorliegen einer Verschwörungsmentalität und manifester Autoritarismus (Indexwerte). Hinzukommen jeweils ein Index für kollektive wirtschaftliche, soziale und politische Deprivation sowie für das Geschlecht, Alter, Arbeitslosigkeit, das Bildungsniveau, das Haushaltsnettoeinkommen und die Region (West- und Ostdeutschland). Ein solches Pfadmodell mit einfacher Kausalstruktur bietet gegenüber einer konventionellen Regressionsanalyse den Vorteil, dass die Wechselwirkungen zwischen den Erklärungsindikatoren sowie Messfehler berücksichtigt werden können und damit die Wahrscheinlichkeit fehlerhafter Interpretationen verringert wird (vgl. Weiber & Mühlhaus, 2010). Deswegen können präzisere Aussagen gemacht werden. Ein solches Modell lässt die Unterscheidung zwischen direkten und indirekten Faktoren zu, also solchen, die in unmittelbarem Zusammenhang mit der abhängigen Variablen (Befürwortung von Pegida) stehen, und solchen, die vermittelt über einen oder mehrere andere Faktoren mit der abhängigen Variablen zusammenhängen.

Zunächst kann festgestellt werden, dass die Modellgüte für das berechnete Modell als sehr hoch einzustufen ist.[1] In dem Modell wurden zahlreiche signifikante Zusammenhänge zwischen den beeinflussenden Indikatoren berücksichtigt. An dieser Stelle sei auf die bedeutendsten Zusammenhänge verwiesen:[2] Besonders stark korrelieren Rechtsextremis-

---

[1] Zwar wird die Nullhypothese, der zufolge die empirischen und modelltheoretischen Kovarianzmatrizen gleich sind, für das Pfadmodell angenommen, allerdings ist die Aussagekraft des Chi-Quadrat-Tests aufgrund der hohen Anzahl an aufgenommenen Indikatoren eingeschränkt. Dementsprechend kann auch die Relation von Chi-Quadrat zu den Freiheitsgraden (CMIN/DF) als Prüfgröße unbeachtet bleiben. Der Root-Mean-Square-Error of Approximation (RMSEA) weist mit Werten jeweils unter der von Browne und Cudeck (1992, S. 239) empfohlenen Grenze von 0.05 (PCLOSE: 1.000) auf eine hohe Güte des Modells hin, was für die Datenqualität spricht.

[2] Eine vollständige Übersicht über alle Interdependenzen kann unter der E-Mail-Adresse alexander.yendell@uni-leipzig.de angefordert werden.

mus und Islamfeindschaft miteinander, was nicht überrascht. Darüber hinaus korrelieren Rechtsextremismus und wirtschaftliche sowie politische Deprivation miteinander. Bildung korreliert mit mehreren Variablen wie Haushaltseinkommen, Arbeitslosigkeit, wirtschaftlicher, sozialer und politischer Deprivation, Rechtsextremismus, Autoritarismus, Verschwörungsmentalität und Islamfeindschaft. Autoritarismus steht wie erwartet unter anderem mit Rechtsextremismus, Islamfeindschaft, Bildung und Alter in Zusammenhang.

Unter Berücksichtigung des gesamten Beziehungsgeflechts aller beeinflussenden Merkmale lassen sich folgende Aussagen treffen (siehe Tab. 3): Die stärkste Einflussgröße ist die Ausprägung der rechtsextremen Einstellung: Je höher die rechtsextreme Einstellung, desto höher ist auch die Wahrscheinlichkeit, dass die Ziele von Pegida befürwortet werden. Zweitstärkster Einflussfaktor ist die Ausprägung der Islamfeindschaft. Signifikante, aber sehr schwache Einflussgrößen sind die Verschwörungsmentalität, die politische Deprivation, die Region (Ostdeutsche befürworten Pegida eher als Westdeutsche) und das Geschlecht (Männer sind etwas häufiger Pegida-Befürworter als Frauen). Alle anderen in das Modell aufgenommenen Indikatoren stellen keine signifikanten direkten Einflussgrößen dar. Das heißt, dass kollektive wirtschaftliche und soziale Deprivation, Alter, Bildungsniveau, Haushaltseinkommen, städtischer bzw. ländlicher Wohnort und Autoritarismus nicht in *direktem* Zusammenhang mit der Befürwortung der Pegida-Ziele stehen. Allerdings hängen sie mit anderen Indikatoren zusammen, sodass ein *indirekter* Einfluss dennoch vorhanden sein kann.

Zusammenfassend lässt sich sagen, dass die Befürwortung der Ziele von Pegida im Wesentlichen von zwei Einflussgrößen abhängt: von der rechtsextremen und der islamfeindlichen Einstellung. Dieses Ergebnis ist in seiner Deutlichkeit schon deshalb interessant, weil den Teilnehmerinnen und Teilnehmern der Pegida-Demonstrationen unterschiedliche Motivationen zugeschrieben werden. Insbesondere der Politikwissenschaftler Werner Patzelt stufte Pegida im Kern als Protestbewegung von Menschen ein, die ihren berechtigten Anspruch auf Mitgestaltung im Staatswesen und ihre Ohnmachtsgefühle äußern (Patzelt, 2015b). Pegida ließe sich eben nicht auf das Deutungsschema »Ausländerfeindlichkeit« und »Islamfeindlichkeit« reduzieren (ebd.).

Tabelle 3: Faktoren, die die Befürwortung von Pegida beeinflussen

beeinflussende Indikatoren	Pegida-Befürwortung
Rechtsextremismus	,370*
Islamfeindschaft	,235*
Verschwörungsmentalität	,087*
Autoritarismus (Kurzskala)	k. d. E.
politische Deprivation	,043**
kollektive wirtschaftliche Deprivation	k. d. E.
soziale Deprivation	k. d. E.
Haushaltsnettoeinkommen	k. d. E.
Alter	k. d. E.
Geschlecht	-,041**
Bildungsabschluss	k. d. E.
Stadt vs. Land	k. d. E.
Region (Ost/West)	,042**
Arbeitslosigkeit	k. d. E.
Haushaltsnettoeinkommen	k. d. E.
R^2	,380
E	,620
RMSEA	,017
PCLOSE	1,000
Ostdeutschland	2,67

Daten gewichtet; standardisierter Regressionskoeffizient; Signifikanz: *$p < .01$; **$p < .05$; k. d. E.: kein direkter Einfluss der entsprechenden unabhängigen Variablen auf die abhängige Variable

Die Bevölkerungsdaten der »Mitte«-Studie 2016 können diese Einschätzung nicht bestätigen. Der Effekt der politischen Deprivation im Beziehungsgeflecht der Indikatoren ist gerade noch statistisch signifikant und sehr schwach, während sich die Pegida-Befürwortung klar mit den beiden antidemokratischen Items Islamfeindschaft und Rechtsextremismus erklären lässt, unter die auch die Ausländerfeindlichkeit subsumiert werden kann.

Fraglich ist, ob eine Umfrage unter den Demonstrierenden zu anderen Ergebnissen käme. Denkbar wäre, dass die Ziele von Pegida oder ihren Ablegern den Anhängern eher bekannt sind als dem Durchschnitt der deutschen Bevölkerung. Allerdings lässt sich aus dieser Gruppe wegen ihrer mangelnden Auskunftsbereitschaft keine repräsentative Stichprobe ziehen. Das bedeutende Ergebnis der hier vorgelegten Analyse ist jedenfalls, dass die Zustimmung zu den Pegida-Zielen in Deutschland im Wesentlichen auf Islamfeindschaft und Rechtsextremismus zurückzuführen ist und andere Faktoren entweder kaum oder keinen direkten Einfluss auf die Pegida-Befürwortung haben.

GEHT VON PEGIDA-BEFÜRWORTERN EINE GEFAHR FÜR DIE DEMOKRATIE UND DAS GEWALTFREIE MITEINANDER AUS?

Pegida setzt sich für Volksentscheide ein – also für mehr plebiszitäre demokratische Elemente in der Politik – und bezeichnet sich selbst (mit Ausnahme einiger Ableger) als friedlich. Daher erscheint es aufschlussreich, (a) die Einstellung zur Demokratie und (b) die Gewaltbereitschaft der Befürworter zu analysieren. (a) Drei Fragen aus der »Mitte«-Studie 2016 sind in diesem Zusammenhang besonders interessant: Die Frage, ob man generell die Demokratie als Staatsform besser findet als andere, die Frage, ob eine Diktatur möglicherweise besser wäre und ob es besser wäre, wenn Deutschland eine einzige Partei hätte, die die Volksgemeinschaft verkörpert.

Die Mehrheit der Befragten bevorzugt die Demokratie als Idee gegenüber anderen Staatsformen (siehe Kap. 2), allerdings nimmt der Anteil derjenigen, die der Aussage zustimmen, unter den Befürwortern der Pegida-Ziele ab (vgl. Grafik 4). Je größer die Zustimmung zu den Pegida-Zielen ist, desto eher wird der Aussage nur teils/teils zugestimmt (im Fragebogen »etwas dafür/etwas dagegen«).

Grafik 4: Befürwortung der Pegida-Ziele und Zustimmung zur Demokratie als Idee (in %)

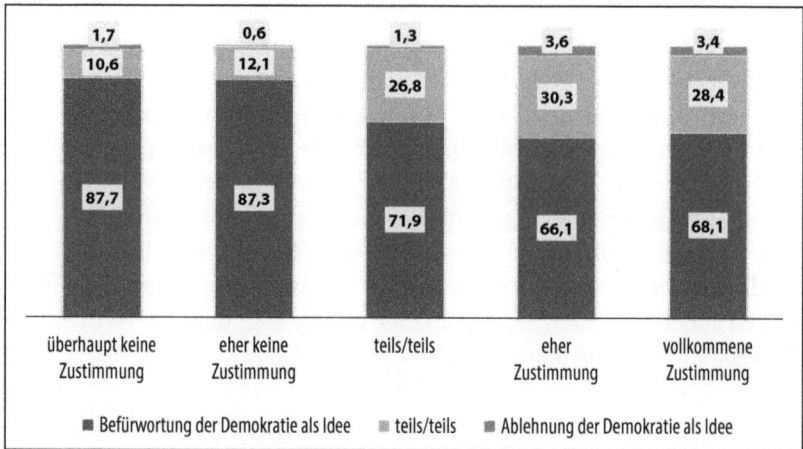

Frage: »In der folgenden Frage geht es nicht um tatsächlich bestehende Demokratien, sondern um die Idee der Demokratie. Was würden Sie, im Vergleich zu anderen Staats-Ideen, zu der Idee der Demokratie sagen? Nehmen Sie dazu bitte die folgende Skala.« Anteil derjenigen, die sehr bzw. ziemlich dafür sind (befürwortend), etwas dafür bzw. etwas dagegen (teil/teils) und die ziemlich bzw. sehr dagegen sind (ablehnend), in Prozent; Zusammenhangsmaße: Kendall-Tau-b = .191 (p < .001)

Der Aussage, dass die Diktatur im nationalen Interesse unter bestimmten Umständen die bessere Staatsform wäre, stimmt auch die Mehrheit der Pegida-Befürworter nicht zu (vgl. Grafik 5). Allerdings steigt hier wieder – ähnlich wie bei der vorhergehenden Frage – mit dem Level an Befürwortung der Anteil derjenigen, die der Aussage in Teilen, eher oder vollkommen zustimmen.

Interessant ist es auch, die Aussage genauer zu untersuchen, Deutschland brauche eine einzige starke Partei, die die »Volksgemeinschaft« verkörpert (vgl. Grafik 6). Obwohl die Pegida-Befürworter mehrheitlich hinter der Idee der Demokratie stehen, sprechen sich viele dafür aus, dass Deutschland eine einzige Partei braucht. Unter denjenigen, die Pegida vollkommen befürworten, liegt der Anteil sogar bei knapp über 50%.

Grafik 5: Zustimmung zu den Pegida-Zielen und Diktaturbefürwortung (in %)

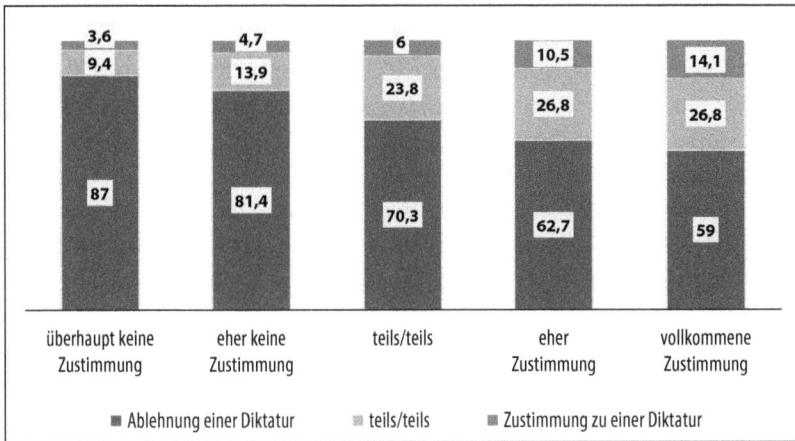

3,6	4,7	6	10,5	14,1
9,4	13,9	23,8	26,8	26,8
87	81,4	70,3	62,7	59
überhaupt keine Zustimmung	eher keine Zustimmung	teils/teils	eher Zustimmung	vollkommene Zustimmung

■ Ablehnung einer Diktatur   ▦ teils/teils   ■ Zustimmung zu einer Diktatur

Aussage: »Im nationalen Interesse ist unter bestimmten Umständen eine Diktatur die bessere Staatsform«; Anteil derjenigen, die völlig bzw. überwiegend die Aussage ablehnen (ablehnend), die teils zustimmen/teils nicht zustimmen (teils/teils) und die überwiegend bzw. voll zustimmen (zustimmend), in Prozent; Zusammenhangsmaße: Kendall-Tau-b = .221 (p < .001)

Grafik 6: Zustimmung zu den Pegida-Zielen und Wunsch nach einer einzigen starken Partei (in %)

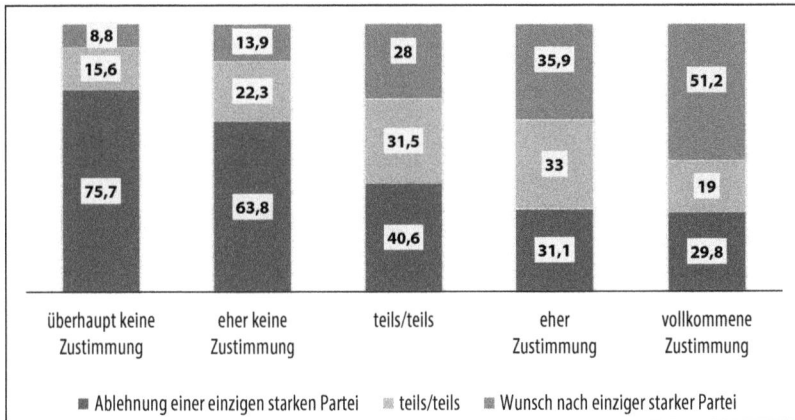

8,8	13,9	28	35,9	51,2
15,6	22,3	31,5	33	19
75,7	63,8	40,6	31,1	29,8
überhaupt keine Zustimmung	eher keine Zustimmung	teils/teils	eher Zustimmung	vollkommene Zustimmung

■ Ablehnung einer einzigen starken Partei   ▦ teils/teils   ■ Wunsch nach einziger starker Partei

Aussage: »Was Deutschland jetzt braucht, ist eine einzige starke Partei, die die Volksgemeinschaft insgesamt verkörpert«; Anteil derjenigen, die völlig bzw. überwiegend die Aussage ablehnen (ablehnend), die teils zustimmen/teils nicht zustimmen (teils/teils) und die überwiegend bzw. voll zustimmen (zustimmend), in Prozent; Zusammenhangsmaße: Kendall-Tau-b = .353 (p < .001)

Was die Gewaltbereitschaft (b) betrifft, ergibt sich ein eindeutiges Bild: Je stärker Pegida befürwortet wird, desto ist stärker auch die Zustimmung zur Anwendung von Gewalt. Je stärker man also die Ziele von Pegida befürwortet, desto eher ist man bereit, körperliche Gewalt gegen Fremde einzusetzen, desto eher findet man es gut, dass es Menschen gibt, die körperliche Gewalt anwenden, um für Ordnung zu sorgen, desto eher schätzt man Gewalt als normales menschliches Verhalten ein, desto eher ist man bereit, körperliche Gewalt anzuwenden, um eigene Interessen durchzusetzen, desto eher ist man der Meinung, dass man nur mit Gewalt beachtet wird und desto eher findet man es gut, dass es Menschen gibt, die ihre Fäuste sprechen lassen, »wenn's anders nicht mehr weitergeht«. Tabelle 4 zeigt den linearen Anstieg der Gewaltbereitschaft unter den Pegida-Befürwortern.

Tabelle 4: Zustimmung zu Pegida-Zielen und Zustimmung zu Gewalt (in %)

	überhaupt keine Zustimmung	eher keine Zustimmung	teils/teils	eher Zustimmung	vollkommene Zustimmung
Ich bin bereit, mich mit körperlicher Gewalt gegen Fremde durchzusetzen.	12,7	14,5	25,3	28,8	38,2
Ich würde selbst nie körperliche Gewalt anwenden. Aber ich finde es gut, wenn es Leute gibt, die auf diese Weise für Ordnung sorgen.	15,7	24,3	33,9	43,3	44,2
Körperliche Gewalt gegen andere gehört ganz normal zum menschlichen Verhalten, um sich durchzusetzen.	8,5	7,8	17,7	27,7	29,6
Ich bin in bestimmten Situationen durchaus bereit, auch körperliche Gewalt anzuwenden, um meine Interessen durchzusetzen.	13,0	14,8	20,7	32,3	34,3
Man muss leider zur Gewalt greifen, weil man nur so beachtet wird.	3,8	6,5	9,2	18,1	26,8
Selber würde ich nie Gewalt anwenden. Aber es ist schon gut, dass es Leute gibt, die mal ihre Fäuste sprechen lassen, wenn's anders nicht mehr weitergeht.	11,0	19,5	27,6	38,5	42,0

Die Zustimmungswerte hinsichtlich der verschiedenen Aussagen zu Gewalt liegen bei denen, die den Zielen von Pegida eher oder vollkommen zustimmen, immer deutlich über den Durchschnittswerten und erreichen bis zu 44,2%.

FAZIT

Zusammenfassend lässt sich sagen, dass sich etwa ein Drittel der Bevölkerung deutlich gegen die Ziele von Pegida und ihren Ablegern ausspricht; nur etwa 9% stehen vollkommen hinter diesen Zielen und etwas weniger als die Hälfte positioniert sich zwischen diesen Polen. Der Grad der Zustimmung zu den Pegida-Zielen steigt mit dem Level an rechtsextremen und islamfeindlichen Einstellungen. Diese beiden Indikatoren sind in einem komplexen Erklärungsmodell auch die bedeutendsten Faktoren, die die Befürwortung der Pegida-Ziele erklären. Die soziale und kollektive wirtschaftliche Deprivation haben in diesem Modell keinen direkten Einfluss auf die Befürwortung der Ziele von Pegida. Leichte Effekte sind hinsichtlich einer Verschwörungsmentalität und individueller politischer Deprivation auszumachen. Die Gewaltbereitschaft (auch gegen Fremde) und die Ablehnung von demokratischen Elementen (insbesondere der Aushandlung verschiedener Interessen durch mehrere Parteien) stehen in engem Zusammenhang mit der Befürwortung der Ziele von Pegida.

Daraus kann geschlussfolgert werden, dass die Befürwortung von Pegida auf Grundlage islamfeindlicher und rechtsextremer Einstellungsmuster entsteht, die als demokratiegefährdend eingeschätzt werden müssen. Auch die hohe Gewaltbereitschaft unter den Befürwortern der Bewegung spricht nicht dafür, dass lediglich politisch Deprivierte ein Mitspracherecht fordern – im Gegenteil sind demokratische Aushandlungsprozesse und die Befürwortung von Gewalt nicht miteinander vereinbar. Insofern sich von den Pegida-Befürwortern auf die Organisation Rückschlüsse ziehen lassen, ist es inkorrekt und verharmlosend, von einer Empörungsbewegung zu sprechen.

LITERATUR

Browne, M. & Cudeck, R. (1992). Alternative Ways of Assessing Model Fit. *Sociological Methods and Research, 2,* 230–258.

Patzelt, W. (2015a). Was und wie denken PEGIDA-Demonstranten? Analyse der PEGIDA-Demonstranten am 25. Januar 2015, Dresden. Ein Forschungsbericht. TU Dresden. https://tu-dresden.de/gsw/phil/powi/polsys/ressourcen/dateien/forschung/Pegida/patzelt-analyse-Pegida-2015-01.pdf?lang=de (09.05.2016).

Patzelt, W. (2015b). »Repräsentationslücken« im politischen System Deutschlands? Der Fall PEGIDA. *Zeitschrift für Staats- und Europawissenschaften, 13*(1), 99–126.

Vorländer, H., Herold, M. & Schäller, S. (2016). *PEGIDA. Entwicklung, Zusammensetzung und Deutung einer Empörungsbewegung.* Wiesbaden: Springer VS.

Weiber, R. & Mühlhaus, D. (2009). *Strukturgleichungsmodellierung. Eine anwendungsorientierte Einführung in die Kausalanalyse mit Hilfe von AMOS, SmartPLS und SPSS.* Berlin: Springer.

6. Unbegleitete minderjährige Flüchtlinge in Deutschland: Eine vulnerable Gruppe trifft auf die »Willkommenskultur«

Paul L. Plener & Jörg M. Fegert

Einleitung

Im Jahr 2015 stieg die Zahl der Geflüchteten, die ihren Weg nach Deutschland fanden, stark an. Unter den Flüchtlingen waren zahlreiche junge Erwachsene und Jugendliche – Schätzungen zufolge waren 50% der weltweit auf der Flucht lebenden Menschen unter 18 Jahre alt (UNHCR, 2014). Laut aktuellen Zahlen des Bundesamts für Migration und Flüchtlinge waren im Jahr 2015 31,1% der Asylwerber jünger als 18 Jahre, wobei mit 26,5% die größte Gruppe der Geflüchteten aus unter 16-Jährigen bestand (BAMF, 2016). 2014 waren EU-weit etwa die Hälfte der Asylbewerber unter 14 Jahren männlich, in der Gruppe der 14- bis 34-Jährigen dagegen etwa drei Viertel (Eurostat, 2016). Unter den minderjährigen Geflüchteten bilden die Unbegleiteten Minderjährigen Flüchtlinge (UMF) eine besondere Gruppe. UMF können definiert werden als unter 18-Jährige, die ohne Begleitung eines für sie verantwortlichen Erwachsenen in ein fremdes Land einreisen (Witt et al., 2015; siehe auch BAMF, 2016). Bei ihnen ist die männliche Geschlechterwendigkeit besonders stark ausgeprägt: 86% der UMF waren 2014 männlich, im Vergleich zu 54% bei begleiteten minderjährigen Flüchtlingen (Eurostat, 2016). Das bedeutet, dass Familien auf der Flucht ihre Kinder unabhängig von deren Geschlecht mitnehmen, dass aber die unbegleitete Flucht eher von männlichen Jugendlichen angetreten wird. Im Jahr 2015 wurden 14.439 Asylerstanträge von UMF in Deutschland gestellt, davon 28,7% in der Altersgruppe unter 16 Jahren und 71,3% in der Altersgruppe 16–18 Jahre, die meisten davon in Bayern, Nordrhein-Westfalen und Hessen. Dabei kamen knapp ein Drittel

(32,9%) der UMF aus Afghanistan, gefolgt von Syrien (27,6%), Eritrea und dem Irak (je 9,3%). Diese vier Länder sind mit einem Anteil von insgesamt 79,1% die Hauptherkunftsorte der UMF (BAMF, 2016).

Gemäß der UN-Kinderrechtskonvention ist UMF »derselbe Schutz zu gewähren wie jedem anderen Kind, das aus irgendeinem Grund dauernd oder vorübergehend aus seiner familiären Umgebung herausgelöst ist« (UN, 1989;,Artikel 22, Abs. 2). Viele der Geflüchteten haben nicht nur im Heimatland traumatisierende Erfahrungen gemacht, sondern waren auch im Rahmen ihrer Flucht lebensbedrohlichen oder stark ängstigenden Erfahrungen ausgesetzt (Fegert et al., 2015a). Diese potenziell traumatischen Ereignisse können sich als Posttraumatische Belastungsstörung oder auch in anderen Formen psychopathologischer Auffälligkeiten manifestieren, auf die im Folgenden näher eingegangen werden soll.

Traumatisierung und psychopathologische Auffälligkeiten

Flüchtende sind vielfältigen Belastungen ausgesetzt. Nach den potenziell traumatischen Ereignissen im Heimatland und auf der Flucht, kann sich die Stresssituation im Ankunftsland durch den Asylprozess und die Akkulturation fortsetzen (Fegert et al., 2015a; Pfortmüller et al., 2016). Auch bemühen sich viele Geflüchtete, die im Heimatland verbliebene Familie finanziell zu unterstützen. Neben all diesen belastenden Faktoren kann auch häusliche Gewalt bei Kindern und Jugendlichen mit Fluchterfahrungen eine Rolle spielen. In einer aktuellen Studie von Müller-Bamouh et al. (2016) wurden 49 UMF, die in Deutschland leben, befragt; von ihnen hatten 45 (91,8%) mindestens zweimal häusliche Gewalt erlebt.

Die Gruppe der UMF stellt sich als besonders vulnerabel dar (Huemer et al., 2009). UMF können beispielsweise auf kein familiäres Umfeld zurückgreifen, von dem sie Unterstützung und Protektion erhalten würden (Derluyn & Broekert, 2007). In einem aktuellen, systematischen Review wurde für diese Gruppe gezeigt, dass sie zu einem besonders hohen Prozentsatz (in manchen Studien bis zu 97%) von potenziell traumatischen Erlebnissen betroffen waren (Witt et al., 2015). UMF zeigen daher eine höhere Traumabelastung *(trauma load)*. In einer aktuellen Studie zu minderjährigen Flüchtlingen in Deutschland berichteten Jugendliche, die in Begleitung geflohen waren, im Durchschnitt von drei, UMF dagegen von

sieben traumatischen Ereignissen (Stotz et al., 2015). Zu ähnlichen Ergebnissen – eine größere Häufigkeit potenziell traumatisierender Ereignisse
bei UMF – kam auch eine niederländische Vergleichsstudie (920 UMF,
1.294 begleitete Flüchtlinge, 1.059 Jugendliche niederländischer Herkunft).
UMF fielen in dieser Studie zudem mit einer höheren Anzahl an internali-
sierenden Symptomen auf und zeigten eine stärker ausgeprägte posttraumatische Belastungssymptomatik, während niederländische Jugendliche
die höchsten Werte an externalisierenden Störungen aufwiesen (Bean et
al., 2007).

Betrachtet man die psychopathologischen Auffälligkeiten differenzier-
ter und beschränkt sich dabei auf die Zahlen, die mit klinischen Interviews erhoben wurden, ist bei 41–56% der UMF vom Vorliegen einer
psychischen Störung auszugehen (Witt et al., 2015), wobei vor allem die
Posttraumatische Belastungsstörung (PTBS) (bei etwa 20–30%) geschil-
dert wurden. Dabei sind nicht nur Fluchterfahrungen als potenziell trau-
matisierend zu berücksichtigen, sondern auch das Erleben familiärer Gewalt (Müller-Barmouh et al., 2016). Für die Symptomschwere der PTBS
sind bei minderjährigen Flüchtlingen auch posttraumatische Schuld- und
Schamgefühle maßgeblich, wobei gerade diese von UMF (im Vergleich
zu begleiteten minderjährigen Flüchtlingen) als besonders ausgeprägt ge-
schildert wurden (Stotz et al., 2015). Daneben wurden bei UMF auch affektive und Angststörungen häufig nachgewiesen (Witt et al., 2015; Vervliet
et al., 2014).

Trotz dieser häufig multiplen Belastungen zeigen sich viele UMF
als frei von behandlungsbedürftiger Psychopathologie und werden als
resilient gewertet – je nach Studie zwischen 44% und 58% (Witt et al.,
2015). Dies könnte einen Hinweis auf das Vorhandensein eines »Healthy-
Migrant-Effects« liefern, demzufolge Migranten »robustere und belastba-
re Menschen« (Kizilhan, 2013, S. 21) sind, da sie zum Erreichen des Gast-
landes zahlreiche Hürden überwinden mussten.

EINSTELLUNGEN ZU GEFLÜCHTETEN

In einer Umfrage des Instituts für Demoskopie Allensbach (Petersen, 2015) wurden 1.453 in Deutschland lebende Personen ab dem 16. Lebensjahr befragt. Dabei wurde – differenziert nach Herkunftsländern – die Frage gestellt, ob Deutschland in der Lage sei, noch mehr Flüchtlinge aufzunehmen. Dies wurde von 31% der Befragten für Flüchtlinge aus Syrien, dem Irak und aus Afrika bejaht. Danach befragt, wie viele Flüchtlinge aufgenommen werden sollten, wurde eine Differenzierung sichtbar: Die Aufnahme einer *großen Anzahl* an Flüchtlingen aus Syrien oder dem Irak befürworteten 31%, aus Afrika dagegen nur 23%. Die Frage, ob man eine Bürgerinitiative, die sich für den Bau eines Asylbewerberheims in der Wohngemeinde einsetzt, unterstützen würde, beantworteten 31% zustimmend (im Jahr zuvor war eine ganz ähnlich formulierte Frage nur von 24% mit einem Ja beantwortet worden) (Petersen, 2015). In einer weiteren Befragung im August 2015 ($N = 1.209$) wurde die Unterbringung von Flüchtlingen in ihrer Region von 54% der Befragten gutgeheißen. Auch weiterhin waren 32% der Befragten überzeugt, dass Deutschland in der Lage wäre, weitere Flüchtlinge aufzunehmen, und 35% bejahten die Frage, ob Deutschland bereit sein sollte, so viele Flüchtlinge wie möglich aufzunehmen. Der Vergleich der Umfragen von August und Oktober 2015 zeigt jedoch eine deutliche Zunahme der Besorgnis, die die Situation bei den Befragten auslöste (40% vs. 54%) (Köcher, 2015).

Die hier vorgestellte Studie wollte erstmals differenziert Einstellungen zu UMF in der Allgemeinbevölkerung erheben. Neben generellen Einstellungen zur Aufnahme und Bereitschaft zur Abschiebung von UMF, wurden auch Fragen zur (beruflichen und schulischen) Integration gestellt.

METHODEN

Die Daten wurden im Rahmen einer bevölkerungsrepräsentativen Stichprobe mittels Random-Route-Verfahren vom 20.01.2016 bis zum 16.03.2016 erhoben. Dafür wurden Haushalte zufällig ausgewählt und durch Studienmitarbeiterinnen und Studienmitarbeiter aufgesucht, wobei auch die Auswahl der an der Studie teilnehmenden Person im Haushalt nach dem Zufallsprinzip erfolgte. Eine Studienteilnahme war ab einem Alter von

14 Jahren möglich. Vor Ort erfolgte die Aufklärung sowie die Einholung einer informierten Einwilligung *(informed consent)*. Erst danach händigten die Studienmitarbeiter die Fragebögen aus und führten ein Interview zu statistischen Fragen durch. Je nach Wunsch der Befragten verließen die Studienmitarbeiter danach entweder die Wohnung oder blieben vor Ort, um etwaige Fragen zu beantworten. Die Teilnehmenden mussten den Hauptteil der Studie als Fragebogen ausfüllen, worauf die Interviewer in keinem Fall Einfluss nahmen. Im Rahmen der Studie wurden 4.830 Haushalte kontaktiert; 2.524 vollständige Datensätze konnten erhoben werden. Die Studie erhielt ein positives Votum der Ethikkommission Leipzig. Die gestellten Fragen waren an Befragungen zur Flüchtlingssituation in Deutschland des Instituts für Demoskopie Allensbach für die FAZ im Mai (Petersen, 2015) und August 2015 (Köcher, 2015) angelehnt.

ERGEBNISSE

Zunächst wurde die Frage gestellt, ob Deutschland in der Lage sei, mehr UMF aufzunehmen (Tab. 1). Zwischen Frauen und Männern gab es keinen Unterschied im Antwortverhalten ($\chi^2 = 5,19$; $p = .075$). Je älter die Befragten, desto seltener waren sie der Ansicht, dass mehr UMF aufgenommen werden können. Deutlich positiver wurde die Möglichkeit zur Aufnahme weiterer UMF durch Befragte mit nicht deutscher Staatsangehörigkeit bewertet ($\chi^2 = 21,67$; $p < .001$).

Zudem wurde die Einstellung zur Abschiebung von UMF, auch differenziert nach Herkunftsregionen, erfragt (Tab. 2). Hier zeigt sich ein interessantes Muster. Während die Forderung nach Abschiebungen pauschal und für UMF aus dem Nahen Osten nur von wenigen befürwortet wurde, votierten mehr als die Hälfte der Befragten für Abschiebungen von UMF aus den Balkanstaaten oder aus Afrika.

Tabelle 1: Antworten auf die Frage: »Glauben Sie, dass Deutschland in der Lage ist, noch mehr UMF aufzunehmen?« Analyse nach Geschlecht, Altersgruppe und Staatsbürgerschaft ($N = 2.524$)

Ist Deutschland in der Lage, noch mehr UMF aufzunehmen?	in der Lage N (%)	nicht möglich N (%)	unentschieden/ keine Angabe N (%)
Geschlecht			
männlich	259 (22,8)	542 (47,8)	333 (29,4)
weiblich	310 (22,8)	596 (43,9)	453 (33,3)
gesamt	569 (22,8)	1.138 (45,6)	786 (31,5)
Alter			
bis 24 Jahre	73 (26,1)	117 (41,8)	90 (32,1)
25–34 Jahre	98 (27,2)	158 (43,9)	104 (28,9)
35–44 Jahre	91 (24,5)	159 (42,9)	121 (32,6)
45–54 Jahre	115 (23,9)	229 (47,5)	138 (28,6)
55–64 Jahre	95 (20,8)	224 (49,1)	137 (30,0)
65–74 Jahre	58 (17,7)	155 (47,4)	114 (34,9)
ab 75 Jahre	39 (18,0)	96 (44,2)	82 (37,8)
Staatsangehörigkeit			
deutsch	528 (22,1)	1.110 (46,4)	752 (31,5)
nicht-deutsch	41 (39,8)	28 (27,2)	34 (33,0)

Tabelle 2: Zustimmung zur Aussage, dass UMF sofort in ihre Heimatländer abgeschoben werden sollten (generell und geteilt nach Herkunftsregion) ($N = 2.499$)

UMF generell in Heimatländer abschieben?	stimme voll zu N (%)	stimme etwas zu N (%)	bin etwas dagegen N (%)	bin stark dagegen N (%)
alle UMF	327 (13,1)	636 (25,5)	919 (36,8)	617 (24,7)
UMF aus Balkanstaaten	798 (31,9«)	753 (30,1)	631 (25,3)	317 (12,7)
UMF aus Afrika	528 (21,2)	719 (28,9)	782 (31,5)	456 (18,4)
UMF aus Nahem Osten	348 (14,0)	529 (21,3)	879 (35,4)	727 (29,3)

Bezogen auf die Integration wurden zwei Fragen zur schulischen bzw. beruflichen Perspektive und eine Frage zum Wohnort gestellt. Die Aussage, dass UMF der gleiche Zugang zu Schule und Ausbildung gewährt werden sollte wie Jugendlichen mit deutscher Staatsbürgerschaft, wurde von einer breiten Mehrheit (ca. 70%) unterstützt. Auch die Aussage, dass UMF, die in Deutschland einen Schulabschluss erlangt oder ein Ausbildung abgeschlossen haben, in Deutschland bleiben dürfen, fand große Zustimmung (ca. 75%) (Grafik 1).

Grafik 1: Antwort auf Fragen zum gleichen Recht auf Bildungszugang und dem Recht, nach abgeschlossener Schul- oder Berufsausbildung in Deutschland zu bleiben (*N* = 2.494, Angaben in %)

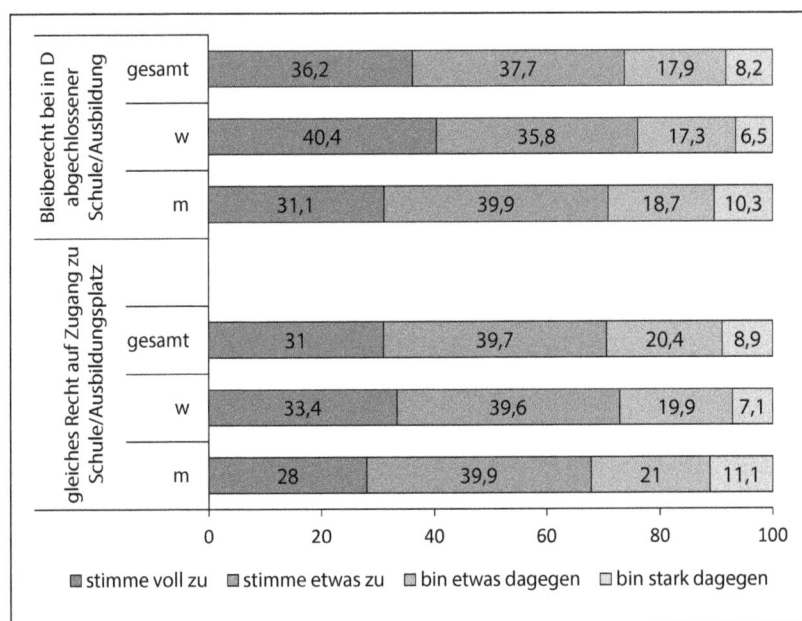

	stimme voll zu	stimme etwas zu	bin etwas dagegen	bin stark dagegen
Bleiberecht bei in D abgeschlossener Schule/Ausbildung gesamt	36,2	37,7	17,9	8,2
w	40,4	35,8	17,3	6,5
m	31,1	39,9	18,7	10,3
gleiches Recht auf Zugang zu Schule/Ausbildungsplatz gesamt	31	39,7	20,4	8,9
w	33,4	39,6	19,9	7,1
m	28	39,9	21	11,1

Befragt nach dem Wohnort von UMF, sprachen sich knapp drei Viertel der Befragten für eine institutionelle Unterbringung aus (Einrichtungen der Jugendhilfe, Flüchtlingsunterkünfte) (Grafik 2).

Grafik 2: Antworten auf die Frage: »Wo sollen UMF in Deutschland hauptsächlich untergebracht werden?« (*N* = 2.114, Angaben in %)

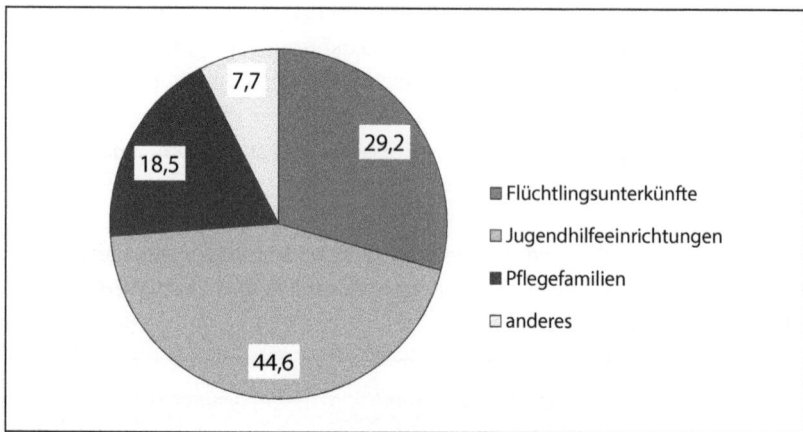

DISKUSSION

Die vorliegende Studie ist die erste ihrer Art, die Einstellungen zu UMF in einer repräsentativen Befragung der Allgemeinbevölkerung in Deutschland erhoben hat. Insgesamt zeigte sich, dass nur etwa ein Fünftel der Befragten der Ansicht sind, dass Deutschland weitere UMF aufnehmen könne, wobei die Zustimmung dazu in jüngeren Bevölkerungsschichten höher als in den älteren ist. Die Ergebnisse liegen unter den Werten, die in einer repräsentativen Stichprobe der Allgemeinbevölkerung für alle Flüchtlinge im Jahr 2015 erhoben wurden (dort: 31% Zustimmung zu der Aussage, dass Deutschland in der Lage ist, mehr Flüchtlinge aus dem Nahen Osten oder Afrika aufzunehmen) (Petersen, 2015).

Was die Einstellung zu Abschiebungen betrifft, sprachen sich 39% für generelle Abschiebungen von UMF aus. Das ist vergleichbar mit Petersens Ergebnis, wonach 49% der in seiner Studie Befragten der Ansicht waren, abgelehnte Asylbewerber sollten konsequent abgeschoben werden (Petersen, 2015). Dennoch zeigen sich Unterschiede hinsichtlich der Herkunftsregion: UMF aus dem Nahen Osten können mit einer positiveren Einstellung rechnen als jene aus den Balkanstaaten. Angesichts der Tatsache, dass etwa 70% der UMF derzeit aus Staaten des Nahen Ostens stammen

(BAMF, 2016), ist tendenziell von einer geringen Ablehnung zumindest der Hauptbetroffenengruppe zu rechnen. Dies deckt sich mit dem Befund von Köchers repräsentativer Studie, wonach 82% der Befragten nur Flüchtlinge aus Regionen aufnehmen wollen, in denen Krieg und Verfolgung herrschen (Köcher, 2015).

Breite Zustimmung fanden Aussagen, die für UMF dasselbe Recht auf Schulbildung und Berufsausbildung forderten, wie für Kinder mit deutscher Staatsbürgerschaft. Fast drei Viertel der Befragten sprachen sich dafür aus, dass ein erfolgreicher Abschluss mit einem Bleiberecht in Deutschland verbunden sein solle. Dies deckt sich mit Aussagen der repräsentativen Befragung von Petersen, wonach 54% der Befragten der Aussage zustimmten: »Wer sich integriert und eine Arbeit sucht, darf dauerhaft bleiben«. Nur 29% stimmten dagegen der Aussage zu, dass man Asylbewerbern von Anfang an eine Arbeitserlaubnis erteilen sollte (Petersen, 2015). Daraus lässt sich schlussfolgern, dass in der beruflichen und schulischen Qualifikation ein wichtiger Schlüssel für die Integration von UMF liegt, der von einem breiten gesellschaftlichen Konsens getragen wird. Vor diesem Hintergrund erscheinen auch die Forderungen sinnvoll, die die Deutsche Gesellschaft für Kinder- und Jugendpsychiatrie, Psychosomatik und Psychotherapie (DGKJP) in einer Stellungnahme zu UMF aufgestellt hat. Sie verlangen, dass minderjährige Geflüchtete auch für die Zeit nach dem Erreichen des 18. Lebensjahres eine Perspektive erhalten und nicht aus ihren Ausbildungen oder schulischen Laufbahnen gerissen werden (vgl. Fegert et al., 2015b).

Zu den Befunden der zunehmenden Angst vor Kontrollverlust (57%), dem Erleben der Politik als in der Flüchtlingsfrage ratlos (57%) und der Angst, dass mit Flüchtlingen auch Terroristen nach Deutschland kommen (62%), die in einer aktuellen Studie beschrieben wurden (Köcher, 2015), passt auch, dass viele die aktuelle Entwicklung mit großer Sorge betrachten (54%) und sich für die Einführung von Obergrenzen aussprechen (56%) (Köcher, 2015). Hierbei sollte jedoch nicht außer Acht gelassen werden, dass es sich bei der Gruppe der UMF um besonders vulnerable Kinder und Jugendliche mit hoher Traumabelastung und fehlenden familiären protektiven Faktoren handelt (Witt et al., 2015). Daher ist die Verschärfung durch das Asylpaket II als problematisch einzuschätzen. Klinisch nicht nachvollziehbar ist, dass etwa eine Posttraumatische Belastungsstörung nun kein Abschiebehindernis mehr darstellen soll (vgl.

DGKJP, 2016). Dieser politische Kurs wird zu einer Zuspitzung der Situation führen, beispielsweise zu einem Anstieg der Notfallversorgungen von UMF, die eine bislang nicht kalkulierte Belastung auch für das kinder- und jugendpsychiatrische Versorgungssystem darstellen wird.

Es muss also darum gehen, UMF den Zugang zu Ausbildungs- und Schulplätzen zu ermöglichen, wobei mitgedacht werden muss, dass neben der Anpassung an die neue Kultur und Sprache auch die Verarbeitung der traumatischen Erfahrungen geleistet werden muss. Basierend auf Studien über die Wünsche der UMF kann festgehalten werden, dass sie eine hohe Motivation zum Schulbesuch und zum Erlernen der Sprache mitbringen (Witt et al., 2015). Hier treffen sich also die Hoffnungen der UMF mit der gesellschaftlichen Erwartungshaltung einer gelingenden Integration. Kinder- und jugendpsychiatrische oder psychotherapeutische Angebote können für die Begleitung dieser vulnerablen Gruppe junger Menschen eine große Hilfe sein. Aufgrund ihrer vielfach belasteten Vorgeschichte bedürfen sie einer besonderen Betreuung, um ihnen die Teilhabe am gesellschaftlichen Leben zu ermöglichen.

LITERATUR

Bean, T., Derluyn, I., Eurelings-Bontekoe, E., Broekaert, E. & Spinhoven, P. (2007). Comparing Psychological Distress, Traumatic Stress Reactions, and Experiences of Unaccompanied Refugee Minors With Experiences of Adolescents Accompanied by Parents. *Journal of Nervous and Mental Disease, 195*, 288–297.

Bundesamt für Migration und Flüchtlinge (BAMF) (2016). Das Bundesamt in Zahlen. http://www.bamf.de/SharedDocs/Anlagen/DE/Publikationen/Broschueren/bundesamt-in-zahlen-2015-asyl.pdf?__blob=publicationFile (27.04.2016).

Derluyn, I. & Broekaert, E. (2007). Different perspectives on emotional and behavioural problems in unaccompanied refugee children and adolescents. *Ethnicity and Health, 12*, 141–162.

Deutsche Gesellschaft für Kinder- und Jugendpsychiatrie, Psychosomatik und Psychotherapie (DGKJP) (2016). Gemeinsame Stellungnahme der kinder- und jugendpsychiatrischen Fachgesellschaft und der Fachverbände DGKJP, BAG KJPP, BKJPP in Abstimmung mit der DAKJ zum Gesetzentwurf zur Einführung beschleunigter Asylverfahren (Asylpaket II). http://www.dgkjp.de/aktuelles1/356-asylpaket-2 (27.04.2016).

Eurostat, Statistics explained: Statistiken über Asyl. http://ec.europa.eu/eurostat/statistics-explained/index.php/Asylum_statistics/de (09.05.2016).

Fegert, J. M., Plener, P. L. & Kölch, M. (2015a). Traumatisierung von Flüchtlingskindern – Häufigkeiten, Folgen und Interventionen. *Recht der Jugend und des Bildungswesens, 63*, 380–389.

Fegert, J. M., Ludolph, A. & Wiebels, K. (2015b). Gemeinsame Stellungnahme zur Perspektive unbegleiteter minderjähriger Flüchtlinge (UMF) bei Erlangung der Volljährigkeit. http://www.dgkjp.de/stellungnahmen-positionspapiere/306-umf-stelln (27.04.2016).

Huemer, J., Karnik, N. & Steiner, H. (2009). Unaccompanied refugee children. *The Lancet, 373*, 612–614.

Kizilhan, J. I. (2013). *Kultursensible Psychotherapie: Hintergründe, Haltungen und Methodenansätze*. Berlin: Verlag für Wissenschaft und Bildung.

Köcher, R. (2015). Kontrollverlust – die Besorgnis der Bürger wächst. Dokumentation des Beitrags. http://www.ifd-allensbach.de/uploads/tx_reportsndocs/FAZ_Oktober_Flu__chtlinge.pdf (27.04.2016).

Mueller-Barmouh, V., Ruf-Leuschner, M., Dohrmann, K., Schauer, M. & Elbert, T. (2016). Are experiences of family and of organized violence predictors of aggression and violent behavior? A study with unaccompanied refugee minors. *European Journal of Psychotraumatology, 7*, 27856.

Petersen, T. (2015). Zaghafte Schritte auf dem Weg zur Willkommenskultur. Dokumentation des Beitrags. http://www.ifd-allensbach.de/uploads/tx_reportsndocs/FAZ_Mai_Flu__chtlinge.pdf (27.04.2016).

Pfortmueller, C. A., Schwetlick, M., Mueller, T., Lehmann, B. & Exadaktylos, A. K. (2016). Adult asylum seekers from the middle-east including Syria in central Europe: what are their health care problems? *PLoS One, 11*, e0148196.

Stotz, S. J., Elbert, T., Müller, V. & Schauer, M. (2015). The relationship between trauma, shame, and guilt: findings from a community-based study of refugee minors in Germany. *European Journal of Psychotraumatology, 6*, 25863.

UN (1989). Konvention über die Rechte des Kindes. https://www.unicef.de/blob/9364/a1bbed70474053cc61d1c64d4f82d604/d-0006-kinderkonvention-pdf-data.pdf (27.04.2016).

UNHCR (2014). Global facts and figures. http://www.unhcr.org.uk/fileadmin/user_upload/pdf/October_2015/PDF_Displacement_Facts_and_Figures_2014_2.pdf (28.04.2016)

Vervliet, M., Meyer Demott, M. A., Jakobsen, M., Brokaert, E., Heir, T. & Derluyn, I. (2014). The mental health of unaccompanied refugee minors on arrival in the host country. *Scandinavian Journal of Psychology, 55*, 33–37.

Witt, A., Rassenhofer, M. & Plener, P. L. (2015). Hilfebedarf und Hilfsangeboten in der Versorgung von unbegleiteten minderjährigen Flüchtlingen – eine systematische Übersicht. *Kindheit und Entwicklung, 24*, 209–224.

ZUM STAND DER ZIVILGESELLSCHAFT

7. Die AfD als rechtspopulistischer Profiteur der Flüchtlingsdebatte

Alexander Häusler

Die Wahlerfolge der Partei Alternative für Deutschland (AfD) bei den Landtagswahlen 2016 in Baden-Württemberg, Rheinland-Pfalz und Sachsen-Anhalt haben deutlich gemacht, wie hoch das Potenzial für einen Einbruch des Rechtspopulismus in das politische Machtgefüge der Bundesrepublik ist (Infratest dimap, 2016). Die rechtspopulistische Partei konnte nicht nur ihre landespolitische Vertretung auf acht Bundesländer ausweiten, sondern auch die sogenannten Volksparteien deklassieren, indem sie beispielsweise in jeder vierten sachsen-anhaltinischen Gemeinde stärkste Kraft wurde und frühere Hochburgen der Sozialdemokratie, wie etwa Mannheim-Schönau, für sich gewann. Mit diesen Wahlergebnissen deutet sich eine politische Trendwende an. Galt Deutschland bislang als politisches Entwicklungsland in Sachen Rechtspopulismus, könnte es nun nachholen, was in den Nachbarländern (Österreich, Frankreich, Niederlande und Belgien) bereits seit längerer Zeit die politische Landschaft prägt – und ebenfalls einen wachsenden Einfluss rechtspopulistischer Parteien erleben.

Die Entwicklung der AfD[1]

Obwohl die Geschichte der AfD noch kurz ist, hat die Partei schon vielfach Einfluss auf den öffentlichen Diskurs genommen. Wie bei den anderen europäischen Rechtspopulisten ist auch die Zustimmung zur AfD

---

1 Dieser Beitrag komprimiert und aktualisiert von mir bereits publizierte Auseinandersetzungen mit dem politischen Phänomen AfD (siehe Literatur). Zudem habe ich vorläufige

Resultat der Krise der politischen Repräsentation und Produkt gesellschaftlicher Entsolidarisierungsprozesse im Kontext neoliberaler Deregulierung: Rechtspopulistische Parteien sind politische Krisengewinnler. Sie inszenieren sich als »Anwälte der kleinen Leute«, spielen mit der Angst der mittleren und unteren Schichten vor sozialem Abstieg und mit Unsicherheiten in der Bevölkerung gegenüber gesellschaftlichen Veränderungen und Umbrüchen im globalisierten Kapitalismus. Sie übersetzen komplexe Problemlagen in simplifizierende und personalisierende Feindbildkonstruktionen und bedienen die Trugbilder einer heilen (nationalen) Gemeinschaft, als deren Garanten sie sich verkaufen.

Die Sarrazin-Debatte, die den öffentlichen Diskurs im Jahr 2010 prägte, bereitete der AfD den Boden. Die rassistischen Thesen des ehemaligen Bundesbankvorstands und SPD-Mitglieds Thilo Sarrazin zum angeblichen Scheitern der Integrations- und Einwanderungspolitik sowie über die vermeintlichen genetischen und kulturellen Merkmale von Jüdinnen/Juden und Muslima/Muslimen dienten als rechtspopulistisches Einfallstor für neue politische Akteure. Mit jener Debatte ging die Spekulation um die Chancen einer neuen Rechtsaußenpartei einher: Im September 2010 prognostizierte eine Emnid-Umfrage, dass eine fiktive Sarrazin-Partei rund 18% der Wählerstimmen erhalten würde (Die Welt, 2010). Vor Gründung der AfD konnte jedoch keine Partei rechts der Unionsparteien dieses Einstellungspotenzial wirkungsvoll und bundesweit bündeln.

Sarrazins Publikationen erscheinen wie eine Blaupause zum Weltbild der AfD. Mit seinen Thesen nahm er muslimfeindliche und sozialbiologistische Zuschreibungen vor (Ahlheim, 2011), bediente die Euro- und EU-skeptische Haltung vieler Bürgerinnen und Bürger und erteilte dem vorgeblichen linken »Tugendterror« eine Kampfansage. In einem seiner Bücher verortet der Erfolgsautor die angeblich vorherrschende Einschränkung von (angeblich auch seiner eigenen) Meinungsfreiheit in einem hermetischen »Code des Guten, Wahren und Korrekten, der große Teile der Medienklasse dominiert«. Diese »Political Correctness« sei zu einem »transnationalen Phänomen des Abendlandes geworden«, welches »zumindest in Europa von der linken Ecke des politischen Meinungsspektrums geprägt ist« (Sarrazin, 2014, S. 35).

Erkenntnisse aus einer aktuell laufenden Studie zur AfD im Auftrag der Heinrich-Böll-Stiftung in den vorliegenden Text einfließen lassen.

Die Euro-Debatte erwies sich schließlich als diskursive wie politische Gelegenheit zur Inszenierung der AfD als neue Anti-Euro-Partei. Am 6. Februar 2013 offiziell gegründet, entstand sie also im Kontext des Merkel-Credos, die Euro-Rettungspolitik sei »alternativlos«. Die AfD verdankte ihren Aufstieg somit zunächst ihrer Selbstinszenierung als Anti-Euro-Partei, dann zunehmend ihrem politischen Agenda-Setting auf das Einwanderungsthema, mit dem sie in Teilen eine Anlehnung an die Pegida-Proteste vollzog (Korsch, 2016). Mit dem vorher als Professor für Volkswirtschaft an der Universität Hamburg tätigen Bernd Lucke erhielt die AfD zu Beginn ein vorzeigbares Gesicht: Lucke verschaffte der Partei hohe mediale Präsenz und den Anschein von (wirtschaftlichem) Sachverstand. Zwar inszenierte sich die AfD von Anfang an als »besondere« Partei mit völlig neuen Inhalten, real bestand sie aber von vornherein vor allem aus ehemaligen CDU-, CSU- und FDP-Mitgliedern und aus Akteuren früherer rechtsextremer Parteien wie dem Bund freier Bürger (BFB), der Partei Die Freiheit (DF), den Republikanern und der Schill-Partei (Häusler & Roeser, 2015, S. 28–41).

Neben Angehörigen des wirtschaftlichen Establishments bot die AfD schon seit ihrer Gründung auch politisch heimatlos gewordenen Nationalkonservativen, neurechten Kräften und früheren Aktivisten rechtspopulistischer Kleinstparteien ein parteipolitisches Dach. Zur politischen Strömung der Neuen Rechten pflegt die AfD enge Verbindungen über deren Wochenzeitung *Junge Freiheit* (JF), die die AfD von Beginn an publizistisch unterstützt und die sich mittlerweile zu einer informellen Parteizeitung entwickelt hat (Kellershohn, 2013). Nach den Wahlerfolgen in Sachsen, Thüringen und Brandenburg 2015 änderten sich die innerparteilichen Machtverhältnisse zugunsten des rechten Flügels. Die inhaltliche Akzentverschiebung lässt sich beispielsweise am sächsischen AfD-Landesprogramm ablesen, in dem erstmals die Forderung nach Volksabstimmungen gegen Minarettbau erhoben wurde (Häusler & Roeser, 2015, S. 103). Gleichzeitig erklärte der brandenburgische AfD-Landesvorsitzende Alexander Gauland die AfD zur »Partei der kleinen Leute« (Geis, 2015). Dadurch verschärfte sich der innerparteiliche Widerstand gegen den Führungsanspruch von Parteigründer Bernd Lucke. Auf dem Essener Parteitag der AfD im Juli 2015 kam es zum Machtwechsel: Bernd Lucke unterlag Frauke Petry im innerparteilichen Kampf um die Führungsrolle. Seitdem geht der parteipolitische Kurs hin zum Rechtspopulismus mit völkisch-nationalistischer Prägung. Die AfD ist nun auch der partei-politische Anker für nationalistische und fremdenfeindliche Protestbewe-gungen wie Pegida, die als Reaktion auf Konflikte in den multikulturell verfassten Einwanderungsgesellschaften Europas sowie als Konterpart zu gesamtgesellschaftlichen Pluralisierungsprozessen, die mit der Anerken-nung von Minderheitenrechten einhergehen, entstanden sind.

Mit dem Aufkommen der Pegida-Bewegung ist – sowohl für die AfD als auch allgemein – das Potenzial für eine fremdenfeindliche Protestpar-tei öffentlich sichtbar geworden. Die Teilnahme von zeitweise weit über zehntausend Menschen an den Pegida-Märschen lässt sich als Ausdruck der Entwurzelung eines rechtsgerichteten politischen Milieus in der bür-gerlichen Mitte verstehen, das sich politisch nicht mehr ausreichend reprä-sentiert sieht. Die bei Pegida artikulierten Forderungen sind mit vielen Po-sitionen der AfD deckungsgleich, deren äußerster rechter Flügel frühzeitig zur Unterstützung mobilisierte. In einer Stellungnahme der »Patriotischen Plattform«, einer rechten Seilschaft in der AfD, wurde die Gesamtpartei dazu aufgefordert, »die Kernforderung von Pegida zu übernehmen und sich in aller Deutlichkeit gegen die Islamisierung des Abendlandes aus-zusprechen«. Im selben Schreiben wird dafür plädiert, »gegen die Wahn-vorstellung einer multikulturellen Gesellschaft« einzutreten (Patriotische Plattform, 2014). Auch die sächsische AfD-Landesvorsitzende und späte-re Bundesvorsitzende Frauke Petry erklärte in einem Interview mit einem Videoportal der *Jungen Freiheit* ihre Zustimmung zu den Forderungen von Pegida und betonte in diesem Kontext die Bedeutung nationaler Identi-tätsfragen. Laut Petry artikulieren die Demonstranten

> die große Sorge, die man im Osten vielleicht auch eher findet als im Wes-ten, dass wir mit unserer eigenen Identität offensichtlich Probleme haben und gar nicht mehr wagen, drüber zu sprechen, wie es ist, als Deutscher in Deutschland zu leben und wie man dieses Land selbst gestalten möchte. (Petry, 2014)

Damit schlug die Partei die Brücke zwischen ihrer wohlstandschauvinisti-schen und elitär-markttradikalen ökonomischen Grundausrichtung (»nicht das Sozialamt der Welt«, »Partei der Leistungsträger«) und »dem Volk« sowie den Politikverdrossenen, die ein Ventil für ihren Protest gegenüber den »Altparteien« und den als »Sozialtouristen« diffamierten Einwande-rern suchen. Die Partei positionierte sich nun auch gegen Gender Mainstreaming, frühkindliche Sexualaufklärung und die rechtliche Gleichstellung von Homosexuellen. Damit hat sie sich zum parteipolitischen Dach für einen Kulturkampf entwickelt, der die Forderung nach dem Erhalt von »nationaler Identität« damit verknüpft, sich gegen Frauen- und Minderheitsrechte zu stellen, aber auch gegen Solidarität mit Flüchtlingen und den verschuldeten Staaten in (Süd-)Europa.

Im Kontext der europäischen Schuldenkrise stellt sich die AfD propagandistisch als Zugpferd der sogenannten nationalen Leistungsträger auf. Zugleich nimmt sie aber die Rolle des national gesinnten Konterparts zur europäisch hegemonialen politischen Formation des transnationalen Neoliberalismus ein: Sie spielt die Rolle der nationalen Alternative zur scheinbaren Alternativlosigkeit der Austeritätspolitik in Europa. Diese populistische Kampagne richtet sich daher einerseits an die Politikverdrossenen, andererseits an die konservativen und rechten Milieus, die sich politisch nicht mehr ausreichend repräsentiert fühlen. Der AfD-Politiker Konrad Adam nennt das »Klassenkampf« und meint damit den Kampf gegen die »politische Klasse«:

> Natürlich kann sich das Volk nicht selbst regieren, es braucht dazu Vertreter. Aber müssen die sich auch als Klasse formieren? Sich nicht nur so bezeichnen, sondern sich auch so benehmen? Wozu brauchen wir sie denn? Geht es zur Not denn nicht auch ohne sie? (Adam, 2014, S. 59)

In diesen Äußerungen tritt das populistisch mobilisierende Moment zutage, das der AfD ihre bisherige Erfolgsgeschichte bei der Wählerschaft beschert hat. In der Folgezeit verschaffte sich die AfD als Anti-Flüchtlings-Partei ein Alleinstellungsmerkmal und wurde dadurch zum parteipolitischen Kulminationspunkt der neuen flüchtlingsfeindlichen Bewegung.

DAS EINWANDERUNGSTHEMA ALS POLITISCHE GELEGENHEITSSTRUKTUR

Im Zuge der aktuellen Flüchtlingsdebatte erfahren rechte Kräfte massiven Zulauf. Dabei wachsen Milieus und Organisationen aktionsorientiert zusammen, die vormals voneinander abgeschottet auf unterschiedlichen politischen Feldern agiert haben. Besonders der Islam erweist sich – vor dem Hintergrund des internationalen, gewalttätigen Islamismus – als ideale Projektionsfläche für fremdenfeindliche Agitation. Schon die der vorliegenden »Mitte«-Studie vorausgegangene Studie hat eine weitverbreitete Fremdenfeindlichkeit und eine besonders ausgeprägte Muslimfeindlichkeit veranschaulicht. Seit Ende 2014 haben diese Einstellungen mit Pegida ein niedrigschwelliges Angebot zur Artikulation auf der Straße erhalten. Die Bewegung hat eine Initialzündung für weitere flüchtlingsfeindliche Proteste geschaffen und zugleich die Hemmschwelle gegenüber rassistisch motivierten Straftaten gesenkt. So verweist die wissenschaftliche Forschung darauf, dass die »Pegida-Demonstrationen insbesondere in Sachsen mittelbar zu einer sprunghaften Zunahme gewalttätiger Übergriffe auf Asylbewerberheime im ersten Halbjahr 2015 beigetragen haben« (Vorländer et al., 2015, S. 146).

Seit im Sommer 2015 die Flüchtlingszahlen stark gestiegen sind, prägt das Thema Einwanderung den öffentlichen Diskurs wie kein anderes und polarisiert die politische Debatte. Nach der Sommerpressekonferenz von Bundeskanzlerin Angela Merkel, auf der sie das Motto »Wir schaffen das« einführte, trennten sich die Meinungen in Willkommenskultur und »Das Boot ist voll«-Rhetorik. Das Thema lud sich durch die islamistischen Terroranschläge in Paris Ende des Jahres 2015 emotional weiter auf. Dabei wurde die Verunsicherung gegenüber den hohen Flüchtlingszahlen mit der Angst vor Kriminalität und Terrorismus verknüpft und losgelöst von ihren Ursachen und realen Problemlagen wirkungsmächtig zum Überfremdungsproblem stilisiert. Zu Beginn des Jahres 2016 wurde das subjektive Bedrohungsempfinden nochmals verschärft. Die massenhaft verübten sexualisierten Gewalttaten zu Silvester 2015/2016 in Köln lösten eine geradezu hysterisch geführte Debatte aus: Die medialen Prophezeiungen reichten vom Ende der Willkommenskultur bis zur Staatskrise. Eine zunehmend repressiv ausgerichtete Sicherheitsdebatte prägte in den Folgemonaten den Flüchtlingsdiskurs. Dabei wurde sexualisierte Gewalt oftmals ethnisiert und das Schlagwort »Ausländerkriminalität« ins Zentrum der allgemeinen Krisendiagnostik gerückt. Dies ging mit einer zunehmenden Diffamierung der Willkommenskultur einher, die nun als naiv abqualifiziert wurde.

Die propagandistischen Anschlussmöglichkeiten rassistischer Kampagnen sind abhängig von einem Meinungsklima sowie von einer gesamtgesellschaftlichem Diskussionskultur, in der ausgrenzende Forderungen über den rechten Rand hinaus Einfluss ausüben können. Ein Rückblick in die bundesdeutsche Geschichte zeigt frappierende Ähnlichkeit mit der Asyldebatte Anfang der 1990er-Jahre. Auch jene Phase war gekennzeichnet von einem massiven Anstieg rassistisch motivierter Gewalt, von einer anlassbezogenen Formierung rechter Milieus und politischen Initiativen zur Einschränkung des Asylrechts. Im Kontext des eskalierenden Syrienkrieges wiederholten sich diese Ereignisse: So ist die Zahl der Einwanderer und Flüchtlinge seit 2015 erneut stark angestiegen und dient neuen sozialen Bewegungen von rechts zur Legitimation ihrer rassistischen Forderungen. Bislang heterogene Milieus der extremen und der sogenannten Neuen Rechten wachsen nun aktionsorientiert zusammen und gewinnen im Zuge staatspolitischer Legitimationsverluste an Zustimmung in konservativen und in sozial deklassierten Milieus. Im Sog der Demonstrationen von Pegida und ihren Ablegern sowie von der AfD in Erfurt gegen die Asylpolitik von Bundeskanzlerin Merkel formiert sich eine neue rechte soziale Bewegung, die zum nationalen Aufstand mobilisiert (Häusler & Virchow, 2016). Die Wirkungsmacht dieser Bewegung zeigt sich unter anderem in ihrem politischen Agenda-Setting, das milieuübergreifend eine identitätsstrukturierende Binnenwirkung und eine mobilisierende Außenwirkung erreicht hat. Die Einwanderung, der Islam und die transnationalen Formen politischer Regulation, besonders die Europäische Union, dienen dabei als Frames.

DIE AFD ALS DEBATTENPROFITEUR

Die AfD kann als politischer Profiteur der Flüchtlingsdebatte gesehen werden. Umfragen zeigen, dass das Flüchtlingsthema besonderen Einfluss auf die Landtagswahlen in Baden-Württemberg, Rheinland-Pfalz und Sachsen-Anhalt im Frühjahr 2016 gehabt hat (Infratest dimap, 2016). Im Wahlkampf entfachte sich eine politische Kontroverse hinsichtlich des Umgangs mit der AfD. Den Anlass hierzu bot die Auseinandersetzung zwischen Vertretern der demokratischen Parteien, ob man mit AfD-Politikerinnen und -Politikern im TV debattieren könne oder nicht. Diese Diskussion wirkte sich in den Wahlprognosen günstig für die AfD aus, da sie die bewusst gewählte Außenseiterposition der Partei bestärkte. Wie alle rechtspopulistischen Parteien nimmt auch die AfD eine selbst gewählte Außenseiter- und Opferstellung in der politischen Auseinandersetzung ein, indem sie sich als politisches Opfer einer angeblich gleichgeschalteten Politik- und Medienlandschaft zu inszenieren versucht.

Diese Selbstinszenierung lässt sich als populistische Anti-Establishment-Attitüde fassen, die folgende Merkmale aufweist:

- der bewusst gewählte Status des politischen Außenseiters, der behauptet, völlig anders als die etablierten Parteien zu sein,
- die sich als antipolitisch inszenierende Kraft von Leuten mit »Sachverstand«, die sich gegen die »Kaste von Berufspolitikern« wendet, die vermeintlich nur ihre eigenen Interessen verfolgt,
- die Inanspruchnahme von »Wahrheit« in der politischen Artikulation, die im Kontrast zur politisch wie medial angeblich verordneten Lüge steht.

Sinnbild für diese populistische Attitüde ist die Identifikationsparole der AfD: »Mut zur Wahrheit«. Inwiefern sie als Metapher zur Artikulation politischer Selbstinszenierung und zur Feindbildsetzung dienlich ist, zeigt ein Blick auf die Homepage der AfD. Dort heißt es zur Erläuterung der Parole:

> *Mut zur Wahrheit...* das war der Wahlslogan der AfD zur Bundestagswahl 2013.
> Und Mut zur Wahrheit ist nötiger denn je, denn wir haben es zu tun mit:
> 1. einer *Politikerkaste, die dem Volk systematisch wesentliche Probleme unserer Zeit verschweigt*
> 2. *Medien*, die sich den Politikern soweit angenähert haben, dass ihnen *jede kritische Distanz abhanden gekommen ist* sowie
> 3. *den Wächtern der »Political Correctness«*, die mittels Tabuisierung ganzer Themenfelder *Denkverbote* mitten in unseren Gehirnen einrichten möchten. (AfD, 2014)

Demnach dient der Slogan dazu, politischer Unzufriedenheit und Ressentiments ein Ventil zur Artikulation zu verschaffen. Als Wahrheit umgedeutet, hat man nun sogar die Moral auf seiner Seite – selbst dann noch, wenn man anderen Menschen ihre Menschenrechte abspricht. In diesem Slogan kommen emotional ganz unterschiedlich gelagerte politische Leidenschaften zu einem Rebellionsangebot zusammen, das sogar bürgerliche Milieus annehmen können, denn der Wutbürger ist zum wahrheits- und ordnungsliebenden Mutbürger umgedeutet worden. Mit diesem Angebot bedient die AfD in rechtspopulistischer Manier ein quantitativ wachsendes Milieu, das hinsichtlich seiner politisch-emotionalen Affekte mit dem Begriff Wutbürgertum adäquat bezeichnet ist – es lebt von der Politikverdrossenheit und der Wut auf politische Entwicklungsprozesse.

Diese ritualisierte Rhetorik ist Ausdruck einer rechten Diskursstrategie, die folgende wiederkehrende Muster aufweist:

- »Mut zur Wahrheit« als Slogan gegen »politische Korrektheit«,
- Wechselspiel zwischen rechten Thesen und Dementi,
- ritualisierte Behauptung von böswilligen Fehlinterpretationen,
- Anprangerung der Medien,
- Stärkung des inneren Zusammenhalts durch Einnahme eines Opferstatus,
- Verschiebung des Diskurses nach rechts (»Das wird man wohl noch sagen dürfen«).

Ferner sind die Begriffe zur Abwehr von Kritik bezeichnend: Die AfD spricht von der »Sprachpolizei« oder der »politischen Korrektheit«. Nie setzt man sich jedoch mit der Frage auseinander, ob bestimmte Begriffe und Konzepte tatsächlich menschenverachtend sind oder ob man selbst auf diese Weise bezeichnet und behandelt werden möchte. Besonders die Political Correctness wird im AfD-Jargon zu einem zentralen Feindbild stilisiert. In drastischer Form kam dies in einem Kommentar des AfD-Politikers Konrad Adam in der *Jungen Freiheit* zum Ausdruck, worin er sich gegen die »politisch korrekt verlogene Sprache, wie sie in Deutschland in Mode gekommen ist«, aussprach. Adam sah in diesem Zusammenhang »moderne Pharisäer in Form einer allgegenwärtige[n] Antifa« am Werk, die sich durch die Kritik an »rechten Tendenzen Macht« verschaffen würde: »Die Antifa lebt vom Dritten Reich wie die Fliege vom Kot; ohne diese Nahrung müssten ihre Mitglieder verhungern« (Adam, 2013).

AUSBLICK

Im Zuge der aktuellen Einwanderungs- und Flüchtlingsdebatte bewegt sich die AfD immer weiter nach rechts, angetrieben von neurechten Akteuren, die den parteipolitischen Kurs mitbestimmen. So definierte Björn Höcke, Landesvorstandsmitglied in Thüringen, die AfD in einem Referat beim neurechten »Institut für Staatspolitik« im November 2015 als »fundamentaloppositionelle Bewegungspartei« (Höcke, 2015). Allerdings besteht für die Partei angesichts ihres immer schriller artikulierten Rechtspopulismus die Gefahr der politischen Überhitzung. Zum Beispiel offenbarte sich das im Februar 2016, als die AfD-Vorsitzende Petry in einem Interview den polizeilichen Gebrauch von Schlusswaffen als Handlungsoption (»Ultima Ratio«) gegen illegalen Grenzübertritt beschrieb (Mannheimer Morgen, 2016). Dieses Statement löste nicht nur breite öffentliche Empörung aus, sondern führte auch parteiintern zu Konflikten.

Zu inhaltlichen Konflikten wird auch die Ausgestaltung des Parteiprogramms führen. Das Berliner Recherche-Netzwerk *Correctiv* veröffentlichte im März 2016 den Entwurf des Programms, der als Beschlussvorlage für den AfD-Bundesparteitag im April gedient hat (AfD, 2016). Darin sind neben einigenden auch kontroverse Themen enthalten: Konsens sind die nationalistischen Forderungen nach einem »souveränen Deutschland als Nationalstaat des deutschen Volkes«, das Bekenntnis zur »traditionellen Familie« und die Warnungen vor dem vermeintlichen »schleichende[n] Erlöschen der europäischen Kulturen« durch Migranten im Allgemeinen und Muslime im Besonderen. Dissens wird es dagegen über die neoliberalen Forderungen geben, zum Beispiel die nach dem Abbau des Sozialstaats, nach der Abschaffung des Arbeitslosengeldes I und nach Steuererleichterungen für Unternehmen und Gutverdienende. Während ein Teil der AfD-Führung noch die neoliberalen Programminhalte aus der Zeit unter Lucke und Henkel hervorhebt, orientieren sich die innerparteilich erstarkten extrem rechten Kräfte mehr und mehr am Sozialpopulismus der FPÖ, welche sich in Österreich als nationale Alternative zur dortigen Sozialdemokratie zu verkaufen versucht. Als deutliches Signal in diese Richtung ist das Treffen der AfD-Vorsitzenden Petry mit dem FPÖ-Parteivorsitzenden Strache im Frühjahr 2016 zu deuten (FPÖ, 2016).

Die weiteren Erfolgsaussichten der AfD werden entscheidend davon abhängen, wie man ihr politisch begegnet und in welcher Form die sozioökonomischen Ursachen rechtspopulistischer Zustimmung in den Blick genommen werden. So ist aktuell erkennbar, dass sich Rechtspopulismus nicht dadurch eindämmen lässt, dass man sich selbst populistischer Feindbildsetzungen bedient. So erreicht beispielsweise die AfD in Bayern – im Kontext des rigiden Anti-Flüchtlingskurses der CSU – überdurchschnittlich hohe Zustimmungsraten (Kontrovers-BayernTREND, 2016).

Stattdessen ist in Politik und Zivilgesellschaft eine inhaltliche Auseinandersetzung mit den diskriminierenden und demokratiefeindlichen Forderungen der AfD erforderlich. Zudem könnte eine tief gehende öffentliche Auseinandersetzung über die widersprüchlichen politischen Forderungen der AfD deren Nimbus als »Partei mit Sachverstand« konterkarieren. Allerdings ist das Problem des Rechtspopulismus nicht auf rein diskursiver Ebene zu lösen: Die rechtspopulistische Agitation basiert auf der emotionalisierten Anklage von Ungerechtigkeit und politischem Missstand, die in eine Politik der autoritären Krisenlösung münden. Eine politisch wirksame Reaktion sollte daher nicht nur auf der argumentativen Ebene stattfinden, sondern müsste zugleich die Ursachen von Unzufriedenheit, Politikverdrossenheit und Rassismus in den Blick nehmen. Ein maßgeblicher Grund für rassistische Ressentiments besteht in einem immer noch gesellschaftlich tief verankerten völkischen Verständnis von Volk und Nation, dessen Veränderung eine große Herausforderung für Politik und Medien darstellt. Dies gilt gleichermaßen für die Auseinandersetzung mit dem Islam und der Integration der hier lebenden Muslime. Um einer fortschreitenden Kulturalisierung sozialer Konflikte entgegentreten zu können, müssen zudem die ungerechten sozialen und wirtschaftlichen Verteilungsverhältnisse in das Zentrum politischer Auseinandersetzungen gerückt werden. Solange die Politik auf globalkapitalistische Krisenphänomene nicht mit Konzepten für eine gerechtere Gesellschaft antwortet, wird der rechtspopulistische Aufstieg in Deutschland und Europa nicht aufzuhalten sein.

LITERATUR

Primärquellen

Adam, K. (2013). Moderne Pharisäer. https://jungefreiheit.de/debatte/kommentar/2013/mo derne-pharisaer/ (26.09.2013).

Adam, K. (2014). Klassenkampf. In: *Erträge. Schriftenreihe der Bibliothek des Konservatismus*, Bd. 1 (S. 39–60). Berlin: Förderstiftung Konservative Bildung und Forschung.

AfD (2014). Programm-Hintergrund. http://www.alternativefuer.de/programm-hintergrund/ mut-zur-wahrheit/ (12.11.2014).

AfD (2016). Freie Bürger sein, keine Untertanen. Das Parteiprogramm der Alternative für Deutschland. https://correctiv.org/media/public/a6/8e/a68ed5e4-32a8-4184-8ade-5c19c3 7ff524/2016_02_23-grundsatzprogrammentwurf.pdf (11.03.2016).

FPÖ (2016). AfD-Einladung: HC Strache zu Gast in Düsseldorf. https://www.fpoe.at/artikel/afd-einladung-hc-strache-zu-gast-in-duesseldorf/ (13.02.2016).

Höcke, B. (2015). Asyl. Eine politische Bestandsaufnahme. https://www.youtube.com/watch?v=ezTw3ORSqlQ (20.01.2016).
Infratest dimap (2016). Wahlmonitor Baden-Württenberg, Rheinland-Pfalz, Sachsen-Anhalt. http://www.infratest-dimap.de/ (14.03.2016).
Patriotische Plattform (2014). AfD muss sich gegen Islamisierung des Abendlandes aussprechen! http://patriotische-plattform.de/blog/2014/12/09/stellungnahme-der-patriotischen-platt form-afd-muss-sich-gegen-islamisierung-des-abendlandes-aussprechen/ (10.12.2014).
Petry, F. (2014). Interview in JF-TV Dokumentation über PEGIDA, Dresden, 8. Dez. 2014. https://www.youtube.com/watch?v=FWp_io6aKol (12.12.2014).
Sarrazin, T. (2014). Der neue Tugendterror. München: Deutsche Verlags-Anstalt.

Sekundärquellen

Ahlheim, K. (2011). Sarrazin und der Extremismus der Mitte. Empirische Analysen und pädagogische Reflexionen. Hannover: Offizin-Verlag.
Die Welt (2010). Umfrage: Jeder fünfte Deutsche würde eine Sarrazin-Partei wählen. http://www.welt.de/politik/deutschland/article9409117/Jeder-fuenfte-Deutsche-wuerde-Sarra zin-Partei-waehlen.html (05.09.2010).
Häusler, A. & Roeser, R. (2015). Die rechten Mut-Bürger. Entstehung, Entwicklung, Personal & Positionen der Alternative für Deutschland. Hamburg: VSA Verlag.
Häusler, A. (Hrsg.). (2016). Die Alternative für Deutschland. Programmatik, Entwicklung und politische Verortung. Wiesbaden: Springer VS.
Häusler, A. & Virchow, F. (Hrsg.). (2016). Neue soziale Bewegung von rechts? Zukunftsängste/Abstieg der Mitte/Ressentiments. Eine Flugschrift. Hamburg: VSA-Verlag (i.E.).
Kellershohn, H. (Hrsg.). (2013). Die Deutsche Stimme der Jungen Freiheit. Lesarten des völkischen Nationalismus in zentralen Publikationen der extremen Rechten. Münster: UNRAST Verlag.
Kontrovers-BayernTREND (2016). Flüchtlingspolitik spaltet Bayern. http://www.br.de/fernsehen/bayerisches-fernsehen/sendungen/kontrovers/bayerntrend-2016-kontrovers-100.html (31.01.2016).
Korsch, F. (2016).»Natürliche Verbündete«? Die Pegida-Debatte in der AfD zwischen Anziehung und Ablehnung. In A. Häusler (Hrsg.), Die Alternative für Deutschland – Programmatik, Entwicklung und politische Verortung (S. 111–134). Wiesbaden: Springer VS.
Mannheimer Morgen (2016).»Sie können es nicht lassen!« AfD: Frauke Petry über Kontrollen an den Grenzen sowie das Verhältnis ihrer Partei zu Gewalt und Rassismus. http://www.morgenweb.de/nachrichten/politik/sie-konnen-es-nicht-lassen-1.2620328 (02.02.2016).
Vorländer, H., Herold, M. & Schäller, S. (2015). PEGIDA. Entwicklung, Zusammensetzung und Deutung einer Empörungsbewegung. Wiesbaden: Springer VS.

8. Von »besorgten Bürgern« zu Widerstandskämpfern? – Pegida und die Neue Rechte

Thorsten Mense, Frank Schubert & Gregor Wiedemann

Zwei rechte Bewegungen

Februar 2016: In Clausnitz, einem kleinen Dorf im sächsischen Erzgebirge, blockieren etwa einhundert Bewohner/innen die Ankunft eines Busses, der zwei Dutzend Flüchtlinge zu ihrer neuen Unterkunft bringt. Der Vorfall wird gefilmt, das auf Youtube veröffentlichte Video ruft weltweit Empörung hervor. Insbesondere das Fehlen jeglicher Empathie mit den Geflüchteten und die zustimmenden Rufe, als weinende Kinder von Polizisten in die Unterkunft gezerrt werden, sind erschreckend. Von einer neuen Eskalationsstufe der rassistischen Proteste, die seit Mitte 2015 vor allem in den östlichen Bundesländern virulent geworden sind, ist die Rede.

Die Journalistin Liane Bednarz (2015) beurteilte das Vorgehen der Protestierenden nicht als Ausdruck spontanen Protestes, sondern als Taktik in der sich zuspitzenden gesellschaftlichen Auseinandersetzung um die Flüchtlingsfrage. Sie stellt deutliche Parallelen zwischen den Protestformen der Flüchtlingsgegner auf den Straßen und den Texten der Neuen Rechten fest, die sie eingehend analysiert hat. Besonders die Artikelserie mit dem Titel *Widerstandsschritte* von Götz Kubitschek, einem der bekanntesten Vertreter der Neuen Rechten, kann Bednarz zufolge als detaillierte Anleitung dafür gelesen werden, was in Clausnitz und an anderen Orten geschehen ist – und noch geschehen wird. An diese Beobachtungen anschließend, werden wir das Verhältnis von Neuer Rechter und der Pegida-Bewegung, die als bisher kontinuierlichste und massenwirksamste Form dieses neuen Typs fremdenfeindlicher Proteste angesehen werden kann, näher beleuchten.

Pegida, die Bewegung der »Patriotischen Europäer gegen die Islamisierung des Abendlandes« aus Dresden, ist zunächst unabhängig von der
Neuen Rechten entstanden. Die klassischen Vertreter der Strömung waren
von den Massen, die ab Ende 2014 scheinbar spontan zu Tausenden bei
Schnee und Kälte in Dresden auf die Straße gingen, ebenso überrascht
wie der Rest der Republik. Mitte November 2014 äußerte sich Götz Kubitschek noch eher skeptisch: »Man darf die Dynamik dieser wie aus dem
Nichts entstandenen, identitär aufgeladenen Züge nicht überbewerten«
(Kubitschek, 2014a). An anderer Stelle wiederum behauptet Kubitschek,
dass er und die Neue Rechte »viel Zeit und Kraft« in die »Konsolidierung
dieser Bürgerbewegung« gesteckt hätten und so maßgeblich an ihrer Entstehung und Ausbreitung beteiligt gewesen seien (vgl. Speit, 2015). Seine
Vorstellung von den Neuen Rechten als intellektuelle Avantgarde der au-
ßerparlamentarischen Opposition von rechts ist allerdings noch Wunsch-
denken, denn die Zusammenarbeit zwischen Pegida und den Vertretern
der etablierten Neuen Rechten gestaltet sich aus verschiedenen Gründen
schwierig.

Zu Beginn der Pegida-Bewegung haben ihre Sprecher/innen große
Mühe darauf verwendet, klarzustellen, dass sie sich eher als über den politischen Dingen stehend und als »weder rechts noch links« definieren. In der
Tat war und ist die Anhängerschaft von vergleichsweise großer Heteroge-
nität und von unterschiedlichen Motivlagen geprägt (vgl. Vorländer et al.,
2015). Dennoch, spätestens im Verlauf des Jahres 2015, wurden die Überschneidungen der Protestierenden aus Dresden und den ihnen angeschlos-
senen *gidas, der AfD- und HoGeSa-Kundgebungen mit rassistischen und
völkisch-nationalen Positionen offenkundig (vgl. Korsch, 2015). Die Neue
Rechte als politische Strömung innerhalb des rechten Spektrums scheint
von dieser Entwicklung in besonderem Maße zu profitieren. Während die
Organisator/innen von Pegida und die Führungsriege der AfD stets darum
bemüht waren, einen gewissen Abstand zu neonazistischen Organisationen
und Personen glaubhaft zu machen, dürfen sich früh zahlreiche Vertreter/
innen der Neuen Rechten aktiv in ihren Reihen einbringen.

Im Folgenden wird es zunächst um eine kurze historische Einordnung
der Neuen Rechten gehen: einerseits als empirisches Phänomen zwischen
Neonazismus und Konservatismus, andererseits als sozialwissenschaftliche Kategorie sowie das Verhältnis dieser beiden Perspektiven zueinander.

Danach blicken wir auf das Wechselverhältnis von der Neuen Rechten als rechtsintellektuelle Elite und den rechten Bewegungen »von unten«, wie den »Friedensmahnwachen«, den »Hooligans gegen Salafisten« (HoGeSa) und Pegida, die sich seit Sommer/Herbst 2014 relativ überraschend manifestiert haben. Wie rezipieren ihre Vertreter/innen die Ereignisse in Dresden und im Rest des Landes? Welchen Einfluss haben die Aktivitäten der vornehmlich publizistisch tätigen Rechtsintellektuellen auf die Bewegungen? Anschließend ordnen wir die Beschreibung des empirischen Verhältnisses beider Strömungen zueinander in einen Gesamtzusammenhang der Ausbreitung rechter Politik- und Deutungsmuster in der Bundesrepublik ein. In welchem Verhältnis stehen sie zu den Diskursen in den etablierten Medien und der politischen Öffentlichkeit einerseits, zu neonazistischen Diskursen und Erscheinungsformen andererseits? Es zeigt sich, dass eine für die demokratische Verfasstheit der Gesellschaft gefährliche Koalition entsteht, sollte es den rechtsintellektuellen Eliten gelingen, den »bürgerlichen« Straßenprotesten die von ihnen bevorzugte Form und Richtung zu geben.

DIE NEUE RECHTE IN DEUTSCHLAND

Rund um die »Anti-Asyl-Proteste« der letzten Monate wird der politischen Strömung der Neuen Rechten zum wiederholten Male in der bundesrepublikanischen Geschichte große Aufmerksamkeit zuteil. Ihre Akteur/innen und Ideen erfreuen sich nicht nur eines gesteigerten Interesses in der Medienöffentlichkeit, in Form von Berichten und längeren Reportagen (vgl. etwa Hütt, 2016; Tkalec, 2016; Weiß, 2016), sondern auch in den sozialen Netzwerken und Teilen der Bewegungsöffentlichkeit, deren Aktionen sie mitunter sogar mitprägt. Bei alledem ist die Neue Rechte nur ihrem Namen nach »neu«. Tatsächlich perpetuiert sie bereits seit den frühen 1970er-Jahren als eigenständige Strömung Muster rechten Denkens.

Historische Entwicklung

Bereits in den 1950er-/1960er-Jahren entstanden in der Bundesrepublik zahlreiche Diskussionsrunden und periodische Schriften von Gruppen junger Menschen, die sich selbst als »rechts« bezeichneten. Für viele Zusammenschlüsse, die aus dem studentischen Milieu stammten, war zunächst die Gegnerschaft zum Sozialistischen Deutschen Studentenbund (SDS) konstitutiv, der damals eine zunehmende Deutungsmacht unter Studierenden erlangte. In Gruppen wie der Hamburger »Donnerstagsrunde« oder in der Zeitschrift »Junges Forum«, die ab 1964 erschien, wurden darüber hinaus schnell inhaltliche Schwerpunkte identifiziert, welche den ideologischen Kern der sich entwickelnden Neuen Rechten bilden sollten: frei von den Fesseln der jüngeren deutschen Vergangenheit sollten weltanschauliche Fragen rund um Volk, Nation und Identität offen diskutiert werden (vgl. Bartsch, 1975, S. 102ff.). Der Begriff »Neue Rechte« wurde von den frühen Protagonisten der Strömung als Selbstbezeichnung bewusst gewählt, um die Rehabilitierung rechter Denk- und Politikprozesse nach dem Ende des Nationalsozialismus voranzubringen.

Gleichzeitig ist diese Entwicklung eine Reaktion auf die Intellektualisierung und Theoretisierung der »Neuen Linken« im Zuge der Studentenbewegung, welche danach strebte, emanzipatorisch-sozialistische Weltanschauungen jenseits von traditionsmarxistischen und sowjetischstalinistischen Organisations- und Ideologieformationen zu diskutieren. Analog zur Linken versuchten die frühen Vordenker der Neuen Rechten sich von den »Alten« abzugrenzen, indem sie sich einer allzu offenen Orientierung an zentralen Ideologieelementen und Institutionsformen des Nationalsozialismus entledigten. Hatte sich die NPD 1964 noch als Sammelbecken vor allem für bekennende NSDAP-Anhänger/innen gegründet und zunächst bei Landtagswahlen einige Erfolge feiern können, verfehlte sie 1969 den Einzug in den Bundestag. Dieser parlamentarische Misserfolg führte im rechten Lager zu einer Spaltung entlang zentraler Vorstellungen über Ideologieelemente und Aktionsformen.

In dieser Zeit beobachtete der deutsche Inlandsgeheimdienst die Aktivitäten der Gruppen, die unter dem Label Neue Rechte agierten: Zwischen 1971 und 1977 findet sich in den Verfassungsschutzberichten eine eigene Kategorie für sie. Für den Verfassungsschutz, dessen gesetzlicher Beobachtungsauftrag sich auf Bestrebungen gegen die »freiheitlich-demokratische Grundordnung« der Bundesrepublik richtet, war die Konzentration auf die an Einfluss und Aufmerksamkeit in der rechten Szene gewinnende Strömung insofern interessant, als dass sie zunächst große Schnittmengen mit aktivistischen, vormals in der NPD organisierten Neonazis aufwies. Zudem wurden in national-revolutionären und neonationalsozialistischen

Teilströmungen offen antidemokratische Politikkonzepte propagiert. Im Laufe der 1970er-Jahre teilte sich das Spektrum jedoch zunehmend in eher aktionistisch orientierte, mehr oder weniger offen agierende Neonazi-Gruppen und eine davon weitgehend losgelöste, distinguiert-intellektuelle Rechte, die es vorzog, ohne feste Organisationsstrukturen vor allem publizistisch tätig zu sein. Aus letzterer speist sich das Konzept Neue Rechte, wie es bis heute im politischen und wissenschaftlichen Diskurs Verwendung findet. Es handelt sich in erster Linie um eine politische Form, die ihrem Selbstverständnis nach nicht durch parteiförmige Organisation zur Macht gelangen will, sondern nach »kultureller Hegemonie« durch Einflussnahme auf öffentlich-politische Diskurse strebt. Dazu orientieren sich die Vertreter/innen der Neuen Rechten an einer antiliberalen und antidemokratischen Programmatik, welche durch Autoren wie Oswald Spengler, Arthur Mueller van den Bruck und Carl Schmitt in den 1920er-Jahren der Weimarer Republik geprägt und vom frühen »neurechten« Vordenker Armin Mohler unter dem Begriff »Konservative Revolution« zusammengefasst wurde. Gleichzeitig wird das Streben nach kultureller Hegemonie unter anderem entlang der philosophischen Schriften des italienischen Kommunisten Antonio Gramsci entwickelt.

Sozialwissenschaftliche Einordnung

Obwohl die Neue Rechte inhaltliche Schnittmengen zu Ideologieelementen und Grundwerten des auf den historischen Nationalsozialismus positiv bezogenen Neonazismus[1] und zum Konservatismus hat, bildet sie in der sozialwissenschaftlichen Forschung eine eigene Kategorie. Diese erklärt sich daraus, dass die Neue Rechte versucht, das rechte Spektrum

---

1 Wir schließen uns der Definition von Kausch und Wiedemann an: »Als ›Neonazis‹ oder ›neonazistisch‹ bezeichnen wir Personen, Gruppen, Parteien und andere Organisationen, die 1) Ideologien der Ungleichwertigkeit von Menschen vertreten, 2) das Ziel der Errichtung einer ›deutschen Volksgemeinschaft‹ verfolgen, 3) die Zeit des Nationalsozialismus verherrlichen oder verharmlosen und 4) sich damit organisiert und zielgerichtet in Politik und Gesellschaft einmischen« (Kausch & Wiedemann, 2011, S. 295). Tatsächlich haben auch solche in der Terminologie eher »alt-rechts« orientierte Akteure ihre Weltanschauung und ihr politisches Auftreten dem vom Zweiten Weltkrieg bestimmten Erneuerungen unterzogen. Von Autonomen Nationalisten bis zur NPD wird in Fach- und Sachbuchliteratur dementsprechend oft von »Modernen Nazis« (Staud, 2005) bzw. »Modernem Rechtsextremismus« gesprochen.

zu intellektualisieren und ihre Begründungszusammenhänge zu erneuern. Salzborn (2015) unterscheidet drei Verwendungsweisen des Begriffs: 1. die bereits erwähnte Selbstbezeichnung von Akteuren aus dem völkisch-rechten Lager, welche einer Abgrenzung zum diskreditierten Nationalsozialismus bedurften, 2. die schlichte Unterscheidung der »alten« gegenüber den »neuen« rechtsradikalen Politikakteuren entlang der Zäsur des Endes des Zweiten Weltkrieges und der Gründung der Bundesrepublik, sowie 3. die Neue Rechte als analytisch-sozialwissenschaftliche Kategorie.

Die inhaltliche Abgrenzung vom Neonazismus jenseits der offenen Apologie zum historischen Nationalsozialismus bereitet auch den Sozialwissenschaften Schwierigkeiten. Dementsprechend vielfältig sind die Versuche, den Begriff wissenschaftlich zu definieren bzw. das Phänomen von anderen rechten Strömungen abzugrenzen. Vertreter/innen des Extremismusmodells sehen in der »Schwammigkeit« des Begriffes (Jesse, 2003, S. 69) die Gefahr, dass auch nicht-extremistische rechte Kräfte durch den Begriff diskreditiert werden könnten. Die vermeintlich klare demokratische Grenzziehung zum Rechtsextremismus, welche durch das Extremismusverdikt unterstellt wird, verstellt den Blick für die Überschneidungen von Ideologieelementen und Einstellungsmustern zwischen Neuer Rechter, gesellschaftlicher »Mitte« und »extremen« Rändern (FKR, 2007). Tatsächlich ist es diese »Scharnierfunktion« zwischen Konservatismus und Rechtsextremismus (Gessenharter, 1989), der fließende Übergang zwischen bürgerlichen und radikalen Spektren, welche die Strategie der Neuen Rechten zur Erlangung »kultureller Hegemonie« bzw. zur diskursiven Deutungsmacht überhaupt zur realistischen Strategie macht. Zentrale rechte Ideologieelemente, wie Antiuniversalismus, völkischer Nationalismus und der als »Ethnopluralismus«[2] kulturalistisch aktualisierte Rassismus, sind in der Gesamtgesellschaft weit verbreitet und anschlussfähig (Decker et al., 2013). Die systematische, diskursive Einmischung kann als Legitimierungsstrategie von »Ideologien der Ungleichwertigkeit« (Heitmeyer, 2007) interpretiert werden – als Versuch, der Einteilung von Menschengruppen nach rassistischen, geschlechtlichen oder sexuellen Kriterien ei-

---

2 Globisch bestimmt den Ethnopluralismus als »rassistische Weltanschauung, die Menschen unter der Kategorie ›Volk‹ subsumiert und die räumliche Separierung der ›Völker‹ fordert. Jedem ›Volk‹, verstanden als eine durch Abstammung verbundene partikulare Personengruppe, wird eine unverwechselbare ›kulturelle Identität‹ zugeschrieben und ein im Kern unveränderliches Wesen (Volkstum) unterstellt« (Globisch, 2011, S. 213).

nen gesellschaftlichen Wert zuzuschreiben. Dabei geht es nicht nur um die Bewahrung bzw. Restauration vermeintlicher traditioneller Werte, wie sie der Konservatismus anstrebt, sondern um eine revolutionäre Runderneuerung der gesamten Gesellschaft unter den Prämissen einer klar segregierten Ordnung. In dieser Hinsicht sind die Übergänge zwischen neurechtem Denken und faschistischer Ideologie tatsächlich fließend. In welchem Verhältnis aber stehen die heutigen Vertreter der distinguiert-intellektuellen Rechten zu den aktuellen »profanen« Bürgerbewegungen von rechts?

ANNÄHERUNG VON PROTEST- UND DISKURSINTERVENTION

Bereits vor Pegida kam es in den letzten Jahren zu diskursiven Ereignissen, bei denen bürgerlich-konservative Spektren und neurechtes Gedankengut zusammenfanden – teilweise als bewusste Intervention von neurechten Akteuren, teilweise als eine von ihnen unabhängige Entwicklung. Götz Kubitschek zum Beispiel initiierte in den Jahren 2007–2009 die »konservativ-subversive Aktion« (KSA), eine Aktionsgruppe, welche durch zahlreiche Störaktionen bei Veranstaltungen politischer Gegner/innen Aufmerksamkeit für die eigenen Themen generieren wollte. 2010 ging es den neurechten Akteuren darum, sich den Erfolg von Thilo Sarrazins Bestseller *Deutschland schafft sich ab* zunutze zu machen. Neben ausführlichen Besprechungen und Lob für die rassistischen Thesen des Buches publizierte die Zweimonatszeitschrift *Sezession*, herausgegeben vom neurechten »Institut für Staatspolitik« (IfS), ein Sonderheft zur Sarrazin-Debatte. Seit 2012 organisieren zunächst *Sezession*-Chefredakteur Kubitschek, dann Felix Menzel von der neurechten *Blauen Narzisse* jährlich den sogenannten »Zwischentag« – eine Messe für Akteure des neurechten Spektrums, zu denen jedoch auch bürgerlich-konservative Politiker/innen den Weg in wechselnde Burschenschaftshäuser deutscher Universitätsstädte finden. Weiterhin gibt es seit einigen Jahren Versuche, an die Identitäre Bewegung aus Frankreich anzuknüpfen und sie nach Deutschland zu importieren. Bislang blieb dies aber vor allem eine virtuelle Kampagne, die völkisch-nationales Denken mit faschistischer Symbolik auf verschiedenen Facebook-Seiten propagiert (Bruns et al., 2014). Erst mit Pegida trat im Herbst 2014 eine soziale Bewegung von rechts auf den Plan, wie sie bisher nur als Wunschtraum neurechter Akteure existierte.

Erste neurechte Reaktionen auf Pegida

Die Autoren des neurechten Internetblogs *Blaue Narzisse* (BN) berichten früh über das damals noch lokale Protestphänomen. Nach dem zweiten Pegida-»Spaziergang« am 27. Oktober 2014 erscheint auf dem Blog ein erster kurzer Artikel unter der Überschrift »Dresden zeigt, wie es geht!«, am 31. Oktober folgt ein Kurzinterview mit Pegida-Chef Lutz Bachmann (»Gemeinsam gegen Islamismus«). BN-Chefredakteur Felix Menzel berichtet am 4. November 2014 wohlwollend von der nächsten Demonstration. Ein Foto des Pegida-Fronttransparents wird zum Titelbild der im Januar 2015 erscheinenden 17. Druckausgabe der *Blauen Narzisse* zum Thema »Weg mit links und rechts«. In einem Interview mit dem regionalen Onlineportal *InFranken*[3] wird Menzel im Dezember 2014 gar als »Pegida-Vordenker« bezeichnet (Hägele, 2014).

Diese frühe Aufmerksamkeit für Pegida vonseiten der BN ist kein Zufall. Menzel, der die *Blaue Narzisse* 2004 in Chemnitz als eine Art Schülerzeitschrift gegründet hatte, wohnt zu diesem Zeitpunkt in Dresden, wo er seit 2013 mit einigen Mitstreiter/innen versucht, ein »Zentrum für Jugend, Identität und Kultur« aufzubauen. IfS-Gründer Götz Kubitschek, das große Vorbild der jungen Neurechten bei der BN, begibt sich erstmals am 17. November 2014 zu Pegida nach Dresden. Im Blog *Sezession im Netz* (SiN) berichtet er einen Tag später von diesem »Spaziergang«. Bereits in diesem ersten von vielen Texten zum Pegida-Phänomen in der *Sezession* positioniert sich Kubitschek als strategischer Berater und Stichwortgeber dieser »aus dem Nichts« entstandenen »Protestbewegung«.

Einerseits lobt er das Bemühen der Veranstalter um »Friedlichkeit, Dialogbereitschaft, Normalität, Bürgerlichkeit und Offenheit des Protests« (Kubitschek, 2014b). Dies sei »wohl die richtige Strategie« und »vielleicht das derzeit einzig machbare in diesem Land«. Andererseits rät er für den folgenden Montag: »Der Ton darf ruhig einen Zacken schärfer werden, das geht auch unter Bürgern«. Explizit gelobt wird ein Transparent mit der Aufschrift »Die Toleranz ist die letzte Tugend einer sterbenden Gesellschaft«. Diese Parole sei »wenigstens ein bißchen schonungslos« – und damit ganz nach dem Geschmack von Kubitschek. Dass die Teilnehmen-

---

3 Das Onlineangebot der Mediengruppe Oberfranken (u.a. *Fränkischer Tag, Bayerische Rundschau, Coburger Tageblatt, Saale-Zeitung, Die Kitzinger*).

den tatsächlich zur Verteidigung der abendländischen Toleranz gegen jedweden Radikalismus auf die Straße gehen, wie anfänglich von den Pegida-Organisator/innen behauptet, nimmt Kubitschek ihnen nicht ab: »Gehen die Leute im Ernst auf die Straße, um gegen Salafisten oder ein syrisch-irakisches Kalifat zu demonstrieren?« (ebd.).

Neurechte als Redner bei Pegida und Legida

Kubitschek läuft in den nächsten Wochen noch viermal bei Pegida mit, bevor er erstmals selbst die Rednerbühne betritt – allerdings nicht in Dresden, sondern bei der anfangs von Pegida organisatorisch noch getrennten und weitaus radikaler auftretenden Legida-Bewegung in Leipzig. Kurz zuvor veröffentlicht er auf SiN die Erklärung »Warum ich in Leipzig bei der LEGIDA spreche«. Darin fordert er, dass der Protest in Leipzig unbedingt auch »auf der bürgerlichen Ebene zu halten« sei, da militante Auseinandersetzungen nur in eine »Sackgasse« führen würden. Auf diese Weise sei beispielsweise der jährliche »Trauermarsch« in Dresden zu einem »verhärteten, politischen Wettkampf verkommen«. Entsprechend kritisiert er den großen Anteil »erlebnisorientierter«, »aufgeputschter junger Männer« bei der ersten Legida-Kundgebung. Auch inhaltlich werde er in seiner Rede die »Normalität der Debatte über die Souveränität und die Identität, die innere Sicherheit und die Rechtsordnung Deutschlands« betonen. Am Ende kommt er auf den für ihn und die Neue Rechte zentralen Punkt zu sprechen: »Wir stellen fest, daß Deutschland das Land der Deutschen ist, und daß dies so bleiben soll« (Kubitschek, 2015a).

In seiner Rede auf dem Leipziger Augustusplatz am 21. Januar 2015 führt Kubitschek näher aus, was er damit meint. Zunächst bescheinigt er den Versammelten, dass ihr Protest etwas »völlig Normales« sei. Gleichzeitig lobt er sie für ihren Mut, der ein »Beispiel für ganz Deutschland« sei – also gewissermaßen für ihre heroische Normalität. Pegida nimmt er gegen Kritik mit der Behauptung in Schutz, in Dresden nie »Anti-Islam-Hetze« gehört zu haben. Die Kritik am Islam ist tatsächlich nicht Kubitscheks Hauptanliegen. Stattdessen warnt er vor einem angeblich bevorstehenden »Austausch« des Volkes: »Unser Volk muß nicht neu erfunden werden«. Den Politiker/innen attestiert er pauschal, »unser Volk in die falsche Richtung [zu] führen«, weshalb »wir« dafür sorgen müssten, »daß dieses Land unser Land bleibt, und daß unser Volk ohne Riß an seiner Zukunft baut« (Kubitschek, 2015b).

Augenscheinlich besser als Kubitscheks eher abstrakte Ausführungen über das Deutschtum kommt beim Publikum an diesem Tag die Rede des *COMPACT*-Chefredakteurs Jürgen Elsässer an. Dieser kann auf eine ungewöhnliche Querfrontkarriere – von der Mitgliedschaft im 1991 aufgelösten Kommunistischen Bund (KB) bis zur Gründung der rechtsoffenen Volksinitiative gegen das Finanzkapital im Jahr 2009 – zurückblicken. Das *COMPACT*-Magazin wurde Ende 2010 von Elsässer, dem Verleger Kai Homilius und dem Herausgeber der *Islamischen Zeitung*, Rechtsanwalt Andreas Abu Bakr Rieger, gegründet. Obwohl das Magazin nach Elsässers Darstellung ursprünglich eine Brücke zwischen dem rechten und dem linken Lager, zwischen Muslimen/Muslimas und Islam-Kritikern/ -kritikerinnen schlagen sollte, ist es mittlerweile fest im (neu)rechten Milieu verankert. Der Islam-Konvertit Rieger zog sich 2014 aus dem Herausgeberkreis zurück, da in der Zeitschrift zunehmend »rassistische und nationalistische Positionen« vertreten würden (»Autorisierte Erklärung von Herrn Andreas Abu Bakr Rieger vom 23. März 2015«, Storz, 2015, S. 41).

Während sich Kubitschek in seiner Rede darauf konzentrierte, den besonderen Charakter des (bedrohten) deutschen Volkes herauszuarbeiten, nennt Elsässer die angeblichen Feinde dieses Volkes: die deutsche Regierung (»Frau Merkel«), die Antifa (»rotlackierte Faschisten«), die Journalisten Michel Friedman und Berthold Kohler, die sich kritisch über Pegida geäußert hatten, die türkische Regierung, den US-Präsidenten Obama und die CIA (»Ami go home!«) sowie Israel. All diese Kräfte würden die Souveränität Deutschlands bedrohen (Elsässer, 2015a). Die Positionen von Kubitschek und Elsässer schließen sich dabei nicht aus, sondern fügen sich für das Publikum komplementär zusammen. Während Elsässer durch vielfältige Feindbildbeschwörungen an verbreitete Vorurteile gegen »die Anderen« andockt, unterbreitet Kubitschek ein umfassendes, völkisch aufgeladenes Identifikationsangebot, das aus der heterogenen Protestmasse ein homogenes »Wir« formen soll. In den nächsten Monaten kommt es zunehmend zu einer Annäherung zwischen Kubitschek, dem rechtsintellektuellen Verleger mit Burschenschaftshintergrund (»Deutsche Gildenschaft«), und Elsässer, dem zu Verschwörungstheorien neigenden Journalisten mit linker Vergangenheit.

In Kubitscheks zweiter Rede bei Legida am 30. Januar 2015 kommt seine neurechte Ideologie bereits deutlicher zu Vorschein. Es gehe ihm um die »Verteidigung des Eigenen«, um die Abwehr der »Dekadenzver-lockungen der modernen, liberalen Massengesellschaft«. Die Migrant/innen seien mit ihrer »islamischen ›Hyper-Identität‹« besser für die kommenden Auseinandersetzungen gewappnet als die erschlafften Deutschen. Mit dieser Bedrohungslage begründet er für sich auch den Schritt vom »Schreibtisch des Verlegers [...] aufs populistische Feld«. Appellen zur Mäßigung an Legida hält er nun entgegen: »Es gibt aber nichts zu mäßigen, wenn man von vornherein Maß gehalten hat.« Als Beleg für dieses angebliche Maßhalten dient einzig die Selbstvergewisserung: »Wir wissen, daß wir auf dem richtigen Weg sind, weil es uns alle hier gibt« (Kubitschek, 2015c).

Am 9. Februar 2015 spricht Kubitschek erstmals in Dresden und wirft der etablierten Politik vor, ein »große[s] Experiment vom neuen, globalisierten, jederzeit austauschbaren Menschen ohne Heimat« zu verfolgen, das ihnen über die Köpfe gewachsen sei (Kubitschek, 2015d). Bei der Pegida-Kundgebung am 13. April 2015, bei der auch der islamfeindliche Politiker Geert Wilders aus den Niederlanden vor 10.000 Zuhörer/innen auftritt, lobt Kubitschek die »große Unruhe«, die in Deutschland durch Pegida ausgebrochen sei. Die Demonstrant/innen seien der »mutige Kern unseres Volkes«. Unter Verweis auf die Revolutionär/innen des Dresdner Maiaufstandes 1849 und denen von ihnen errichteten Barrikaden auf dem Neumarkt plädiert Kubitschek offensiv für eine Ausweitung der bisherigen Aktionsformen: »Aber auch wir müssen etwas wagen und Vieles in Kauf nehmen dabei. Es geht um unser Vaterland, und das ist unseren ganzen Einsatz wert« (Kubitschek, 2015e).

Nachdem Kubitschek am 27. April zum dritten Mal bei Legida in Leipzig gesprochen hatte, folgt erst am 5. Oktober seine nächste (und bisher letzte) Rede bei Pegida, in der er nochmals expliziter wird: Es gebe angesichts der gegenwärtigen Flüchtlingspolitik der Regierung nicht bloß ein Recht, sondern eine »Pflicht zum Widerstand« (Kubitschek, 2015f). Als mögliche Widerstandsformen nennt er neben den regelmäßigen Demonstrationen symbolische »Grenzschutzaktionen« (einige Tage zuvor gab es in Sebnitz an der Grenze zu Tschechien eine »menschliche Kette« zum Schutz der Grenze) sowie tatsächliche Blockaden.

Wie sehr Kubitschek und Elsässer mittlerweile an einem Strang ziehen, wird am 24. Oktober 2015 in Berlin bei der 4. *COMPACT*-Konferenz deutlich. Dort treten Elsässer, Kubitschek, der Jurist Karl Albrecht

Schachtschneider sowie der AfD-Landeschef von Sachsen-Anhalt, André Poggenburg, gemeinsam in einem Panel auf. Der *COMPACT*-Chefredakteur ruft in seiner Eröffnungsrede gar zum Sturz des »Merkel-Regimes« auf (Elsässer, 2015b). Zwei Tage später wiederholt er dies bei Legida. Zudem fordert er Polizei und Armee auf, den »rechtswidrigen« Anweisungen der Regierung nicht mehr zu folgen und die Grenzen vor einer »Invasionsarmee« aus Geflüchteten zu schützen (Elsässer, 2015c).

»WIR« GEGEN »DIE ANDEREN«

Gemeinsame Feindbilder

Wie lässt sich das Verhältnis von Pegida und Neuer Rechter analytisch fassen? Erfüllt die Neue Rechte hier die ihr zugeschriebene »Scharnierfunktion« zwischen extremer Rechter und bürgerlich-konservativem Spektrum? Pegida ist nicht primär eine neonazistische Bewegung, sondern wird von Menschen getragen, die sich (zu Recht) als Teil der sogenannten politischen Mitte begreifen (vgl. Geiges et al., 2015; Vorländer et al., 2015)[4]. Damit entsprechen sie dem Anspruch der Neuen Rechten und ihres Konzeptes der Konservativen Revolution, das auf eine autoritäre Veränderung der Gesellschaft aus ihrer Mitte heraus abzielt. Darüber hinaus überschneiden und verbinden sich die bei Pegida vorherrschenden Feindbilder und Inhalte zu großen Teilen mit denen der Neuen Rechten (vgl. Jennerjahn, 2016; Salzborn, 2016). Nationalismus und Fremdenfeindlichkeit sind hierbei die beiden großen gemeinsamen Nenner. Dies drückt sich in der Behauptung einer kulturellen Überfremdung aus, die mit dem Narrativ des vom Aussterben bedrohten deutschen Volkes einhergeht. Als Antwort darauf wird der Schutz des vermeintlich christlichen Abendlandes gefordert – die Bewahrung ethnischer Homogenität und die Vorherrschaft deutscher Kultur.

Ein weiteres, von beiden Seiten viel bearbeitetes Themenfeld ist die gesellschaftliche Modernisierung im Bereich sexueller Selbstbestimmung und Gleichberechtigung. Sowohl Neue Rechte als auch Pegida beklagen

---

4 Diese Studien bestätigen, dass sich Pegida vor allem aus gut ausgebildeten und gut verdienenden Angehörigen der Mittelschicht rekrutiert.

einen in Medien und Politik angeblich verbreiteten »Genderwahn«, der sich in übertriebener Toleranz oder gar Förderung von Homosexualität und anderen, von der heterosexuellen Norm abweichenden, Identitäten und Verhaltensweisen ausdrücke und die Familie als traditionelle Basis der Gemeinschaft bedrohe. Als letzter Punkt sei hier noch ein positiver identitärer Bezug zu Europa erwähnt, der auf den ersten Blick gängigen Definitionen von Nationalismus zu widersprechen scheint, in der Neuen Rechten aber bereits seit den 1970er-Jahren im Konzept des Ethnopluralismus enthalten ist. Der Versuch eines europaweiten Pegida-Aktionstages Anfang Februar 2016 und die Zusammenarbeit mit den erstarkenden rechtspopulistischen und rassistischen Bewegungen und Parteien anderer europäischer Länder zeigt, dass es nicht nur um die Verteidigung des eigenen »Vaterlandes« geht. Im Sinne einer nationalistischen Internationale sollen die vertretenen autoritären, nationalistischen und chauvinistischen Inhalte in ganz Europa an Einfluss gewinnen und eine neue europäische Identität begründen, die auf dem Bild eines weißen, christlichen »Europas der Vaterländer« aufbaut.

Die Krise staatlicher Souveränität

Um zu verstehen, warum der völkische Nationalismus gerade in Deutschland (das ökonomisch eher zu den Gewinnern der europäischen Wirtschaftskrise zählt) und insbesondere in Sachsen eine so große Bedeutung und Mobilisierungsfähigkeit erlangen konnte, ziehen wir sozialpsychologische Ansätze zur Analyse heran. Pegida kann als Krisenphänomen angesehen werden – jedoch nicht im Sinne der Modernisierungsverlierer-These, der zufolge sich die von der Globalisierung Abgehängten besonders stark dem Nationalismus und anderen autoritären Lösungsversprechen zuwenden, sondern in dem Sinne, dass die sogenannte Globalisierung und die damit verbundenen komplexen und krisenhaften gesellschaftlichen Verhältnisse zu großer Unsicherheit und Haltlosigkeit führen, und zwar auch bei denen, die nicht in besonderem Maße negativ von der Entwicklung betroffen sind. Hinzu kommt ein Souveränitätsverlust der Nationalstaaten, wie nicht zuletzt in der jüngsten europäischen Finanzkrise deutlich wurde. Die Transnationalisierung des Kapitals führt dazu, dass sich die Ökonomie zunehmend dem Einflussbereich der Regierungen entzieht (vgl. Hirsch, 1995). Der politisch definierte Nationalstaat verliert seinen

Inhalt.[5] Die Auflösung der Nation als »souveräne politische Gemeinschaft« (Benedict Anderson) wird durch die Betonung des Ethnischen als Gemeinschaft stiftendes Merkmal der Nation kompensiert. Der tatsächliche Souveränitätsverlust verstärkt den Wunsch nach einem starken Nationalstaat, der »die eigenen« Bedürfnisse in der Weltgemeinschaft verteidigt. Da sich die staatsbürgerliche nationale Zugehörigkeit als unbrauchbar gegenüber den Zumutungen des globalen Kapitalismus erwiesen hat, wird auf die ethnisch definierte nationale Zugehörigkeit als Abwehrstrategie zurückgegriffen. Hierdurch wird auch der Kreis derjenigen, deren Interessen der Nationalstaat verteidigen sollte, enger gezogen: »Je mehr die ökonomische Konkurrenz im Rahmen der ›Standortsicherung‹ verschärft wird, umso leichter lässt sich die kulturelle Differenz zwischen Menschen unterschiedlicher Herkunft aufladen und als Ab- bzw. Ausgrenzungskriterium gegenüber Mitbewerber/innen um soziale Transferleistungen instrumentalisieren« (Butterwegge, 2011, S. 200f.).

Dieser Legitimationsverlust des Nationalstaats als demokratische Institution stärkt das ausgrenzende Moment des Nationalismus, was in zunehmender Fremdenfeindlichkeit, repressiven Migrationspolitiken und dem Erstarken rechtspopulistischer Parteien zum Ausdruck kommt (vgl. Heitmeyer & Loch, 2001). Das Versagen des Staates als Interessenvertretung seiner Bürger/innen und die schwindende Anerkennung der politischen Nation als Bezugspunkt für politische Forderungen wird durch die Betonung der Nation kompensiert: Sie wird zur überindividuellen Schicksalsgemeinschaft und zum politischen Ausdruck der ethnischen Zugehörigkeit. Diese Entwicklung spiegelt sich bei Pegida in der Parole »Wir sind das Volk« wieder. Einerseits ist dies eine Anklage, dass sich der Staat und seine Repräsentant/innen nicht um die Belange der Bevölkerung kümmern würden; andererseits ist damit die Forderung verbunden, dass sich der Nationalstaat wieder »seiner« ursprünglichen ethnischen Basis zuwenden und »ihre« Interessen verteidigen solle. Die populistische Aufrechnung, wie viel Geld der Staat für »Ausländer« und »Asylbewerber« ausgebe, statt es in das Sozialsystem (Kindergärten, Bildung und Gesundheitsversor-

---

5 Der Souveränitätsverlust des Nationalstaats ist allerdings nicht mit einem Funktionsverlust verbunden. Die Wirtschaftskrise zu Beginn des 21. Jahrhunderts zeigte, dass die Transnationalisierung des Kapitals nichts an der Relevanz der Nationalökonomie für die einzelnen Gesellschaften verändert hat.

gung) zu investieren, das wiederum nur »echten« Deutschen zugänglich sein solle, spricht eben jene Sprache des völkischen Nationalismus.

Diese haltgebende Funktion nationaler Identität, die sie zugleich nur als Prinzip ethnischer Identifikation erfüllen kann, gewinnt in Zeiten zunehmender Unsicherheit und wachsenden Konkurrenzdrucks an Bedeutung. Um das Bedürfnis nach sinnstiftender Zugehörigkeit zu befriedigen, bedarf es vor allem des Gefühls von Gemeinschaft. Dies bietet sich auch als Erklärungsansatz für den Zulauf zu Pegida an: Sympathien für das autoritäre Russland (»Russians Welcome«), Antiamerikanismus, Aversionen gegen »Gender Mainstreaming« und Ablehnung der GEZ-Gebühren werden auf diesen Demonstrationen geäußert, die sich vermeintlich gegen die Islamisierung richten. Die bei Pegida vorgetragenen Inhalte sind sehr inkohärent und oftmals widersprüchlich. Was die Teilnehmenden antreibt, scheinen nicht vorrangig gemeinsame Forderungen zu sein, sondern die Sehnsucht nach der Zugehörigkeit zur Volksgemeinschaft. So ist es nicht zuletzt der Akt des Demonstrierens an sich, der die Menschen mobilisiert. Wenn Tausende »Wir sind das Volk« rufen, die Nationalhymne singen und Fahnen schwenken, wird das Wir-Gefühl, die nationale Identität konkret spür- und erlebbar. Pegida kann somit auch als Reaktion auf die globale Moderne angesehen werden, die in Form von tausenden Neuankömmlingen nun auch in die Provinz Einzug hält und die das längst nicht mehr der Realität entsprechende Bild einer homogenen deutschen Kulturgemeinschaft aufzulösen droht. Die bei den fremdenfeindlichen Protesten, aber auch von CDU-Politiker/innen formulierte Angst vor sogenannten »Westverhältnissen« unterstützt diese These.[6]

Indem der Islam als das »böse« Andere, das dem »Abendland« antagonistisch gegenübersteht, konstruiert wird, stehen sowohl ein Feindbild als auch eine modernisierte Variante völkischer Identität zur Verfügung, die bei Pegida nicht nur gegen »dekadente Eliten« und die »abgehobene Politikerkaste« in Stellung gebracht werden. Die ursprünglich demokratische Parole »Wir sind das Volk« wird zur Selbstbehauptung, deren Gewalt sich spätestens dann offenbart, wenn sie als Schlachtruf gegen ankommende

---

6   Im Sommer 2015 war im Zuge der mehrtägigen Ausschreitungen gegen eine Flüchtlingsunterkunft in Heidenau ein Transparent mit der Aufschrift zu sehen: »Wir wollen keine westdeutschen Verhältnisse«. Der Bürgermeister von Riesa, Marco Müller (CDU), verwendete im Januar 2016 in einem Interview denselben Wortlaut.

Flüchtlinge Verwendung findet, um sie aus der »Volksgemeinschaft« auszuschließen.

Wer führt, wer folgt?

Der Erfolg der Pegida-Bewegung gründet also vor allem auf ihrer politischen Unbestimmtheit in Verbindung mit einem klar definierten Feindbild. Aus ihrer weitgehenden Inhaltslosigkeit resultiert zugleich die erste Schwierigkeit für eine engere Zusammenarbeit mit der Neuen Rechten. So warf Philip Stein manchem Pegida-Redner in der BN »plumpen Islam-Hass«, »Hetze« sowie »ideenlose Lippenbekenntnisse« vor: »Sie offenbaren damit vor allem, dass sie keine Ahnung haben, wer oder was sie eigentlich sind, für welche Ziele sie stehen, ja für welche Heimat sie eigentlich streiten« (Stein, 2015). Ein weiteres grundsätzliches Problem stellt das elitäre, intellektuelle Selbstverständnis der Neuen Rechten dar, das nur schwer mit dem pöbeligen Charakter von Pegida und den bisweilen stolz übernommenen anti-intellektuellen Zuschreibungen (»Wir sind das Pack«) in Einklang zu bringen ist. Felix Menzel beschrieb in einem Beitrag auf seinem Blog *Einwanderungskritik* rückblickend seine Enttäuschung, als er 2014 an einer großen Pegida-Demonstration teilnahm und es seiner »dreijährigen Tochter besser gelang, die Weihnachtslieder zu singen, als 95 Prozent der Anwesenden« (Menzel, 2015). Neben diesem bildungsbürgerlichen Dünkel gegenüber den selbsternannten »Rettern des Abendlandes« bewegen Menzel aber auch taktische Fragen. So sei Bachmanns anfängliche »kluge Zurückhaltung« über die Monate »in das übliche Geschrei, das man von Demonstrationen kennt«, umgeschlagen. Das gebe denen Recht, die in Pegida den »Mob« sehen. Es bestehe die »Gefahr des Abdriftens des Widerstandes hin zu einer Position, die ausschließlich destruktiven Charakter hat«. Andererseits befürchtet Menzel eine dem Ernst der Lage unangemessene Normalisierung, die Entwicklung der montäglichen »Spaziergänge« zu einem bloßen Pflichttermin. Nötig wäre dagegen die Hervorbringung »ein[es] neue[n] Gemeinschaftsgefühl[s] der Deutschen«, die Stärkung der eigenen »Verwurzelung und Identität« (ebd.).

Trotz der beschriebenen punktuellen Zusammenarbeit und Solidaritätsbekundungen sind die beiden Strömungen bisher nicht ineinander verschmolzen. Seit Mitte 2015 sind jedoch vermehrt Ansätze vonseiten der Neuen Rechten zu beobachten, die als Versuch gewertet werden können, als »Avantgarde« auf die rassistischen Proteste und Bewegungen einzuwirken. Denn trotz aller Kritik, die Vertreter der Neuen Rechten an ihr formulieren, wird Pegida doch als der dringend benötigte »Widerstand« und eine Chance betrachtet, den eigenen gesamtgesellschaftlichen Einfluss deutlich zu erhöhen. Die Aufgabe der Neuen Rechten liege nun darin, als politischer Arm von Pegida diesen Widerstand zu formen und zu bilden, den oft diffusen und widersprüchlichen Ressentiments eine klarere politische Richtung zu geben und sich führend an die Spitze der Proteste zu stellen. Unter der Überschrift »Protestelite und Staatselite: Warum wir die Macht schnell übernehmen müssen« betonte Felix Menzel im Oktober 2015 in dem bereits zitierten Blogartikel: »Es geht jetzt ums Ganze und dazu brauchen wir nicht nur Schreihälse und Agitatoren [...]. Neben dem notwendigen Protest muß also jene Schicht, die eigentlich sowieso an die Staatsspitze gehört, begreifen, worauf sie sich jetzt vorzubereiten hat« (ebd.).

DEN AUFSTAND PROBEN: WIDERSTAND ALS BÜRGERPFLICHT

Um die gewünschte und geforderte Etablierung einer rechten Gegenmacht voranzutreiben, wurde von bekannten Vertretern der Neuen Rechten im Herbst 2015 das Projekt »Ein Prozent für unser Land« ins Leben gerufen. Ziel der zunächst vor allem virtuellen »Bürgerinitiative« ist es, rechten Bürgerbewegungen ein politisches Profil zu geben und die zahlreichen, bisher oft getrennt voneinander agierenden fremdenfeindlichen »Anti-Asyl-Initiativen« zusammenzuführen. Dazu soll die Kampagne nach dem Vorbild zivilgesellschaftlicher Großorganisationen wie Greenpeace Spendengelder sammeln, mit denen Proteste und »Widerstandsaktionen« unterstützt und medial begleitet werden können. Auf der Webseite www.einprozent.de wird ebenso wie in den veröffentlichten Videos eine Radikalität und Symbolik in Sprache und Bildern zelebriert, die sich zwischen Romantik und Faschismus bewegt. Anscheinend möchte man damit dem bei Pegida weitverbreiteten Bedürfnis nach rebellischem Gestus und Unversöhnlichkeit mit den Verhältnissen entsprechen.

Sowohl die Protagonisten der Initiative als auch die Redner/innen bei Pegida und Ablegern nehmen große Anstrengungen auf sich, die sich radikalisierenden Protestformen als legitimen Gebrauch des grundgesetzlich verankerten Widerstandsrechts gegen die bundesrepublikanische Ordnung darzustellen.[7] Der Blog *Sezession im Netz* etwa veröffentlichte im Oktober 2015 ein Gutachten »Zum politischen Widerstandsrecht der Deutschen«, das vom Juristen Thor von Waldstein verfasst wurde, der seit den 1980er-Jahren in neonazistischen Kreisen aktiv ist. In der Diktion der »Widerständler« müsse sich die Bevölkerung gegen den »Rechtsbruch« der Bundesregierung im Zuge der »Flüchtlingsinvasion« zur Wehr setzen, weshalb auch punktuelle Überschreitungen geltenden Rechts legitim seien. Diese Selbstermächtigung der »besorgten Bürger« forderte bei radikalisierten Protesten wie in Heidenau, Einsiedel oder Clausnitz bereits das staatliche Gewaltmonopol heraus. Auch mit juristischen Mitteln wird versucht, gegen die »Volksverräter« vorzugehen. Die erste diesbezügliche Aktion der Ein-Prozent-Initiative – eine Verfassungsbeschwerde des Staatsrechtlers Schachtschneider gegen die »Politik der Masseneinwanderung«, mit der unter anderem die vorläufige Suspendierung und spätere Amtsenthebung der Bundeskanzlerin und ihres Stellvertreters erzwungen werden sollte – wurde im Februar 2016 vom Bundesverfassungsgericht erwartungsgemäß abgewiesen. Das Gericht habe mit dieser Entscheidung seine »Befriedigungsaufgabe verweigert«, klagt Schachtschneider (2016) im Interview mit Kubitschek. Man kann davon ausgehen, dass ihre Anhänger/innen sich nun noch weniger an den legalen Weg gebunden fühlen.

Das Projekt »Ein Prozent« stößt – wenn man die Interaktion und User-Aktivität auf ihrer Facebook-Seite als Referenz nimmt – zumindest in gewissen Kreisen der rechten Bürgerbewegungen auf großes Interesse.[8] So könnte es zum Bindeglied zwischen den rechten Bürgerbewegungen und der Neuen Rechten werden.

Zugleich ist es Ausdruck der Bestrebungen der Neuen Rechten, ihren gesamtgesellschaftlichen Einfluss zu verstärken. So schreibt der aus Österreich stammende neurechte Publizist Martin Lichtmesz:

> Jetzt, wo die Verhältnisse ins Wanken kommen, und die etablierten kultur-hegemonialen Mächte in weiten Teilen der Bevölkerung ihre Glaubwürdig-

---

7 »Gegen jeden, der es unternimmt, diese Ordnung zu beseitigen, haben alle Deutschen das Recht zum Widerstand, wenn andere Abhilfe nicht möglich ist« (Art. 20 Abs. 4 GG).

8 Ende Januar 2016 gibt die Initiative die Zahl ihrer Unterstützer/innen mit 22.000 an. Damit ist sie zwar noch weit vom angestrebten einen Prozent der Bevölkerung entfernt, aber auch nicht zu unterschätzen.

keit verlieren, stehen die Chancen außerordentlich gut, das »Overton-Window«, das Spektrum der zugelassenen Meinungen, weiter zu öffnen und zu verschieben. (Lichtmesz 2015)

Der Rekurs auf das »Overton-Window« – ein Konzept des amerikanischen PR-Beraters Joseph Overton, mit dem die Denk- und Durchsetzbarkeit radikaler politischer Positionen in Abhängigkeit von äußeren Einflussfaktoren beschrieben wird – macht deutlich, dass sich die Vertreter/innen der Neue Rechten nicht mehr auf die beobachtende und kommentierende Rolle der »Intellektuellen« reduzieren lassen wollen. Gemeinsam mit der Kraft der (von ihnen erhofften) massenhaften rechten Bürgerbewegungen soll nicht *in*, sondern *gegen* die parlamentarische Demokratie interveniert werden. Das Projekt der Neuen Rechten zielt auf die Erlangung diskursiver Deutungshoheit und schließlich auf eine autoritäre Machtübernahme ab. Pegida und Andere sollen demnach auf den Straßen die Aufgabe des »Widerstandes« gegen die Bedrohung durch äußere (und innere) Feinde übernehmen, während die rechten Intellektuellen am neuen Narrativ des »Wir« arbeiten, der Bewegung der Straße politische und identitäre Angebote machen und – nicht zuletzt – sich als die neuen Führer der bisher noch orientierungs- und kopflosen Masse anbieten. Bei Erfolg dieser Strategie würde es zu einem Pakt zwischen rechten Intellektuellen (mit bereits guten Verbindungen in staatstragende Kreise) und affektgeleiteten Protestierenden kommen, zu einem »Bündnis von Mob und Elite, das die Geschichtsschreibung ›Faschismus‹ nennt«, wie es Dietmar Dath (2016) in Bezug auf eingangs erwähnten Vorfälle in Clausnitz formulierte. Die Neue Rechte orientiert sich dabei, wie aus ihren Veröffentlichungen hervorgeht, an den Szenarien von Umstürzen oder Putschen – sie will die angestrebte autoritäre, chauvinistische Umgestaltung der Gesellschaft nicht auf dem parlamentarischen Weg erreichen. »Unser Ziel ist nicht die Beteiligung am Diskurs, sondern sein Ende als Konsensform, nicht ein Mitreden, sondern eine andere Sprache, nicht der Stehplatz im Salon, sondern die Beendigung der Party« – dieses Zitat von Götz Kubitschek wird unter anderem vom neurechten Zusammenschluss »Identitäre Generation« im Internet verbreitet (vgl. Identitäre Generation, 2014). Hiermit wird deutlich, dass es für die demokratische Gesellschaft keine Option mehr ist, dieser Koalition aus Neuer Rechter und rassistischem Straßenprotest mit Dialogangeboten zu begegnen. Hier hilft nur entschlossener Gegenprotest von demokratisch gesinnten Bürger/innen und die Sanktionierung der Grenzüberschreitungen, die sich als »Widerstand« zu legitimieren versuchen, durch die staatlichen Gewalten.

LITERATUR

Primärquellen

Elsässer, J. (2015a). Elsässer Rede bei Legida in Leipzig am 21. Januar. http://www.compact-online.de/elsaessers-rede-bei-legida-in-leipzig-am-21-januar (18.04.2016).

Elsässer, J. (2015b). Das Merkel-Regime muss gestürzt werden! https://juergenelsaesser.word press.com/2015/10/25/elsaesser-auf-der-compact-konferenz-das-merkel-regime-muss-gestuerzt-werden (18.04.2016).

Elsässer, J. (2015c). Mitschnitt der Legida-Kundgebung vom 26.10.2015. https://www.youtube.com/watch?v=hn67-i-bii8, Rede von Elsässer ab 56:40 min (18.04.2016).

Hägele, C. (2014). Interview mit Pegida-Vordenker: »Auch Linke sind willkommen«. In *InFranken.de*. http://www.infranken.de/ueberregional/Interview-mit-Pegida-Vordenker-Auch-Lin ke-sind-willkommen;art55462,900423 (18.04.2016).

Identitäre Generation (2014). Screenshot eines Eintrages vom 07.01.2014. https://www.face book.com/IdentitareGeneration/photos/a.261508620641080.1073741828.2447677056485 05/304692779655997/?type=1&theater (28.04.2016)

Kositza, E. & Kubitschek, G. (Hrsg.). (2015). *Tristesse Droite. Die Abende von Schnellroda*. Schnellroda: Antaios.

Kubitschek, G. (2014a). Strukturieren in Deutschland, mobilisieren in Dresden, präsentieren in Berlin. In *Sezession im Netz*. http://www.sezession.de/47085/strukturieren-in-deutschland-mobilisieren-in-dresden-praesentieren-in-berlin.html (12.04.2016).

Kubitschek, G. (2014b). PEGIDA in Dresden, ein Spaziergang und ein Lommel von der AfD. In *Sezession im Netz*. http://www.sezession.de/47138/pegida-in-dresden-ein-spaziergang-und-ein-lommel-von-der-afd.html (28.04.2016).

Kubitschek, G. (2015a). Warum ich in Leipzig bei der LEGIDA spreche. In *Sezession im Netz*. http://www.sezession.de/48198/warum-ich-in-leipzig-bei-der-legida-spreche.html (15.04.2016).

Kubitschek, G. (2015b). LEGIDA, 21. Januar – Rede in Leipzig. In *Sezession im Netz*. http://www.sezession.de/48224/legida-21-januar-rede-in-leipzig.html (15.04.2016).

Kubitschek, G. (2015c). LEGIDA und wir (II): 30. Januar – zweite Rede in Leipzig. In *Sezession im Netz*. http://www.sezession.de/48359/legida-30-januar-zweite-rede-in-leipzig.html (12.04.2016).

Kubitschek, G. (2015d). Pegida, 9. 2. - Rede in Dresden. In *Sezession im Netz*. http://www.sezessi on.de/48391/pegida-9-2-rede-in-dresden.html (12.04.2016).

Kubitschek, G. (2015e). PEGIDA-Rede von Götz Kubitschek vom 13. 04. In *Sezession im Netz*. http://www.sezession.de/49268/pegida-rede-von-goetz-kubitschek-vom-13-4.html (23.04.2016).

Kubitschek, G. (2015f). Pegida-Rede vom 5. X. 2015. In *Sezession im Netz*. http://www.sezession.de/wp-content/uploads/2015/10/pegida510.pdf (23.04.2016).

Lichtmesz, M. (2015). Björn Höcke: Notizen zum Kontext der Kontroverse. In *Sezession im Netz*. http://www.sezession.de/52631/bjoern-hoecke-notizen-zum-kontext-der-kontroverse. html (28.04.2016).

Menzel, F. & Stein, P. (2013). *Junges Europa. Szenarien des Umbruchs*. Schnellroda: Antaios.

Menzel, F. (2015). Protestelite und Staatselite. Warum wir die Macht schnell übernehmen müssen. In *Einwanderungskritik*. http://einwanderungskritik.de/protestelite-und-staatselite-war um-wir-die-macht-schnell-uebernehmen-muessen (12.04.2016).

Schachtschneider, K. A. (2016). Verfassungsbeschwerde abgewiesen – Gespräch mit Schachtschneider zur Lage. In *Sezession im Netz*. http://www.sezession.de/53449/verfassungsbe schwerde-abgewiesen-gespraech-mit-schachtschneider-zur-lage.html (12.04.2016).

Stein, P. (2015). Islam-Hasser bei Pegida. In *Blaue Narzisse*. http://www.blauenarzisse.de/ index.php/gesichtet/item/5173-islam-hasser-bei-pegida (12.04.2016).

Sekundärquellen

Bartsch, G. (1975). *Revolution von rechts? Ideologie und Organisation der Neuen Rechten*. Freiburg: Herder.

Bednarz, L. (2015). Clausnitz ist kein Zufall – Die gefährliche »Widerstands«-Saat der Neuen Rechten geht auf. http://starke-meinungen.de/blog/2016/02/20/clausnitz-ist-kein-zufall-die-gefaehrliche-widerstands-saat-der-neuen-rechten-geht-auf (01.03.2015).

Bruns, J., Glösel, K. & Strobl, N. (2014). *Die Identitären. Handbuch zur Jugendbewegung der Neuen Rechten in Europa*. Münster: Unrast.

Butterwegge, C. (2011). Zwischen neoliberaler Standortlogik und rechtspopulistischem Sarrazynismus. Die turbokapitalistische Hochleistungs- und Konkurrenzgesellschaft in der Sinnkrise. In S. Friedrich (Hrsg.), *Rassismus in der Leistungsgesellschaft. Analysen und kritische Perspektiven zu den rassistischen Normalisierungsprozessen der »Sarrazindebatte«* (S. 200–214). Münster: Unrast.

Butterwegge, C., Hickel, R. & Ptak, R. (Hrsg.). (1998). *Sozialstaat und neoliberale Hegemonie. Standortnationalismus als Gefahr für die Demokratie*. Berlin: Elefanten Press.

Decker, O., Kiess, J. & Brähler, E. (2013). *Rechtsextremismus der Mitte. Eine sozialpsychologische Gegenwartsdiagnose*. Gießen: Psychosozial-Verlag.

Dath, D. (2016). Tribalismus wird Alltag, wo Politik sich abwendet. *Die Zeit*, 23.03.2016. http://www.faz.net/aktuell/feuilleton/debatten/clausnitz-zeigt-dass-tribalismus-alltag-wird-14084630.html (20.04.2016).

FKR – Forum für Kritische Rechtsextremismusforschung (Hrsg.). (2007). *Diffusionen. Der kleine Grenzverkehr zwischen Neuer Rechter, Mitte und Extremen*. Forum für Kritische Rechtsextremismusforschung. Dresden: Herbert-und-Greta-Wehner-Stiftung.

Geiges, L., Marg, St. & Walter F. (2015). *Pegida. Die schmutzige Seite der Zivilgesellschaft?* Bielefeld: Transcript.

Gessenharter, W. (1989). Konservatismus und Rechtsextremismus – Nähen und Distanzen. *Gewerkschaftliche Monatshefte, 40*, 561–570.

Gessenharter, W. & Pfeiffer, T. (Hrsg.). (2003). *Die Neue Rechte – eine Gefahr für die Demokratie?* Wiesbaden: VS Verlag.

Globisch, C. (2011). Deutschland uns Deutschen, Türkei den Türken, Israelis raus aus Palästina. Zum Verhältnis von Ethnopluralismus und Antisemitismus. In C. Globisch, A. Pufelska & V. Weiß (Hrsg.), *Die Dynamik der europäischen Rechten. Geschichte, Kontinuitäten und Wandel* (S. 203–225). Wiesbaden: VS Verlag.

Heitmeyer, W. (2007). Was hält die Gesellschaft zusammen? Problematische Antworten auf soziale Desintegration. In W. Heitmeyer (Hrsg.), *Deutsche Zustände. Folge 5* (S. 37–47). Frankfurt/M.: Suhrkamp.

Heitmeyer, W. & Loch, D. (Hrsg.). (2001). *Schattenseiten der Globalisierung. Rechtsradikalismus,*

Rechtspopulismus und separatistischer Regionalismus in westlichen Demokratien. Frankfurt/M.: Suhrkamp.

Hirsch, J. (1995). *Der nationale Wettbewerbsstaat. Staat, Demokratie und Politik in globalen Kapitalismus.* Berlin: Edition ID-Archiv.

Hütt, H. (2016). Die Heimatvertriebenen. *Die Zeit,* 03.02.2016. http://www.zeit.de/kultur/2016-02/neue-rechte-safranski-sloterdijk-jirgl (13.04.2016).

Jennerjahn, M. (2016). Sachsen als Entstehungsort der völkischrassistischen Bewegung PEGIDA. In S. Braun, A. Geisler & M. Gerster (Hrsg.), *Strategien der extremen Rechten. Hintergründe – Analysen – Antworten* (S. 533–558). Wiesbaden: Springer.

Jesse, E. (2003). Von Linken lernen? Vier rechtsextremistische Intellektuelle im Vergleich. In U. Backes (Hrsg.), *Rechtsextreme Ideologie in Geschichte und Gegenwart* (S. 261–289). Köln: Böhlau (Schriften des Hannah-Arendt-Instituts für Totalitarismusforschung, Bd. 23).

Kausch, S. & Wiedemann, G. (2011). Zwischen »Neonazismus« und »Ideologien der Ungleichwertigkeit«. Alternative Problematisierungen in einem kommunalen Handlungskonzept für Vielfalt und Demokratie. In Forum für Kritische Rechtsextremismusforschung (Hrsg.), *Ordnung. Macht. Extremismus. Effekte und Alternativen des Extremismus-Modells* (S. 286–306). Wiesbaden: VS Verlag.

Korsch, F. (2015). Pegida – das erste halbe Jahr. Eine kritische Zwischenbilanz. In F. Burschel (Hrsg.), *Aufstand der Wutbürger. AfD, christlicher Fundamentalismus, Pegida und ihre gefährlichen Netzwerke* (S. 58–69). Berlin: Rosa-Luxemburg-Stiftung.

Salzborn, S. (2015). *Rechtsextremismus. Erscheinungsformen und Erklärungsansätze.* Baden-Baden: Nomos.

Salzborn, S. (2016). Demokratieferne Rebellionen. Pegida und die Renaissance völkischer Verschwörungsphantasien. In W. Frindte, D. Geschke, N. Haußecker & F. Schmidtke (Hrsg.), *Rechtsextremismus und »Nationalsozialistischer Untergrund«. Interdisziplinäre Debatten, Befunde und Bilanzen* (S. 359–366). Wiesbaden: Springer VS.

Speit, A. (2015). Rechts vom ganzen Wesen. *Der Rechte Rand, 26*(157), 5–7. http://www.der-rechte-rand.de/wp-content/uploads/drr-Ausgabe_157.pdf (13.04.2016).

Staud, T. (2005). *Moderne Nazis. Die neuen Rechten und der Aufstieg der NPD.* Köln: Kiepenheuer & Witsch.

Storz, W. (2015). »*Querfront« – Karriere eines politisch-publizistischen Netzwerks.* OBS-Arbeitspapier 18. https://www.otto-brenner-shop.de/uploads/tx_mplightshop/AP18_Storz_2015_10_19.pdf (21.02.2016).

Tkalec, M. (2016). Frische Gesichter, alter Mief. *Frankfurter Rundschau,* 07.02.2016. http://www.fr-online.de/leitartikel/29607566,33734602.html (13.04.2016).

Vorländer, H., Herold, M. & Schäller, S. (2015). Wer geht zu PEGIDA und warum? Eine empirische Untersuchung von PEGIDA-Demonstranten in Dresden (Schriften zur Verfassungs- und Demokratieforschung, 1). https://tu-dresden.de/gsw/phil/powi/poltheo/ressourcen/dateien/news/vorlaender_herold_schaeller_pegida_studie?lang=de (23.03.2016).

Weiß, V. (2016). Ab wann ist konservativ zu rechts? *Die Zeit,* 19.02.2016. http://www.zeit.de/kultur/literatur/2016-02/rechts-konservativ-nassehi-kubitschek (13.04.2016).

9. Die »Härte« des Rechtsstaats

Kati Lang

Bundesjustizminister Heiko Maas fordert (immer wieder) die »volle Härte des Rechtsstaats« gegen rechte Gewalttäter. Generalbundesanwalt Peter Frank will gar »ein Gegenfanal setzen«. Aber was passiert wirklich? Handeln Polizei, Staatsanwaltschaften und Gerichte tatsächlich effektiv bei der Verfolgung und Bestrafung rechtsmotivierter Taten? Zahlreiche Medienberichte und Stellungnahmen von Betroffenenverbänden lassen daran zweifeln. Brauchen wir (noch) härtere Gesetze oder hapert es an der Umsetzung? Dieser Beitrag setzt sich mit dem Agieren von Polizei, Staatsanwaltschaften und Gerichten auseinander. Ein besonderer Fokus liegt dabei auf dem Erfassungssystem zur Politisch Motivierten Kriminalität (PMK), empirischen Erkenntnissen zu Justiz und rechter Gewalt sowie der im August 2015 eingeführten strafrechtlichen Regelung zur Hasskriminalität.

Ein kurzer Blick zurück

Nach der Wiedervereinigung wurden rassistische Angriffe zunächst bagatellisiert oder verschwiegen. Als Problem wurden weniger die bundesweiten rechten Gewaltexzesse, sondern »die Ausländer« wahrgenommen, was in der faktischen Abschaffung des Grundrechts auf Asyl gipfelte. Mit der rot-grünen Bundesregierung (1998–2005) vollzog sich ein Paradigmenwechsel hin zur wahrnehmbaren gesellschaftlichen Problematisierung rechter Gewalt. Der Fokus wurde nun verstärkt auf den organisierten Rechtsextremismus gerichtet, während die Erfassung von alltäglichem oder institutionellem Rassismus weiterhin ausblieb. Bis heute werden durch Vorurteile motivierte Delikte häufig nur dann als solche erkannt, wenn sich die Täter/innen augenscheinlich in der rechten Szene verorten lassen oder sich offen zu ihrer Motivation bekennen. In absoluter Zuspitzung spiegelt sich dies in der Nichtaufklärung der Verbrechen des NSU wider. Die Ermittlungsbehörden – wohl auch geleitet von ihren eigenen rassistischen Vorurteilen – verdächtigten die Hinterbliebenen und unterstellten den Opfern Bezüge zur Drogen- und Bandenkriminalität. Sowohl die gezielte Auswahl der Getöteten als auch die Hinweise von Zeugen/innen auf ein rassistisches Tatmotiv wurden in der Ermittlungsarbeit und der gesellschaftlichen Wahrnehmung der Mordserie außer Acht gelassen.

DAS POLIZEILICHE ERFASSUNGSSYSTEM »POLITISCH MOTIVIERTE KRIMINALITÄT«

Zwar wurde bereits im Jahr 2001 eine – in Teilen fortschrittliche – Veränderung des polizeilichen Erfassungssystems »Politisch motivierte Kriminalität« (PMK) durchgesetzt, indem darin ein Passus zur »Hasskriminalität« aufgenommen wurde, aber bis heute klaffen Theorie und Praxis weit auseinander. Laut behördlicher Definition sollen all diejenigen Delikte als Hasskriminalität erfasst werden, welche

> sich gegen eine Person wegen ihrer politischen Einstellung, Nationalität, Volkszugehörigkeit, Rasse, Hautfarbe, Religion, Weltanschauung, Herkunft oder aufgrund ihres äußeren Erscheinungsbildes, ihrer Behinderung, ihrer sexuellen Orientierung oder ihres gesellschaftlichen Status richten (sogenannte Hasskriminalität); dazu zählen auch Taten, die nicht unmittelbar gegen eine Person, sondern im oben genannten Zusammenhang gegen eine Institution oder Sache verübt werden. (Bundesministerium des Innern, 2015, S. 23)

Ohne Frage sind bereits einige der gewählten Bezeichnungen wie »Rasse« oder »Volkszugehörigkeit« überholt und unpassend. So ist insbesondere der Rassebegriff im Sinne der Existenz menschlicher »Rassen« wissenschaftlich längst widerlegt, historisch seit jeher negativ konnotiert und hat unweigerlich ablehnende Implikationen. Zahlreiche Institutionen und Organisationen empfehlen, auf den Begriff zu verzichten und die entsprechenden Gesetzestexte sowie Normierungen zu verändern (z.B. Europäisches Parlament, Antidiskriminierungsstelle des Bundes, Deutsches

Institut für Menschenrechte). Auch der Begriff der Volkszugehörigkeit ist zu beanstanden, da er aufgrund seiner historischen Implikation gerade nicht dem spanischen »pueblo« oder dem englischen »people« entspricht. Ihm liegt vielmehr ein völkisches Verständnis zugrunde. Empfehlenswert wäre es, rassistische Tatmotive auch als solche zu bezeichnen und auf völkische bzw. biologistische/ethnokulturelle Begriffe zu verzichten.

STAATSSCHUTZ STATT MENSCHENRECHTSSCHUTZ

In der Bundesrepublik – nicht nur bei der Polizei – fällt auf, wie stark der Fokus auf das Extremismuskonzept gerichtet wird. So ist die oben zitierte polizeiliche Definition nur ein Baustein des Gesamtkonzeptes PMK, welches in den übrigen Punkten allein auf Staatsschutzfunktionen und somit der Abwehr staatsfeindlicher Bestrebungen beruht. Es entstand aus der Annahme, dass »der Staat«, seine Organe und Repräsentanten, vor deren Feinden bewahrt werden soll. Ignorierend, dass das nationalsozialistische Regime nur durch die aktive Unterstützung und Akzeptanz der deutschen Mehrheitsgesellschaft funktionierte, wurde in der BRD seit den 1950er-Jahren ein System geschaffen, dass auf radikale/extremistische Ränder der Gesellschaft fokussierte, wobei Radikalismus und Extremismus an der Ablehnung des Staates und seiner Institutionen festgemacht wurden. Schwerpunkt war und ist bis heute der Schutz der »freiheitlich demokratischen Grundordnung« (fdGO) vor extremistischen Kräften. In dieser Logik kommt eine Gefährdung der fdGO nur durch Parteien, Organisationen oder Personen infrage, die das System ablehnen und mit strafrechtlich relevanten Mitteln bekämpfen.

Eine erste Kurskorrektur wurde in den 1990er-Jahren vorgenommen, nachdem deutlich geworden war, wie viele Straftaten nicht als politisch motiviert erfasst werden konnten, weil sie sich nicht gegen den Staat und seine Repräsentanten/innen, sondern gegen marginalisierte Gruppen richteten, wie zum Beispiel die massiven rechten Angriffe auf Migranten/innen in Rostock und Hoyerswerda oder die zahlreichen Gewalttaten gegen Linke, Punker und Andersdenkende. So fanden 1992 und 1993 zunächst »fremdenfeindliche« und antisemitische Delikte Einzug in die PMK. Es dauerte fast zehn weitere Jahre und brauchte einen Regierungswechsel, bis der Passus zur Hasskriminalität aufgenommen wurde.

Da die Ergänzung aber eine bloße Einfügung in das Konzept des Staatsschutzes ist, bleibt sie wesensfremd. Der Ansatz der Hass- bzw. Vorurteilskriminalität entwickelte sich – im Gegensatz zum deutschen Staatsschutzkonzept – durch die Emanzipation von Minderheiten und nicht aus dem Schutz politischer Eliten bzw. der Funktionsfähigkeit staatlicher Institutionen. Im Alltag führt die Vermengung der Ansätze dazu, dass vorurteilsmotivierte Straftaten oft nicht als solche erkannt werden. Dieser Zustand ist seit Jahren Gegenstand der Kritik. Die »Europäische Kommission gegen Rassismus und Intoleranz« (ECRI) mahnte bereits im Jahr 2008, dass in Deutschland »Rassismus [...] nur in seiner stärksten Ausprägung, vor allem in Form der Bekundung von Rechtsextremismus, geahndet wird« (ECRI, 2009, S. 16). 2011 stellte die Menschenrechtsorganisation Human Rights Watch (HRW) fest, dass

> in der Praxis jedoch das Subsumieren von politisch motivierten Straftaten und »Hasskriminalität« in einer Kategorie sowie eine nachvollziehbare Konzentration auf die Bekämpfung des Rechtsextremismus [bedeutet], dass »Hasskriminalität« nicht als solche erfasst und untersucht werden kann. Dies tritt beispielsweise dann ein, wenn beim Täter entweder ein offensichtlich ideologisches Motiv (wie bei einem Angriff auf eine behinderte oder eine schwule, lesbische, bisexuelle oder transsexuelle Person) oder klare Verbindungen zum Rechtsextremismus fehlen. (HRW, 2011, S. 3)

2015 konstatiert Dieter Kugelmann, Professor für Öffentliches Recht an der Deutschen Hochschule der Polizei Münster, im Rahmen eines Gutachtens für die Antidiskriminierungsstelle des Bundes, dass »das polizeiliche Meldeverfahren einen Paradigmenwechsel [benötigt]«, da »die in den KPMD-PMK Vorschriften vorgenommene Zuordnung einschlägiger Fälle zu politisch motivierter Kriminalität den Blick auf die Hasskriminalität in ihrer Gesamtheit [verstellt]« (Kugelmann, 2015, S. 37).

Dass die vor nunmehr 15 Jahren vorgenommene Implementierung der »Hasskriminalität« nach wie vor Verständnis- und Anwendungsprobleme bereitet, offenbart sich in einem Statement des Vorsitzenden der Gewerkschaft der Polizei, Kriminaloberrat Oliver Malchow: »Politische Motive sind Rechts- und Linksextremismus, aber auch religiöse Beweggründe. Diese Bereiche werden nicht in der polizeilichen Kriminalstatistik abgebildet, sondern in der der Staatsschutzdelikte. Homophobie fällt zum Beispiel nicht unter die politisch motivierten Straftaten« (Cicero Online,

2015). Jenseits der Tatsache, dass dies bereits dem Wortlaut der PMK-Definition widerspricht, zeigt die Aussage auch, wie begrenzt und auf die vermeintlichen Ränder fokussiert das Verständnis von »politisch« ist. Zu dieser Erkenntnis kommt auch Kugelmann und stellt hinsichtlich der Arbeitsweise der Polizei fest, dass

> aus der Sicht der Polizeibeamtin oder des Polizeibeamten immer eine politische Motivation zu erkennen sein [muss], um die Handlung dem Regime der PMK und der Zuständigkeit des polizeilichen Staatsschutzes zuzuweisen. Die quantitativ sicherlich im Mittelpunkt stehenden Fälle des Rassismus und der Fremdenfeindlichkeit, die von rechtsextremistischen Täterinnen oder Tätern begangen werden, dominieren die polizeiliche Praxis und damit auch die Sichtweise der Beamtinnen und Beamten des Schichtdienstes, die regelmäßig zuerst mit einer Situation der Lebenswirklichkeit konfrontiert sind. Ihr Blickwinkel muss geweitet werden, damit vermehrt auch Hasskriminalität als solche identifiziert wird, die kein rechtsextremistisches Gepräge aufweist. Dies setzt eine Änderung der KPMD-PMK voraus. (Kugelmann, 2015, S. 37)

Die problematische Extremismus-Fokussierung prägt die gesamte Struktur des PMK-Systems, das in vier Dimensionen aufgeteilt ist.[1]

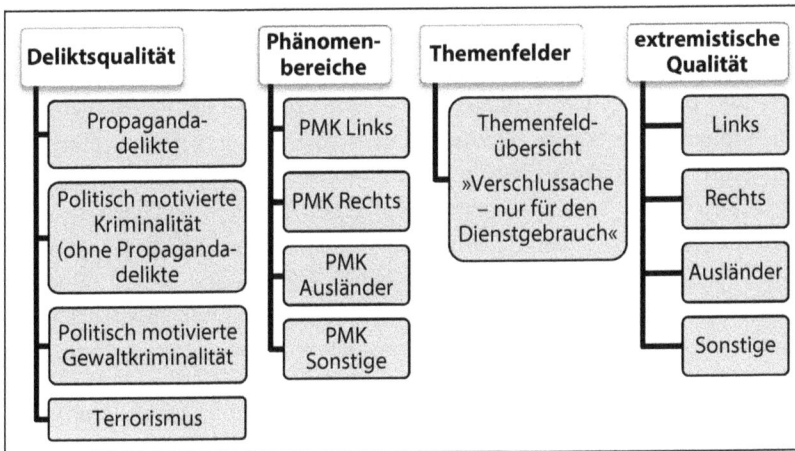

Deliktsqualität	Phänomen-bereiche	Themenfelder	extremistische Qualität
Propaganda-delikte	PMK Links	Themenfeld-übersicht	Links
Politisch motivierte Kriminalität (ohne Propaganda-delikte)	PMK Rechts	»Verschlussache – nur für den Dienstgebrauch«	Rechts
Politisch motivierte Gewaltkriminalität	PMK Ausländer		Ausländer
Terrorismus	PMK Sonstige		Sonstige

Abbildung 1: Dimensionen der PMK (Abbildung aus Lang, 2014, Abb. 5).

---

1 Die Darstellung des PMK-Aufbaus erfolgt anhand des offiziellen Definitionssystems PMK (Bundeskriminalamt, 2010, S. 4ff.)

Die Einteilung der Phänomenbereiche spiegelt deutlich das kritisierte Extremismuskonzept wider und wird zu Recht als »halbherzige Innovation oder traditionsverhaftete Modernisierung« (Kohlstruck, 2010, S. 5) beanstandet. Die Zuordnung zu dem jeweiligen Bereich wird danach vorgenommen, ob sich Anhaltspunkte für eine »linke« oder »rechte« Orientierung der Tat finden lassen. Zwar könnte gerade unter Bezugnahme auf die Einstellungsforschung darauf verwiesen werden, dass rassistische Angriffe von Tätern, die nicht dem organisierten rechten Personenspektrum zuzurechnen sind, sehr wohl als politisch motiviert erfasst werden sollten, aber dies wird durch das fest verankerte Bild des »ideologisch gefestigten« Täters erschwert. Der Brandanschlag in Altena im Oktober 2015 wurde von den Ermittlungsbehörden beispielsweise als schwere Brandstiftung und nicht als versuchter Mord gewertet, obwohl die Flüchtlinge, die das Haus bewohnten, zum Tatzeitpunkt darin schliefen. Der zuständige Staatsanwalt Bernd Maas erklärte dazu, »Hintergrund ist eine persönliche Überzeugung, keine politische« (Spiegel Online, 2015). Die geständigen Täter hatten in ihrer Vernehmung zur Motivation »Verärgerung über den Einzug von Flüchtlingen in das Wohnobjekt« angegeben (ebd.).

Neben der Kategorisierung nach Phänomenbereichen muss eine Tat im Rahmen der PMK auch in einem oder mehreren Themenfeldern (Mehrfachnennung möglich) erfasst werden. Dieser nichtöffentliche Themenfeldkatalog ist Arbeitsmittel der strategischen und planerischen Polizeiarbeit und daher als »Verschlusssache – Nur für den Dienstgebrauch« der Öffentlichkeit verborgen. Damit soll verhindert werden, dass »polizeiliche Bekämpfungsansätze gezielt unterlaufen werden, indem sich entsprechende Straftäter die strategisch-taktischen Überlegungen zu Eigen machen und ihr Verhalten danach ausrichten« (BT-Drs. 18/5758, S. 10). Als polizeiliches Arbeitsmittel kommt dem Katalog zumindest eine Wirkung in die Behörde hinein zu. In Anbetracht der im Rahmen von Auskünften bekannt gewordenen Themenfelder muss davon ausgegangen werden, dass zweifelhafte Problemdefinitionen vermittelt sowie Feind- und Zerrbilder entstehen bzw. verfestigt werden, die dann zur Grundlage der Definition bzw. Konstruktion von politischer Kriminalität werden. So wird beispielsweise das Themenfeld Fundamentalismus nur mit Islamismus in Zusammenhang gebracht, nicht aber mit christlichem oder anderem religiösen Fanatismus. Die Konstituierung von Themenfeldern mit Bezeichnungen wie: »Einsatz für die Entschädigung von Opfern des NS-Regimes«, »Kirchenasyl«, »Dritte Welt-Problematik«, »Gesundheitswesen«, »Renten« oder »Verbraucherschutz«, obwohl in den vergangenen Jahren hierin keine bzw. kaum Straftaten verübt wurden (BT-Drs. 17/14751, S. 6ff.), erscheint geradezu abwegig. Hier wird Kriminalität konstruiert, wo sie nicht existiert, und verfassungsrechtlich geschütztes Verhalten in die Nähe von Straftaten gestellt. Zudem weigern sich die Behörden trotz massiver Kritik von Interessenverbänden beharrlich, gesonderte Erfassungskriterien für antimuslimische Straftaten zu schaffen. Zwar stellte die Bundesregierung 2013 fest, »dass das Aktionsfeld Islamfeindlichkeit als eine neuartige Form der Fremdenfeindlichkeit im Rechtsextremismus in den vergangenen Jahren an Bedeutung gewonnen [hat]« (BT-Drs. 17/13686, S. 2), was aber »keine grundsätzlich neue Qualität einer muslim- oder islamfeindlichen Einstellung dar[stelle]« (ebd.). Eine Anpassung erfolgte daher nicht. Die gleiche Haltung wird auch hinsichtlich antiziganistischer Straftaten vertreten, obwohl sich die Bundesregierung ihrer »besonderen Bedeutung« und »besonderen historischen Verantwortung« bewusst ist (BT-Dr. 17/14754, S. 13).

Diese anmaßende Haltung der Behörden gegenüber Betroffenengruppen ist kein Einzelfall. So wurden in einer Erklärung für Polizeibeamte/innen, was unter Straftaten wegen sexueller Orientierung zu verstehen sei, »Homosexuelle, Transsexuelle, Sexualstraftäter« in einer Klammer zusammengefasst (BT-Drs. 18/343, S. 7f.). Ebenso wurden »Obdachlose, Drogenabhängige, Angehörige des kriminellen Milieus/mutmaßliche Straftäter und Deutsche in Ehe-/Liebesbeziehungen zu Ausländern« unter dem Kriterium »gesellschaftlicher Status« aufgeführt (ebd.). Dass solche Ausführungen, die nach Angabe der Bundesregierung dazu dienen sollen, der/m einzelnen Polizisten/in die Phänomene »greifbarer« (ebd.) zu machen, geeignet sind, Vorurteile bei den Behörden abzubauen, darf bezweifelt werden. Vielmehr wird in skandalöser Weise ein völlig falsches Bild gezeichnet. In Reaktion auf die im Bundestag von der Opposition vorgebrachte Kritik erklärte die Bundesregierung: »Um jedoch zukünftig eventuellen Missverständnissen, die mit der bisherigen Anordnung der Opfergruppen einhergehen, vorzubeugen, wird der Bund zusammen mit den Ländern für künftige Anwendungsfälle Umformulierungen erörtern« (BT-Dr. 18/740, S. 3).

Praktische Erkenntnisdefizite

Neben den definitorischen Defiziten besteht das augenfälligste Problem darin, dass die Behörden vorurteilsmotivierte Taten nicht erkennen bzw. nicht registrieren. So erfassen unabhängige Beobachtungsstellen seit Jahren etwa doppelt so viele rechtsmotivierte Straftaten wie die Polizei. Dies liegt auch daran, dass das Vertrauen von Minderheiten in die Strafverfolgungsbehörden erheblich erschüttert ist. Das Erleben von rassistischen Polizeikontrollen, Vertreibungen aus Innenstadtvierteln durch Beamte/innen, homophoben Sprüchen auf dem Revier bei Anzeige von schwulenfeindlichen Straftaten und Nicht- oder stark verzögertem Erscheinen beim Notruf nach rechten Gewalttaten haben zur Folge, dass die Polizei als Teil des Problems und nicht der Lösung gesehen wird (Schmid & Storni, 2009, S. 222ff.; HRW, 2011, S. 17; Böttger et al., 2006, S. 414; m.w.N. Lang, 2014, S. 27). Einer aktuellen Studie zufolge fühlten sich 47% der von Hasskriminalität Betroffenen nicht durch die Polizei vor Ort ernst genommen, 56% hatten nicht den Eindruck, dass es der Polizei wichtig war, den politischen Hintergrund der Tat aufzuklären, und ca. ein Fünftel berichtet von Mitschuldvorwürfen seitens der Beamten/innen (Quent et al., 2014, S. 27ff.). Die Erfahrungen, dass den Opfern im Strafverfahren dann häufig Mitschuldvorwürfe (»Warum läufst du auch mit bunten Haaren rum?«) gemacht, die Verfahren eingestellt werden oder die Tatmotivation keine Rolle spielt, führen dazu, dass Strafverfahren für die Betroffenen mehr Stress verursachen als Sinn ergeben (vgl. Beratungsstellen für Opfer rechter Gewalt, 2009; Agentur der Europäischen Union für Grundrechte, 2011, S. 80ff.; Döring, 2008, S. 208ff.).

Mangelnde Sensibilisierung, Unkenntnis sowie Ungleichwertigkeitsvorstellungen, die in den Behörden verankert sind, tragen darüber hinaus dazu bei, dass Vorurteilskriminalität im Dunkelfeld bleibt. Wenn die Beamten/innen die »Umstände der Tat« aufgrund (unbewusster) eigener Vorurteile falsch deuten bzw. verkennen, nützen die besten Definitionen nichts. Denn es kommt letztendlich darauf an, dass der/die Sachbearbeiter/in »in Würdigung der Umstände der Tat und/oder der Einstellung des Täters Anhaltspunkte« erkennt, dass die Tat aus vorurteilsmotivierten Beweggründen begangen wurde. Die Perspektive der Polizei ist dabei überproportional häufig männlich, weiß und heteronormativ.

AUS DEN FEHLERN NICHTS GELERNT?

Das schwerwiegendste Beispiel für das Nichterkennen der Tatmotivation durch die Behörden ist die rassistische Mordserie des NSU. Statt Hinweisen der Hinterbliebenen und der Communities nachzugehen, wurden die Opfer, ihre Familien und Bekannten mit Drogen, Mafia und Schutzgeld in Verbindung gebracht; es wurde also – rassistischen Stereotypen entsprechend – das Bild vom »kriminellen Ausländer« bedient. Zwar wurden die Behörden – auch auf Druck des NSU-Untersuchungsausschusses im Bundestag – darauf verpflichtet, an ihren Defiziten zu arbeiten; der Abschlussbericht des NSU-Untersuchungsausschusses attestierte der PMK »große Schwächen« und stellte die Notwendigkeit einer »grundlegenden Überarbeitung« fest (BT-Drs. 17/41600, S. 861).

Dass sich rassistische Vorurteile in der Ermittlungsarbeit jedoch hartnäckig halten, zeigt auf erschreckende Weise das Vorgehen der Beamten/innen im Fall des Verschwindens des Flüchtlingskindes Mohammed vom Gelände des Berliner LAGESO (die folgende Darstellung beruht auf Informationen aus *Der Spiegel* 6/2016 »Fahndung zweiter Klasse«, Gebauer & Müller, 2016). Der Vierjährige wurde von einem Deutschen vom Gelände entführt, missbraucht und anschließend getötet. Der Beschuldigte Silvio S. ist nicht nur des Verbrechens an Mohammed dringend tatverdächtig, sondern auch des Missbrauchs und der anschließenden Tötung des sechsjährigen Elias aus Potsdam. Nach dem Verschwinden von Elias im Juli 2015 rückte eine Einsatzhundertschaft aus, Polizeihubschrauber mit Wärmebildkameras stiegen auf, hunderte Polizisten/innen befragten in den Folgetagen die Nachbarschaft, durchsuchten Keller, tauchten einen nahegelegenen See ab und ließen einen Teil eines Flusses ausbaggern – im Fall Mohammed geschah dagegen kaum etwas: Die Beamten/innen suchten lediglich das LAGESO-Gelände sowie die nahegelegenen Parks ab und befragten am Folgetag den Sicherheitsdienst und die Bewohner/innen der Unterkunft, in der die Familie lebte. Waren im Fall Elias 1.800 Polizisten/innen im Einsatz, wurde die Suche nach Mohammed am Folgetag erst einmal eingestellt. Zum unterschiedlichen Vorgehen schreibt *Der Spiegel:*

> Das gleiche Verbrechen, aber zwei Arten zu ermitteln. Und das, obwohl sich die Fälle von Anfang an stark ähneln: Beide Kinder kommen aus sozial schwachen Familien, leben von Sozialhilfe. Beide Mütter reagieren aus Sicht

der Ermittler merkwürdig kühl, machen widersprüchliche Angaben, vertun sich bei den Uhrzeiten. Beide leiblichen Väter kümmern sich nicht um ihre Kinder, beide Lebensgefährten der Mütter geraten im Laufe der Ermittlungen ins Visier der Polizei. (Gebauer & Müller, 2016)

Im Fall Mohammed vermutete die Polizei Streitigkeiten in der Familie, gar eine Täuschung der Behörden, um damit die bevorstehende Abschiebung zu verhindern. Während im Fall Elias tatsächlich »in alle Richtungen« ermittelt wurde, konzentrierten sich die Ermittlungen im Fall Mohammed auf die Familie, obwohl zwischen 2011 und 2015 keine Fälle von vorgetäuschter Kindesentführung mit dem Motiv der Sicherung eines Aufenthaltstitels vorgekommen sind (Abg. Berlin Drs. 17/17492 v. 16.12.2015). Es scheint, als hätte die Polizei aus dem eklatanten Versagen beim NSU nichts gelernt. Wieder standen die Opfer im Fokus der Ermittlungen, wieder wurde der Täter nicht bzw. viel zu spät gesehen. Auch wenn es sich bei diesem Verbrechen nicht um eine rassistische Tat handelte, so zeigt der Fall auf, wie stark rassistische Implikationen einer sachlichen und gründlichen Ermittlungsarbeit noch immer im Wege stehen.

FOKUS JUSTIZ

Neben der Polizei sind auch Staatsanwaltschaften und Gerichte in den Blick zu nehmen. Dazu ist zunächst kritisch anzumerken, dass sie zu politisch motivierten Taten keinerlei öffentliche Daten zum Ausgang der Strafverfahren, zur Strafzumessung, zu Tätern, Delikten oder Verurteilungen erheben, weswegen derzeit keine validen Angaben gemacht werden können, welchen Gang die Verfahren nehmen, ob die Tatmotivation Beachtung findet und welche Strafen ausgesprochen werden. Die Forderung nach einer übergreifenden Verlaufsstatistik von Polizei und Justiz steht seit Längerem im Raum. Als Folge des NSU-Untersuchungsausschusses beschlossen die Justizminister der Länder und des Bundes auf ihrer Konferenz im Juni 2013, »dass Straftaten, denen menschenverachtende Beweggründe zu Grunde liegen, bei den Staatsanwaltschaften als solche registriert und in statistischen Erhebungen der Justiz ausgewiesen werden« (Konferenz der Justizministerinnen und Justizminister, 2013). Ein solche öffentliche Erhebung existiert bis heute nicht.

Die Rechtstatsachenforschung weist auf massive Defizite bei der Ahndung vorurteilsmotivierter Straftaten durch Staatsanwaltschaften und Gerichte hin. Von den 122 Verfahren aus den Jahren 2006 und 2007 in Sachsen über Gewalttaten, die von der Polizei als rechtsmotiviert erfasst worden waren, wurden nachweislich nur bei 15 (12%) die Beweggründe in die Strafbemessung einbezogen (Lang, 2014, S. 306f.). Die Ergebnisse der sächsischen Untersuchung sollen im Folgenden detaillierter dargestellt werden (alle Lang, 2014, S. 304ff.).

Zunächst ist anzumerken, dass etwa 75–80% der rechten Gewalttaten durch die Polizei aufgeklärt wurden und die Quote damit etwa der der allgemeinen Gewaltkriminalität entspricht (ebd., S. 304). Mehr als jedes fünfte Verfahren (21%) wurde jedoch bereits durch die Staatsanwaltschaft eingestellt (allerdings nur in 8% der Fälle, weil kein hinreichender Tatverdacht bestand). Auch wenn die Quote der Verfahrenseinstellungen damit der der nicht politisch motivierten Gewaltkriminalität entspricht, ist doch gerade dieser »Gleichlauf« zu kritisieren, da die spezifische Gefährdung und gesellschaftliche Wirkung ignoriert wird. Das »Signal« an die Täter und ihr Umfeld ist eines der Nichtreaktion und gerade nicht jenes »Gegenfanal«, welches der Generalbundesanwalt Peter Frank in seinem Interview im Magazin *Der Spiegel* im Februar 2016 forderte.

Die Staatsanwaltschaft erhob in 96 der 122 Fälle Anklage, wobei die vorurteilsmotivierten Beweggründe der Tat in 39 Fällen (41%) keine Erwähnung fanden. Die Staatsanwaltschaft betrachtete die vorurteilsmotivierten Beweggründe demnach in nahezu jedem zweiten Verfahren als nebensächlich. Die Entpolitisierung der Tat findet somit bereits zu Beginn des gerichtlichen Verfahrens statt.

Genauso fatale Zahlen liefern die Gerichte. In 74 Verfahren wurden schuldsprechende Urteile gefällt, bei knapp zwei Dritteln (44 Fälle entsprechen 59%) davon war in der Sachverhaltsschilderung die rechte Tatmotivation noch ersichtlich. Jedoch wurden nur in jedem fünften Urteil (15 Verfahren) die vorurteilsmotivierten Beweggründe in die Strafzumessung einbezogen. Zu ähnlichen Ergebnissen kommt eine vergleichbare Studie zur Hasskriminalität in Baden-Württemberg. Diese konstatierte ebenfalls nur in 13% der untersuchten Verfahren eine Einbeziehung der Motivlage in die Strafzumessung (Glet, 2011, S. 234). Das »Im Namen des Volkes« gesprochene Urteil signalisiert somit den Tätern, dass die der Tat zugrunde liegende minderheitenfeindliche Motivation als unbedeutsam erachtet wird und zu keiner Strafverschärfung führt. Für die Betroffenen ist dies häufig ein weiterer Schlag, da sie gerade von einem unparteiischen Gericht erwarten und erwarten dürfen, dass es die minderheitenfeindliche Tatmotivation benennt und entsprechend hervorhebt.

GESETZLICHE NEUERUNGEN

Schon vor der Gesetzesänderung forderte § 46 StGB die Einbeziehung der Beweggründe und Motive im Rahmen der Strafzumessung. Dem gesetzlich formulierten Anspruch wurde die Justiz ausweislich der dargestellten Untersuchungsergebnisse nicht gerecht.

Obwohl bereits seit dem Jahr 2000 im Bundesrat wiederholt Gesetzesentwürfe zur Implementierung einer expliziten strafrechtlichen Hasskriminalitätsnorm verabschiedet und dem Bundestag vorgelegt wurden, scheiterte das Vorhaben immer wieder an den politischen Mehrheiten. Mit der Zäsur des NSU und veränderten politischen Konstellationen auf Bundesebene kam es nun zu einer Änderung: Seit dem 1. August 2015 verfügt das deutsche Strafrecht über eine Norm, welche Taten aus dem Bereich der »Hasskriminalität« gesondert benennt. Im Rahmen der Strafzumessung (§ 46 StGB) sollen nunmehr Taten, welche aus »rassistischen, fremdenfeindlichen oder sonstigen menschenverachtenden Beweggründen« begangen wurden, schärfer geahndet werden.

Die Einführung der Norm ist dem Grunde nach zu begrüßen, da sie positive Auswirkungen sowohl auf das Behördensystem als auch auf die betroffenen Minderheiten erhoffen lässt. Sie bietet Möglichkeiten für Sensibilisierungs- und Stärkungseffekte. Darüber hinaus eröffnet sie durch den Aufbau von Vertrauen in die Behörden und in die staatlichen Sanktionssysteme Chancen für mehr gesellschaftliche Partizipation und die Integration von Minderheiten. Schließlich sendet die Kriminalisierung von vorurteilsmotivierten Taten eine klare und – wie die empirischen Ergebnisse belegen – notwendige Botschaft an die zuständigen Behörden und Gerichte.

Eine spezifische Regelung ist aus drei Gründen von großer Bedeutung. Erstens wirken sich vorurteilsmotivierte Taten besonders stark auf die Betroffenen aus, die ja aufgrund ihrer unveränderbaren bzw. identitätsprägenden Merkmale angegriffen werden. Zweitens intendieren diese Taten gerade, Angst in der gesamten gesellschaftlichen Gruppe zu schüren, der das Opfer (vermeintlich) angehört (»Botschaftsfunktion«): Der ganzen Gruppe soll gezeigt werden, dass sie nicht erwünscht ist und dass gegebenenfalls auch Gewalt zu ihrer Vertreibung eingesetzt wird. Angriffe auf Minderheiten berühren darüber hinaus meist historische und soziale Probleme, die im Gedächtnis der Betroffenengruppe verankert und abrufbar sind (Lawrence, 2009, S. 41). Drittens haben die Taten eine destabilisierende Wirkung auf demokratisch verfasste Annahmen, da das Grundprinzip der Gleichheit und Freiheit aller (z.B. im Sinne der Religions- und Meinungsfreiheit) infrage gestellt wird. Vorurteilsmotivierte Delikte stellen einen Angriff auf die Gesellschaft an und für sich dar, indem sie garantierte Menschenrechte negieren und das friedliche gesellschaftliche Miteinander zu zerstören versuchen.

Diese Dreidimensionalität spiegelt die besondere Schwere dieser Taten wider. Mit einer gesonderten Regelung unterstreicht der Gesetzgeber ihren hohen Stellenwert und ihre Sanktionsbedürftigkeit. Darüber hinaus unterscheiden sich Botschaftsverbrechen auch auf qualitativer Ebene von vergleichbaren Straftaten der Allgemeinkriminalität (vgl. umfassende Darstellung bei Hall, 2005, S. 66ff.; McDevitt et al., 2001, S. 705ff.). Sie sind meist brutaler, die Opfer erleben häufiger massive, unerwartete, körperliche Gewalt. Meist sind die Angreifer zahlenmäßig überlegen und die Opfer leisten – abgesehen von Notwehrhandlungen – keinen nennenswerten Tatbeitrag (vgl. Lawrence, 2009, S. 39f.; Cogan, 2002, S. 173; Levin & McDevitt, 2002, S. 17ff.; Herek et al., 2003, S. 257; Craig-Henderson & Sloan, 2003, S. 481; Willems & Steigleder, 2003; U.S. Department of Justice, 2005; Senatsverwaltung für Inneres und Sport in Berlin, 2007; Backes et al., 2010; McDevitt et al., 2001, S. 705ff.).

Kritiker/innen werfen der Regelung vor, mit ihr würde Gesinnungsstrafrecht eingeführt werden (z.B. Bruhn & Risch, 2001, S. 5; Hasseln-Grindel, 2009; Kohlstruck, 2004, S. 73; Jakobs, 1993, S. 311; Backes, 1994, S. 372). Sie bleiben dabei zunächst die Erklärung schuldig, weshalb sich dieser Vorwurf nicht längst gegen die zahlreichen Vorfeldverbote gerichtet hat, wie zum Beispiel die Tatbestände des »Verbreitens von Propagandamitteln verfassungswidriger Organisationen« (§ 86 StGB), des »Verwendens von Kennzeichen verfassungswidriger Organisationen« (§ 86a StGB) oder der »Volksverhetzung« (§ 130 StGB). Es scheint, als hätten die Kritiker/innen mehr Interesse daran, Äußerungsdelikte zu sanktionieren als Gewaltstraftaten (so auch Aydin, 2006, S. 474).

Ihr Argument läuft aber auch inhaltlich ins Leere, denn es handelt sich bei der Norm gerade nicht um eine Bestrafung der Gesinnung selbst. Vielmehr ist die Strafbarkeit nur dann gegeben, wenn sich die Gesinnung auch in einer Straftat niederschlägt. Die Trennung von Moralität und Legalität bleibt erhalten, denn die Gesinnung des Subjekts ist so lange juristisch ohne Belang, wie es sich rechtskonform verhält (Kelker, 2007, S. 404).

GUT GEMEINT, SCHLECHT GEMACHT

Auch wenn prinzipiell sehr viel für die Einführung der Regelung zu »Hasskriminalität« spricht, ist die verabschiedete Lösung dennoch nicht zufriedenstellend. Zunächst bleibt offen, worin der Unterschied zwischen den Begriffen »rassistisch« und »fremdenfeindlich« besteht. Auch wird der Begriff der Fremdenfeindlichkeit von Betroffenengruppen, aber auch der Wissenschaft kritisch rezipiert (vgl. Terkessidis, 2004, S. 44ff.; Butterwegge, o.J., S. 1f.; Follmar-Otto in: Deutschlandradio, 2012; Cremer & Deutsches Institut für Menschenrechte, 2014, S. 1f.). Er impliziert eine auf Emotionen beruhende Angst vor »dem Fremden« und läuft Gefahr, die gesellschaftlichen Ursachen von Diskriminierung zu bagatellisieren. Auch kann er schnell vom eigentlichen Problem ablenken, denn Opfer von Angriffen werden nicht »Fremde« per se, sondern nur ganz bestimmte Minderheiten. Der auffälligste Mangel des Vorschlages ist jedoch, dass er nicht auf eine geschlossene Aufzählung setzt, sondern deutungsoffen von »sonstigen menschenverachtenden Beweggründe[n]« spricht. Nach der Gesetzesbegründung sollen darunter »weitere anerkannte Diskriminierungsverbote erfasst und der Strafzumessungspraxis der notwendige Raum gegeben werden, um alle Formen der Hass- und Vorurteilskriminalität sachgerecht beurteilen zu können« (BT-Drs. 18/3007, S. 15). Das als Auffangmerkmal gemeinte Kriterium soll all jene Delikte umfassen, bei denen »die vermeintliche Andersartigkeit einer Personengruppe als Rechtfertigung für die Negierung der Menschenrechte und die Verletzung der Menschenwürde der Opfer missbraucht wird«, und lehnt sich insoweit an den Kriterienkatalog der PMK an, in dem antisemitische, gegen die religiöse Orientierung, gegen eine Behinderung, gegen den gesellschaftlichen Status oder gegen die sexuelle Orientierung gerichtete Beweggründe und Ziele genannt werden. Die Gesetzesbegründung fügt erklärend hinzu, dass mit dem Kriterium »gesellschaftlicher Status« beispielsweise Straftaten gegen Obdachlose oder andere sozial Schwache, die durch ein sozialdarwinistisches Weltbild motiviert sind, erfasst werden sollen; »sexuelle Orientierung« umfasse auch Beweggründe und Ziele, die sich gegen die »sexuelle Identität« des Opfers richten.

Zunächst ist die Subsumtion sämtlicher anderer Gruppen unter ein Auffangmerkmal bedenklich, da diese weiter »versteckt« bleiben. Gerade aufgund der Erkenntnis der fehlerhaften Fokussierung der Polizei auf das »Offensichtliche« steht zu befürchten, dass Gewalt gegen Menschen wegen ihrer Behinderung, ihrer sexuellen Orientierung und/oder Geschlechtsidentität oder aus sozialdarwinistischen Beweggründen weiter im Dunkeln bleibt. Daher haben Betroffenenverbände massive Kritik geübt:

> Behinderte Menschen werden nicht Opfer von Hasskriminalität, weil sie Menschen sind, sondern weil sie eine Behinderung haben. [...] Minderheiten in einen Sammelbegriff zu packen ist genau das, was das Gesetz eigentlich gerade nicht tun sollte. Es sollte die besondere Situation der Opfer würdigen und transparent machen, dass es Straftaten gibt, die begangen werden, weil das Opfer eine Behinderung, eine bestimmte sexuelle Orientierung, eine andere Herkunft oder eine bestimmte Religion hat. (Link, 2014)

Der Lesben- und Schwulenverband in Deutschland (LSVD) bezieht ebenfalls Stellung und kritisiert, dass es

> ein Ausdruck von Missachtung [ist], wenn ein Gesetz gegen Hasskriminalität diese Formen von Gewalt in der Floskel »sonstige menschenverachtende« Beweggründe versteckt. Alle Erfahrung zeigt: Wenn homophobe und transphobe Hasskriminalität nicht ausdrücklich mitbenannt ist, wird diesen Beweggründen in der Praxis von Polizei und Justiz zu wenig nachgegangen. (LSVD, 2014)

Neben der Problematik der Nichtbenennung zahlreicher Gruppen, besteht eine weitere Schwierigkeit darin, dass die Formulierung nicht als abschließend verstanden werden kann. Vielmehr verweist der Gesetzgeber in seiner Begründung darauf, dass den im »Themenfeldkatalog PMK genannten Unterthemen keine bindende oder gar abschließende Wirkung zukommt« und es so dem »Gericht frei[steht], auch andere menschenverachtende Beweggründe und Ziele zu berücksichtigen« (BT-Drs. 18/3007, S. 15). Für die Rechtsanwendung bleibt somit zu befürchten, dass höchst unterschiedliche Kriterien angewandt werden. Damit geht aber der Sinn und Zweck einer spezifischen Regelung verloren. Ziel ist nicht der Schutz jeglicher gesellschaftlich abgrenzbarer Gruppen, sondern derjenigen Minderheiten, die in der Analyse historischer und gesellschaftlicher Umstände von Marginalisierung und Diskriminierung betroffen sind. Zu erfassen wären daher zumindest rassistische und antisemitische Delikte, Angriffe gegen Obdachlose und sozial Ausgegrenzte, gegen Menschen aufgrund ihrer sexuellen Orientierung und/oder Geschlechtsidentität, gegen Personen mit Behinderung sowie jene Gewalttaten, die sich gegen Andersdenkende richten.

ÄNDERUNGEN IM ERMITTLUNGSVERFAHREN

Abschließend soll auf die weiteren Neuerungen eingegangen werden. Da die Veränderung der Strafzumessungsregelung erst in einer späten Phase des Strafverfahrens Wirkung zeigt, wurden in Abstimmung mit den Bundesländern auch Korrekturen in den »Richtlinien für das Straf- und Bußgeldverfahren« (RiStBV) vorgenommen, die das Handeln von Staatsanwaltschaft und Polizei leiten. In Hinblick auf die Aufklärung der Tatmotivation wurde in Nr. 15 RiStBV nunmehr klargestellt: »Soweit Anhaltspunkte für rassistische, fremdenfeindliche oder sonstige menschenverachtende Beweggründe bestehen, sind die Ermittlungen auch auf solche Tatumstände zu erstrecken«. Diese Weisung ist nun für Polizei und Staatsanwaltschaft im Rahmen der Ermittlungen bindend. Die Implementierung zeigt damit auch, dass die Defizite im Handeln der Strafverfolgungsbehörden in den vergangenen Jahrzehnten durchaus erkannt wurden.

Darüber hinaus werden die Möglichkeiten der Staatsanwaltschaft, Geschädigte von vorurteilsmotivierten Delikten auf den sogenannten Privatklageweg zu verweisen oder die Verfahren einzustellen, deutlich eingegrenzt. Die Richtlinien stellen jetzt klar, dass das (besondere) öffentliche Interesse an der Strafverfolgung in der Regel gegeben ist, wenn rassistische, fremdenfeindliche oder sonstige menschenverachtende Beweggründe vorliegen. Hintergrund ist, dass bestimmte Straftaten, z.B. Hausfriedensbruch, Beleidigung, (einfache) Körperverletzung, Bedrohung, Sachbeschädigung, nur verfolgt werden, wenn seitens der Staatsanwaltschaft das (besondere) öffentliche Interesse angenommen wird. Darüber hinaus ist das Vorliegen des »öffentlichen Interesses« auch relevant, weil es das Absehen von der Verfolgung (Einstellung) wegen Geringfügigkeit verhindert.

Weiterhin hat die Generalbundesanwaltschaft auf Bitten der Justizministerkonferenz für Staatsanwaltschaften und Justizvollzugsbeamte Merkblätter mit »Indikatoren zum Erkennen rechtsterroristischer Zusammenhänge« (Stand 2015) erstellt. Auch an diesen Merkblättern fällt auf, dass der Fokus auf den »klassischen rechtsextremistischen« Täter gerichtet bleibt. Beispielsweise wird aufgeführt, dass »Ziele rechtsterroristischer Gruppen nicht nur Ausländer oder politische Gegner, vor allem aus dem linken politischen Spektrum [sein können], sondern auch Repräsentanten der Bundesrepublik Deutschland wie Politiker und andere Personen des öffentlichen Lebens sowie Polizeibeamte« (Merkblatt für Staatsanwälte, 2015, S. 2). Erklärend sollte hinzugefügt werden, dass »Rechtsterrorismus« und nicht »Vorurteilskriminalität« im Blickpunkt des Merkblattes stand, dennoch bleibt festzustellen, dass ausschließlich das Bild des rechtsextremistischen Täters gezeichnet wird. Auch in Hinblick auf das Täterbild, das vom Bundeskriminalamt zum massiven Anstieg von Angriffen auf Flüchtlingsunterkünfte gezeichnet wird, bleibt zu befürchten, dass erneut relevante Täter/innengruppen außer Acht gelassen werden. Darüber hinaus sind die Merkblätter in keiner Weise geeignet, den Beamten/innen eine Hilfestellung zur Verfolgung von Vorurteilskriminalität im Allgemeinen zu geben. Mit keinem Wort werden beispielsweise Homosexuelle oder Obdachlose als Betroffenengruppen erwähnt.

FAZIT

Trotz der schwerwiegenden Mängel bleibt festzustellen, dass die Zäsur des NSU eine – wenn auch langsame – Veränderung in den Strafverfolgungsbehörden und Gerichten bewirkt. Eine Überarbeitung des Erfassungssystems PMK wurde begonnen, auch wenn die Resultate noch auf sich warten lassen. In das Strafrecht und die bindenden Dienstanweisungen für die Ermittlungsbehörden wurden Neuerungen zu vorurteilsmotivierten Taten implementiert, die allerdings hinter den Erwartungen und Möglichkeiten zurückbleiben. Insbesondere hat sich der Gesetzgeber (bisher) gescheut, entsprechende Korrekturen auch in der Strafprozessordnung vorzunehmen, obwohl sie insbesondere hinsichtlich der Formulierung von Anklagen und Urteilen durchaus Anlass dafür böte. Auch dass das Jugendstrafrecht nicht in den Blick genommen wurde, ist kritikwürdig. Ob hier die Auffassung durchgreift, die im Strafgesetzbuch durchgesetzten Veränderungen würden auch in Jugendstrafverfahren Anwendung finden, bleibt abzuwarten, ist jedoch umstritten.

Eine Veränderung der Behördenkultur kann jedoch nicht (allein) durch formale Neuerungen erreicht werden. Hierzu bedarf es spezifischer Fortbildungen für den Bereich der Vorurteilskriminalität. Die Öffnung der Behörden – insbesondere zum Stichwort Diversität – muss vorangebracht werden. Bis zum heutigen Tag mangelt es den Strafverfolgungsbehörden an einer Fehlerkultur: Insbesondere auf externe Kritik wird abweisend, verneinend und äußerst harsch reagiert. Auch Studien zum Einstellungsverhalten von Polizeibeamten/innen existieren faktisch nicht. In Anbetracht der polizeilichen Reaktionsweise im Zuge der Vorkommnisse in Freital, Heidenau oder Clausnitz liegt die Vermutung nahe, dass Rassismus und Rechtspopulismus auch bei den Beamten/innen auf fruchtbaren Boden fallen. So attestierte die Menschenrechtsorganisation Human Rights Watch (2015) im Zuge der Angriffswelle gegen Flüchtlinge den deutschen Strafverfolgungsbehörden eine traditionelle Sehschwäche, sobald es um rechte Gewalt geht. Der stellvertretende Ministerpräsident Sachsens, Martin Dulig, fragte sich gar, »ob die Sympathien für Pegida und die AfD innerhalb der sächsischen Polizei größer sind als im Bevölkerungsdurchschnitt« (Hähnig & Schirmer, 2016). Die Behörden reagierten mit empörter Abwehr – statt entsprechende Studien in Auftrag zu geben, die Aufklärung über den Sachverhalt liefern könnten. Seit 20 Jahren wurde keine flächendeckende Evaluation der Fremdenfeindlichkeit von Polizeibeamten/innen durchgeführt. Polizei-Insider sind davon überzeugt, dass Untersuchungen durch die Innenverwaltungen aus Angst vor dem Ergebnis verhindert werden (Prengel, 2012). Eine Studie der Fachhochschule der Polizei in Sachsen-Anhalt aus dem Jahr 2014 untersuchte den Umgang der Polizei mit migrantischen Opferzeugen und stellte mangelnde Sensibilität und eine Verharmlosung rassistischer Tatmotive fest (Asmus & Enke, 2016). Der Erziehungswissenschaftler Klaus Ahlheim untersuchte im Jahr 2003 die Einstellungen von gewerkschaftlich organisierten Polizisten/innen und kam zu dem Ergebnis, dass 19% von ihnen rechtsextreme Ansichten teilten (Prengel, 2012). Angesichts dessen wies Ahlheim auf die Problematik des Ergebnisses hin: Wenn Polizisten/innen »auch nur ansatzweise wie die Normalbevölkerung denken, wäre das schon hochproblematisch für den Polizeiberuf« (Prengel, 2012).

Die Strafverfolgungsbehörden sollten Betroffenenverbände und Opfervertreter/innen als geeignete und kompetente Partner/innen wahrnehmen (so auch Kugelmann, 2015, S. 39). Derzeit herrscht aber nach wie vor häufig ein Klima des Misstrauens gegenüber externen Akteuren. Darüber hinaus ist eine einheitliche, übergreifende Statistik zur Vorurteilskriminalität längst überfällig. Hier bleibt zu hoffen, dass die Bemühungen der Innen- und Justizbehörden alsbald Früchte tragen. Zuletzt sollte der verinnerlichte Handlungsrahmen weg vom Extremismusmodell hin zum Erkennen und Ahnden von Vorurteilskriminalität geschärft werden. Dies ist ein Prozess, der stetig und nachhaltig vorangetrieben werden muss. Die jetzige Fokussierung auf vermeintliche gesellschaftliche Ränder verharmlost die Problematik und führt insbesondere dazu, dass zahlreiche vorurteilsmotivierte Taten nicht als solche erkannt und verfolgt werden.

LITERATUR

Agentur der Europäischen Union für Grundrechte (2011). EU-MIDIS. Erhebung der Europäischen Union zu Minderheiten und Diskriminierung. Bericht über die wichtigsten Ergebnisse. Wien. http://fra.europa.eu/sites/default/files/fra_uploads/663-FRA-2011_EU_MIDIS_DE.pdf (17.02.2016).

Asmus, H.-J. & Enke, T. (2016). *Der Umgang der Polizei mit migrantischen Opfern: Eine qualitative Untersuchung.* Heidelberg: Springer VS.

Aydin, Ö. D. (2006). *Die strafrechtliche Bekämpfung von Hassdelikten in Deutschland und in den Vereinigten Staaten von Amerika.* Freiburg: Max-Planck-Institut f. ausländ. u. inter. Strafrecht.

Backes, O. (1994). Die Strafjustiz im Dilemma. Zwischen Verschärfung und Verharmlosung rechtsextremistischer Gewalt. In W. Heitmeyer (Hrsg.), *Das Gewalt-Dilemma – Gesellschaftliche Reaktionen auf fremdenfeindliche Gewalt* (S. 39–64). Frankfurt/M.: Suhrkamp.

Backes, U., Mletzko, M. & Stoye, J. (2010). *NPD-Wahlmobilisierung und politisch motivierte Gewalt.* Köln: Luchterhand.

Beratungsstellen für Opfer rechter Gewalt (2009). *Ausarbeitung für die Evaluation.* Unveröffentlichtes Dokument.

Böttger, A., Lobermaier, O., Strobl, R., Bartels, P., Kiepke, M., Lipinska, K. & Rothmann, A. (2006). Opfer rechtsextremer Gewalt. Abschlussbericht. In W. Heitmeyer (Hrsg.), *Forschungsverbund Desintegrationsprozesse – Stärkung von Integrationspotenzialen einer modernen Gesellschaft.* Abschlussbericht für das Bundesministerium für Bildung und Forschung, Bielefeld.

Bruhn, H. & Risch, H. (2001). Rechtsextremismus, Antisemitismus und Fremdenfeindlichkeit. Ein Bericht über die BKA-Herbsttagung 2000. *Kriminalistik, 55*(1), 2–8.

Bundeskriminalamt (2010). *Informationen zum polizeilichen Definitionssystem Politisch motivierte Kriminalität.* Meckenheim, Stand: 01.07.2010.

Bundesministerium des Innern (Hrsg.). (2015). Verfassungsschutzbericht 2014. Berlin. http://

www.bmi.bund.de/SharedDocs/Downloads/DE/Broschueren/2015/vsb_2014.pdf?__
blob=publicationFile (02.05.2016).

Butterwegge, C. (o. J.). Garanten eines ruhigen Gewissens trotz Ausgrenzung von und Gewalt gegen Migrant(inn)en. Über die Rolle von Kulturrassismus und Standortnationalismus beim Bau der Wohlstandsfestung (West-)Europa. http://www.christophbutterwegge.de/texte/ Rassismus.pdf (17.02.2016).

Cicero Online (2015). Hasskriminalität in der Statistik: »Keiner will eine Schnüffelpolizei«. Interview mit Oliver Malchow, 28.04.2015. http://www.cicero.de/berliner-republik/hasskrimina litaet-keiner-will-eine-schnueffelpolizei/59095 (17.02.2016).

Cogan, J. (2002). Hate Crime as a Crime Category Worthy of Policy Attention. *American Behavioral Scientist, 46,* 173–185.

Craig-Henderson, K. & Sloan, R. L. (2003). After the Hate: Helping Psychologists Help Victims of Racist Hate Crime. *Clinical Psychology: Science and Practice, 10*(4), 481–490.

Cremer, H., Deutsches Institut für Menschenrechte (Hrsg.). (2014). Rassistisch motivierte Straftaten: Strafverfolgung muss effektiver werden. *aktuell, 3,* 1–4. http://www.institut-fuer-menschenrechte.de/uploads/tx_commerce/aktuell_3_2014_Strafverfolgung_muss_effek tiver_werden.pdf (17.02.2016).

Der Spiegel (2016). »Ein Gegenfanal setzen«. Heft 6, S. 36–38.

Deutschlandradio (2012). Rassismus existiert »in der Mitte der Gesellschaft«. Petra Follmar-Otto im Gespräch mit Dieter Kassel, 22.02.2012. http://www.dradio.de/dkultur/sendungen/ thema/1684037/ (17.02.2016).

Döring, U. (2008). *Angstzonen. Rechtsdominierte Orte aus medialer und lokaler Perspektive.* Wiesbaden: VS Verlag.

ECRI – European Commission against Racism and Intolerance (2009). *ECRI-Bericht über Deutschland (vierte Prüfungsrunde).* Verabschiedet am 19. Dezember 2008. Veröffentlicht am 26. Mai 2009. http://www.coe.int/t/dghl/monitoring/ecri/Country-by-country/Germany/DEU-CbC-IV-2009-019-DEU.pdf (17.02.2016).

Gebauer, M. & Müller, A.-K. (2016). Fahndung zweiter Klasse. *Der Spiegel,* 6, 54–56, https:// de.scribd.com/doc/298196157/DER-SPIEGEL-2016-06-Fahndung-zweiter-Klasse (17.02.2016).

Glet, A. (2011). *Sozialkonstruktion und strafrechtliche Verfolgung von Hasskriminalität in Deutschland.* Freiburg: Duncker & Humblot.

Hähnig, A. & Schirmer, S. (2016). »Dies ist ein Wendepunkt«. Interview mit Martin Dulig. *Zeit Online,* 03.03.2016. http://pdf.zeit.de/2016/11/sachsen-martin-dulig-vize-regierungschef-wendepunkt.pdf (10.05.2016).

Hall, N. (2005). *Hate Crime.* Devon: Routledge.

Hasseln-Grindel, S. von (2009). Alternativen zur Strafschärfung. http://www.opferperspektive. de/aktuelles/diskussionsbeitrag-von-sigrun-von-hasseln-grindel (11.05.2016).

Herek, G. M., Cogan, J. C. & Gillis, R. J. (2003). Victim experiences in Hate Crimes based on sexual orientation. In B. Perry (Ed.), *Hate and Bias Crimes. A Reader.* New York: Routledge.

Human Rights Watch (2011). Die Reaktion des Staates auf »Hasskriminalität« in Deutschland. http://www.hrw.org/sites/default/files/related_material/2011%2012%2007%20Hate-CrimesPaper_German_0.pdf (17.02.2016).

Human Rights Watch (2015). Achtung! Brandgefahr! Verbrechen gegen Flüchtlinge in Deutschland. Meldungen, 28.08.2015. https://www.hrw.org/de/news/2015/08/26/achtung-brand-gefahr-verbrechen-gegen-fluchtlinge-deutschland (17.02.2016).

Jakobs, G. (1993). *Strafrecht. Allgemeiner Teil: Die Grundlagen und die Zurechnungslehre.* Berlin: de Gruyter.

Kelker, B. (2007). *Zur Legitimität von Gesinnungsmerkmalen im Strafrecht.* Tübingen: Klostermann.

Kohlstruck, M. (2004). »Hate Crimes« – Anmerkungen zu einer aktuellen Diskussion. *Berliner Forum Gewaltprävention, 6*(16), 67–75.

Kohlstruck, M. (2010). Zur aktuellen Debatte um politische Gewalt in der Metropole Berlin. In Friedrich-Ebert-Stiftung (Hrsg.), *Expertisen für Demokratie, 2/2010.* http://library.fes.de/pdf-files/do/07342.pdf (17.02.2016).

Konferenz der Justizministerinnen und Justizminister (2013). *Beschluss. TOP II.4: Konsequente Bekämpfung der Hasskriminalität.* 12./13.06.2013. https://www.justiz.nrw.de/JM/leitung/jumiko/beschluesse/2013/fruehjahrskonferenz13/TOP_II_4.pdf (17.02.2016).

Kugelmann, D. (2015). Möglichkeiten effektiver Strafverfolgung bei Hasskriminalität. Rechtsgutachten. Hrsg. von der Antidiskriminierungsstelle des Bundes. Berlin. http://www.antidiskriminierungsstelle.de/SharedDocs/Downloads/DE/aktuelles/20150407_Rechtsgutachten_Hasskriminalitaet.pdf?__blob=publicationFile&v=1 (17.02.2016).

Lang, K. (2014). *Vorurteilskriminalität.* Baden-Baden: Nomos.

Lawrence, M. S. (2009). Sentencing Hate. An Examination of the Operation and Effect of Section 718.2(a)(i) of the Criminal Code. http://summit.sfu.ca/system/files/iritems1/9623/ETD4578.pdf (17.02.2016).

Lesben- und Schwulenverband in Deutschland (LSVD) (2014). Gesetz gegen Hasskriminalität muss Homophobie und Transphobie benennen. http://www.lsvd.de/newsletters/newsletter-2014/gesetz-gegen-hasskriminalitaet-muss-homophobie-und-transphobie-benennen.html (17.02.2016)

Levin, J. & McDevitt, J. (2002). *Hate Crimes Revisited.* Colorado: Basic Books.

Link, C. (2014). Nicht erwähnenswert – Gesetzentwurf zur Hasskriminalität. *Zeit Online,* 29.08.2014. http://blog.zeit.de/stufenlos/2014/08/29/nicht-die-erwaehnung-wert-hasskriminalitaet/ (17.02.2016).

Merkblatt für Staatsanwälte: Indikatoren zum Erkennen rechtsterroristischer Zusammenhänge. Stand 12./13. Mai 2015. Unveröffentlichtes Dokument.

McDevitt, J., Balboni, J., Garcia, L. & Gu, J. (2001). Consequences for Victims: A Comparison of Bias- and Non-Bias Motivated Assaults. *American Behavioral Scientist, 45,* 697–713.

Prengel, H. (2012). Niemand weiß, ob Polizisten fremdenfeindlich sind. *Zeit Online,* 18.12.2012. http://pdf.zeit.de/gesellschaft/zeitgeschehen/2012-12/rechtsextremismus-fremdenfeindlichkeit-polizei.pdf (10.05.2016).

Quent, M., Geschke, D. & Peinelt, E. (2014). Die haben uns nicht ernst genommen. Eine Studie zu Erfahrungen von Betroffenen rechter Gewalt mit der Polizei. Hrsg. von ezra – mobile Beratung für Opfer rechter, rassistischer und antisemitischer Gewalt. http://www.ezra.de/fileadmin/projekte/Opferberatung/download/EzraStudie_klein.pdf (17.02.2016).

Schmid, M. & Storni, M. (2009). *Jugendliche im Dunkelfeld rechtsextremer Gewalt.* Zürich: Seismo.

Senatsverwaltung für Inneres und Sport (Hrsg.). (2007). *Rechte Gewalt in Berlin 2003 bis 2006.* Berlin: Eigenverlag.

Spiegel Online (2015). Brandstiftung im Sauerland: »Eine rechtsradikale Einstellung besteht aus mehr als Fremdenhass«. 12.10.2015. http://www.spiegel.de/politik/deutschland/brandanschlag-in-altena-taeter-frei-was-ist-passiert-a-1057327.html (17.02.2016).

Terkessidis, M. (2004). *Die Banalität des Rassismus. Migranten zweiter Generation entwickeln eine neue Perspektive.* Bielefeld: Transcript.

U.S. Department of Justice (2005). Hate Crime Reported by Victims and Police. http://bjs.ojp.usdoj.gov/content/pub/pdf/hcrvp.pdf (17.02.2016).

Willems, H. & Steigleder, S. (2003). Jugendkonflikte oder hate crime? Täter-Opfer-Konstellationen bei fremdenfeindlicher Gewalt. *Journal für Konflikt- und Gewaltforschung, 5*(1), 5–28. http://www.uni-bielefeld.de/ikg/jkg/1-2003/willems_steigleder.pdf (17.02.2016).

10. Ein Tag in München – Der NSU-Prozess im Spannungsfeld von juristischer Aufarbeitung und gesellschaftlichem Aufklärungsbedürfnis

Jan Schedler

Der NSU-Prozess zählt ohne Zweifel schon jetzt zu den bedeutendsten Strafprozessen in der Geschichte der Bundesrepublik. Das Ziel dieses Beitrages ist es, anknüpfend an die Beobachtung eines konkreten Verhandlungstags einen Eindruck des Prozesses zu vermitteln und Kritikpunkte zum bisherigen Verlauf zu formulieren. Im Zuge dessen wird das Spannungsfeld von juristischer Aufarbeitung und gesellschaftlichem Aufklärungsbedürfnis ausgelotet.

Mittwoch, 11. Februar 2015 – 185. Prozesstag

Die Hauptverhandlung ist für heute beendet. Morgen geht es 9.30 Uhr weiter, *business as usual* für diejenigen, die den Prozess vom ersten Tag an begleiten und dokumentieren, wie die zahlreichen Journalistinnen und Journalisten und die Initiative NSU-Watch. Deren detaillierte Protokolle der Verhandlungstage hatte ich gelesen, und als Sozialwissenschaftler mit Forschungsschwerpunkt extreme Rechte hatte ich gedacht, vorbereitet zu sein auf das, was am Münchner Oberlandesgericht ablaufen würde. Nicht zuletzt hatte ich auch mit einer ganzen Reihe von Bekannten gesprochen, die dort gewesen waren: Politikwissenschaftlerinnen und Politikwissenschaftlern, Soziologinnen und Soziologen, Journalistinnen und Journalisten.

Doch jetzt sitze ich wieder im Zug und frage mich: Wie kann das sein? Auch wenn ich weiß, dass es den meisten ähnlich geht, ist es doch schwer zu fassen, was ich gerade gesehen und gehört habe. Ich wusste, dass die

Zeugen aus der rechten Szene in aller Regel behaupten, sich »an nichts erinnern« zu können; dass sie sich die Mühe sparen, auch nur den Anschein
zu erwecken, dies treffe zu; dass sie grinsen und den Angeklagten oder den
anwesenden »Kameraden« aufmunternde Blicke zuwerfen. Trotzdem bin
ich schockiert von der Dreistigkeit, mit der Neonazis in einem bedeuten-
den Strafprozess auftreten, aber auch von der Nachsichtigkeit, mit der ihnen der vorsitzende Richter begegnet. Ich bin schockiert, obwohl es nicht
das erste Gerichtsverfahren ist, das ich gesehen habe, noch nicht einmal
der erste Mordprozess, bei dem Neonazis Täter sind.

Rückblick: Am 185. Verhandlungstag sind ein Zeuge und zwei Sachver-
ständige geladen. Während die Sachverständigen später Gutachten zum
Sprengsatz in der Kölner Keupstraße und die durch ihn verursachten Verletzungen vorstellen, ist mein Eindruck geprägt durch die morgendliche
Vernehmung des Neonazis Berndt Tödter. Während andere Rechte bei
ihren Aussagen zivil gekleidet erschienen, macht der 40-Jährige – beklei-
det mit einer olivgrünen und hoch über den Springerstiefeln abgeschnit-
tenen Armeehose, T-Shirt und schwarzer Bomberjacke, eine Nassglatze
tragend – schon durch seine bloße Erscheinung deutlich, wo er politisch
steht. Gegenüber der Polizei hatte er ausgesagt, er könne Angaben zu einem Treffen mit Uwe Mundlos und Uwe Böhnhardt machen, das 2006
kurz vor dem Mord an Halit Yozgat in Kassel stattgefunden habe. Der
vorsitzende Richter Manfred Götzl beginnt damit, dass er sagt, es gehe um
Erkenntnisse und Kontakte zu Mundlos, Zschäpe und Böhnhardt. Tödter unterbricht ihn sofort: »Kann ich keine Angaben zu machen« (NSU-
Watch, 2015). Götzl fragt, was das bedeuten solle. Tödter: »Das bedeutet,
man hat mir gesagt, gegen mich wird ermittelt und deswegen möchte ich
da keine Angaben zu machen« (ebd.). Götzl erwidert, davon sei ihm nichts
bekannt, als Zeuge stehe ihm kein Auskunftsverweigerungsrecht zu. Tödter: »Dann kann ich mich an nichts erinnern« (ebd.).

In den folgenden zwei Stunden bleibt er mit nur geringen Variatio-
nen bei dieser Version. Selbst als er mit seinen eigenen Aussagen aus der
Vergangenheit konfrontiert wird, die wörtlich dokumentiert und von ihm
selbst unterschrieben sind, bleibt seine Antwort dieselbe. Besonders ernst
scheint er das Gericht nicht zu nehmen. Über die Frage beispielsweise,
zu welchem Termin eine Geburtstagsparty stattgefunden habe, macht er
sich lustig: »Am Geburtstag natürlich«, gibt er zur Antwort, denn das sei ja
wohl der Tag, an dem man feiere. Auf Nachfrage des vorsitzenden Rich-

ters, in welchem Jahr das gewesen sei, belehrt ihn der Zeuge, dass man in jedem Jahr Geburtstag habe. Als der Richter nachhakt, dass aber nicht jeder Geburtstag mit einer Party gefeiert werde, erklärt der Zeuge geradezu bockig, dass das bei ihnen anders sei.

Es gibt Momente, in denen der Zeuge so dreist auftritt und in denen er sich trotz der Spärlichkeit seiner Aussagen so sehr in Widersprüche verwickelt, dass Presse und Publikum verhalten lachen. Derweil fläzt sich der Zeuge selbstgefällig in seinem Stuhl; sein Begleiter, ein etwa 20-jähriger Mann, der sich in seiner äußeren Erscheinung ebenso unmissverständlich als Neonazi zu erkennen gibt und der schräg hinter mir Platz genommen hat, amüsiert sich köstlich. Doch der Richter verzichtet während der gesamten Anhörung darauf, den Zeugen zu einem gebührlichen Verhalten zu ermahnen. Er beschränkt sich auf Nachfragen, während die Staatsanwaltschaft sogar ganz ohne Rückfragen auskommt. Auch wenn dieser Zeuge schon mehrere Haftstrafen abgebüßt hat und sich offensichtlich fernab der geltenden Normen verortet, erschreckt diese Passivität.

VERFAHRENSFÜHRUNG

Man braucht kein intimer Kenner des deutschen Justizsystems zu sein, um zu wissen, dass Richter üblicherweise ausgesprochenen Wert auf die Einhaltung der geltenden Regeln legen. Dazu gehört, dass dem Gericht Achtung oder zumindest Respekt entgegengebracht wird. Wer das überprüfen möchte, braucht lediglich einen beliebigen Strafprozess gegen junge Erwachsene – angeklagt etwa wegen Körperverletzung, Diebstahl, Sachbeschädigung oder Betäubungsmitteldelikten – zu besuchen. Natürlich kommt es vor, dass Angeklagte und Zeugen dem Gericht offen ihre Geringschätzung zeigen, dass sie die Situation nicht ernst nehmen, sich zu Verhandlungsbeginn nicht erheben oder ihre Basecaps erst nach Ermahnung durch den Richter abnehmen. Doch es ist nur eine Frage von Minuten, bis das Gericht ihnen ihre Grenzen aufzeigt. Denn im Sinne einer ordnungsgemäßen Verfahrensdurchführung kann ungebührliches Verhalten geahndet werden. Dazu kann das Gericht auf verschiedene Mittel zurückgreifen, zum Beispiel auf Ordnungsgelder oder sogar Ordnungshaft gegen Prozessbeteiligte. Auch in Verfahren im Kontext von Terrorismus werden diese Mittel eingesetzt, beispielsweise gegen junge Islamisten.

Doch im NSU-Prozess ist das anders: Obwohl Zeugen aus der extremen Rechten zahlreiche Gründe für den Einsatz von Ordnungsmitteln liefern, wird ihnen Nachsicht zuteil. So drängt sich der Eindruck auf, dass dieses bedeutende Strafverfahren nicht ernst genommen, dass es – schlimmer noch – ad absurdum geführt wird. Würde der Richter nach den bisherigen fast 300 Verhandlungstagen und unzähligen »Erinnerungslücken« von Zeugen – nicht nur aus der rechten Szene, sondern auch der Behörden – die Überzeugung verlieren, das Verfahren könne neue Erkenntnisse bringen, wäre das nicht überraschend, doch erklärte es nicht, warum er die Gestaltung der Verhandlung teilweise aus der Hand gibt, statt den Rahmen mit den zur Verfügung stehenden Mitteln vorzugeben.

In Gerichtsverfahren werden Zeugen befragt, weil man sich von ihnen wichtige Hinweise und Aussagen verspricht. Doch wenn Zeugenauftritte, wie der beschriebene, den regelmäßige Prozessbeobachter als Regelfall und nicht als Ausnahme bezeichnen, einfach toleriert werden, beschädigt das die Ernsthaftigkeit des Verfahrens, die Glaubwürdigkeit des Gerichts und damit letzten Endes den Rechtsstaat selbst.

Warum, so frage ich mich, lässt das Gericht seine eigene Demontage zu? Verweigern Zeugen die Aussage, gibt es unter bestimmten Bedingungen die Möglichkeit, sie in sogenannte Erzwingungshaft zu nehmen, mit der sie unter Druck gesetzt werden, ihre Aussage zu machen. Ein Blick in die bundesrepublikanische Rechtsgeschichte zeigt uns, dass in Terrorismusverfahren häufig von diesem Ordnungsmittel Gebrauch gemacht wurde, nicht nur in der Hochzeit des linken Terrorismus in den 1970er- und 1980er-Jahren, sondern auch in der jüngeren Vergangenheit. Erinnert sei hier an den Fall einer 59-jährigen Zeugin, die 2013 vor dem Frankfurter Landgericht in Erzwingungshaft genommen wurde, weil sie im Verfahren um den Anschlag auf die OPEC im Jahr 1975 in Wien die Aussage verweigert hatte. Auch für weniger schwere Straftaten wurde dieses Ordnungsmittel eingesetzt, zum Beispiel in einem Verfahren wegen Erpressung im Rocker-Milieu 2011 in Neumünster, in dem ein Zeuge wiederholt angab, sich an nichts erinnern zu können, ebenso bei einem anderen Rocker, der 2014 in Ulm die Aussage verweigerte. Im NSU-Prozess wurden in den vergangenen zwei Jahren weit mehr als 500 Zeugen gehört, über 50 von ihnen Neonazis. Bislang wurde nur einmal Erzwingungshaft angedroht, obwohl gerade die Auftritte der Zeugen aus dem extrem rechten Spektrum geprägt waren von mangelnder Aussagebereitschaft, Leugnung bisheriger

Aussagen, offensichtlichen Lügen und vor allem von der Vortäuschung gravierender Erinnerungslücken, sobald es um brisante Fragen ging. Lediglich in fünf Fällen wurde wegen des Verdachts auf Meineid ermittelt.

Dass dem so ist, hat auch mit den rechtlichen Rahmenbedingungen zu tun, schließlich kann das Gericht bei Sachverhalten, die teilweise mehr als zehn Jahre zurückliegen, kein genaues Erinnerungsvermögen voraussetzen. Hinzu kommt, dass ausgerechnet jene Zeugen aus der extremen Rechten, die dem NSU besonders nah gestanden haben dürften, selbst Beschuldigte in einem anderen Verfahren sind – und deshalb die Aussage verweigern dürfen. Trotzdem spricht vieles dafür, dass sich das Verfahren konstruktiver gestaltet hätte, wenn die Disziplin im Prozess mit mehr Nachdruck durchgesetzt worden wäre und wenn sich die Anklage stärker an den Zeugenbefragungen beteiligt hätte. Der ruhige Befragungsstil trug und trägt hier keinerlei Früchte.

Das gilt nicht nur für Neonazis, sondern ebenso für Vertreter der Behörden. Das NSU-Verfahren vor dem Münchner Oberlandesgericht ist in vieler Hinsicht mit anderen Verfahren unvergleichbar. Es ist das gegenwärtig bedeutendste Strafverfahren der Bundesrepublik und eines der größten ihrer Geschichte. Angeklagte und Zeugen sitzen acht Richterinnen und Richtern sowie aufseiten der Anklage vier Bundesanwälten gegenüber, hinzukommen mehr als fünfzig Nebenklagevertreter; auf der Galerie beobachten Medienvertreter und Zuschauer das Verfahren, für das höchste Sicherheitsvorkehrungen getroffen wurden. Dass dieser Rahmen die Zeugen völlig unbeeindruckt lässt, ist nicht anzunehmen, zumal weder die Taten, noch das im Raum stehende Strafmaß Grund für die Trivialisierung von Zeugenaussagen liefern. Dass sich die geladenen Zeugen dennoch ermutigt fühlen dürfen, das Verfahren in der beschriebenen Art zu boykottieren, ist dem Umstand geschuldet, dass das Gericht offenbar unterschätzt hat, dass Neonazis für Schwäche halten, was nicht hart und disziplinierend daherkommt. Zwar wird ähnlich dem Rockermilieu auch im Neonazismus die Legitimation der Gerichte zumeist bestritten, auch sind Gefängnisaufenthalte hier nicht selten, sodass es fraglich ist, ob harte Maßnahmen erfolgversprechend wären. Offensichtlich ist hingegen, wie der milde Umgang mit ihnen auf Zeugen aus der extremen Rechten im Münchner Prozess wirkt. Neonazis sind wie Rocker in der Regel autoritäre Charaktere, es verwundert daher nicht, dass sie sich wenig beeindruckt zeigen, wenn man sie wie Berndt Tödter gewähren lässt. In einer gemeinsamen Erklärung kritisierten denn auch 28 Anwälte und Anwältinnen der Nebenklage dieses Vorgehen scharf. Bei der Befragung von Zeugen aus der extremen Rechten werde deutlich, dass es sich unter diesen offenbar herumgesprochen habe, dass sie beim Lügen oder Vortäuschen von Erinnerungslücken nicht mit Sanktionen rechnen müssen, sondern dass ihnen stattdessen die Bundesanwaltschaft zur Seite springe (vgl. Hoffmann & Elberling, 2014).

Unabhängig von der Frage, was ihr Einsatz gebracht hätte, kann man autoritärer Verfahrensführung und Erzwingungshaft zwar mit gutem Grund ablehnend gegenüberstehen, aber es sollte unstrittig sein, dass in einem demokratischen Rechtsstaat nicht nur dieselben Rechte für alle gelten müssen, sondern dass auch die Verfahren vergleichbar sein sollten. Gerade im Kontext des NSU, in dem schon die Ermittlungen der Polizei gegen Angehörige der Opfer kein gutes Licht auf die Arbeit der Behörden warfen, sollte das Gericht bestrebt sein, nicht den Eindruck zu erwecken, es werde hier mit zweierlei Maß gemessen.

Auch der Umgang mit dem Verhalten der Angeklagten wirft Fragen auf. Ich war darauf vorbereitet, dass die Hauptangeklagte Beate Zschäpe und die vier Mitangeklagten selbstbewusst und ohne Schuldgefühle auftreten würden, und doch irritiert mich ihre ostentative Gleichgültigkeit gegenüber der Verhandlung. Es ist augenfällig, wie sehr sich das Gericht daran gewöhnt zu haben scheint, dass sich ein Angeklagter mit seinem Mobiltelefon oder Laptop beschäftigt, ohne auch nur den Eindruck erwecken zu wollen, er folge der Sitzung. Man könnte anmerken, dass es nichts am Verfahrensausgang ändern würde, wenn das Gericht dies bemängeln, wenn es von den Angeklagten fordern würde, sich mit den Folgen ihres Handelns auseinanderzusetzen, wie es in anderen Strafverfahren gang und gäbe ist; dass das Gericht keine Revisionsgründe liefern dürfe und dass sich nach so vielen Prozesstagen auch eine gewisse Gewöhnung einstellt.

Zwar dürfte der Hauptgrund sein, dass der vorsitzende Richter Manfred Götzl nach fast 300 Verhandlungstagen unbedingt ein formal nicht angreifbares Urteil erzielen will (vgl. Dömming & Pichl, 2014, S. 6). Die Strafprozessordnung setzt hier enge Grenzen, doch trotzdem bleibt ein ungutes Gefühl; es stellt sich die Frage, ob diese Grenzen nicht enger interpretiert werden, als sie tatsächlich sind. Im Prozess sind auch Menschen anwesend, die Angehörige durch den NSU verloren haben oder die selbst zu Opfern hätten werden können. An besagtem 185. Prozesstag sind zwei Nebenklägerinnen anwesend, unter anderem die Mutter des am 6. April 2006 in Kassel ermordeten Halit Yozgat (vgl. NSU-Watch, 2015). Wie wirkt auf sie ein Auftritt wie der des Berndt Tödter, wie wirkt auf sie, dass die Angeklagten André Eminger und Ralf Wohlleben zunächst mit Interesse den langatmigen Ausführungen des Waffenexperten zur Konstruktion der Nagelbombe aus der Kölner Keupstraße folgen, um dann demonstrativ die rechtsmedizinischen Darstellungen der durch diese hervorgerufenen Verletzungen zu ignorieren? Schwerer als diese auch emotional begründete Kritik an der Verfahrensführung wiegt ein anderer Punkt, der seinen Ursprung in den naturgemäß unterschiedlichen Interessen der Prozessbeteiligten hat, der aber in diesem Verfahren zentral für die politische Dimension ist, die das Verfahren gewinnt.

AUFKLÄRUNGSBEDÜRFNIS VERSUS ANKLAGENACHWEIS

Dass die verschiedenen Akteure in einem Strafprozess unterschiedliche Interessen verfolgen, erklärt sich von selbst. Im NSU-Prozess jedoch kommt zu den Auseinandersetzungen um die Frage, wem der Angeklagten welche der ihnen zu Last gelegten Handlungen nachgewiesen werden können, der Deutungskampf um die Auslegung der Anklageschrift hinzu. Im Strafprozess geht es primär darum, den einzelnen Beschuldigten die vorgeworfenen Handlungen nachzuweisen. Durch diese Fokussierung auf individuelle Taten trennt das Strafrecht einzelne Handlungen wie eben die Morde des NSU von ihrem gesellschaftlichen Kontext (vgl. Dömming & Pichl, 2014, S. 6). Für die Nebenkläger und Nebenklägerinnen darf sich das Verfahren aber nicht in der Beantwortung etwa der Frage, ob Beate Zschäpe der Mittäterschaft bei den Morden des NSU schuldig ist, erschöpfen. Viele der Opfer des NSU und deren Angehörige fragen sich, ob die Gruppe größer war, ob sie lokale Unterstützer gehabt hat und ob V-Leute in die Taten verwickelt waren oder von ihnen Kenntnis hatten (vgl. Daimagüler & Pyka, 2014, S. 143).

Dieser Hauptwiderspruch, welcher fast allen Konflikten zwischen den verschiedenen Verfahrensbeteiligten, vor allem aber jenen zwischen der Nebenklage auf der einen Seite und dem Gericht, der Bundesanwaltschaft und der Verteidigung auf der anderen Seite zugrunde liegt, betrifft vor allem die Frage, ob sich der Prozess auf die Taten und Tatbeiträge der einzelnen Angeklagten beschränken muss, oder ob darüber hinaus auch das Unterstützungsnetzwerk und die Strukturen, in die Mundlos, Böhnhardt, Zschäpe und die weiteren vier Beschuldigten eingebunden waren, Gegenstand des Verfahrens zu sein haben. Im Prozess wird die schon in der Rechtsform angelegte Entpolitisierung noch verstärkt durch die Prozessstrategien einzelner Verfahrensbeteiligter. Es verwundert nicht, dass es häufig die Verteidiger und Verteidigerinnen Beate Zschäpes und Ralf Wohllebens sind, die kontinuierlich auf verfahrensrechtliche Fragen wie etwa die Zulässigkeit bestimmter Formulierungen abstellen und so vermeintliche Zwänge der Rechtsform so lange instrumentalisieren, dass größere politische Zusammenhänge kaum noch sinnvoll thematisiert werden können (vgl. Klinger et al., 2015, S. 88). Gravierender ist hingegen, dass die Generalbundesanwaltschaft auch nach bislang 283 Prozesstagen und den vielen neuen Erkenntnissen, die in der Zwischenzeit in Untersuchungsausschüssen, durch die Medien und im Münchner Prozess selbst gewonnen wurden, noch immer darauf beharrt, dass der NSU lediglich aus drei Personen und wenigen Helfern bestanden habe. Alle Fragen, die sich nicht direkt auf Zschäpe, Mundlos, Böhnhardt und die vier weiteren Angeklagten beziehen, werden von ihr zurückgewiesen (vgl. Daimagüler & Pyka, 2014, S. 143). Interessiert sich die Nebenklage etwa für die Kontakte von rechten Zeugen oder Strukturen wie Blood & Honour, so interveniert Bundesanwalt Diemer und erklärt unter Verweis auf das Beschleunigungsgebot, das habe nichts mit den fünf Angeklagten zu tun (vgl. Hansen, 2014). Offenbar ist man bestrebt, sich im Strafprozess auf dessen Kern und den Nachweis der den fünf Angeklagten zur Last gelegten Taten zu beschränken und die hinter den Taten stehende Ideologie, das neonazistische Netzwerk, in dem sich die Täter bewegten, ebenso auszublenden wie die staatliche Verstrickung, etwa durch V-Leute der Verfassungsschutzbehörden oder durch das Vernichten von Akten.

Das Gericht folgt diesem Vorgehen, was sich vor allem in der Beschränkung auf die von der Anklageseite in das Verfahren eingebrachten Beweismittel zeigt. Von der Möglichkeit, eigenständig weitere Beweismittel in das Verfahren einzuführen, macht das Gericht keinen Gebrauch. Die Bundesanwaltschaft hat seit Prozessbeginn keine neuen Beweise eingebracht. Versuche der Nebenklage, weitere Akten, deren Existenz zum Teil erst durch die Arbeit der parlamentarischen Untersuchungsausschüsse bekannt geworden ist, hinzuzuziehen, neue Zeugen zu laden oder weitere

Gutachten einzubringen, werden von der Bundesanwaltschaft und mit zunehmender Verfahrensdauer auch durch den vorsitzenden Richter in der Regel abgelehnt. Zwar geht ein Teil dieser Anträge über das Strafverfahren hinaus, doch bleibt der Nebenklage nichts anderes übrig, als Hypothesen etwa in Hinblick auf weitere Unterstützerinnen und Unterstützer im Prozess zu überprüfen, da sich die Bundesanwaltschaft bislang zu entsprechenden Ermittlungen des BKA bedeckt hält. Dadurch bleiben Fragen zu den weiteren Unterstützern ungeklärt, aber auch so prozessrelevante Fragen wie die, auf welche Weise und aus welchen Gründen Mordopfer und Tatorte ausgewählt wurden. Der Nebenklage bliebe dann nur die vage Hoffnung, dass es zu einem späteren Zeitpunkt weitere Ermittlungsergebnisse und Verfahren gegen die noch unbekannten mutmaßlichen Unterstützer geben könnte.

Dieser Konflikt, der sich durch das gesamte Verfahren zieht, wurde besonders deutlich im April und Mai 2016 im Zusammenhang mit dem V-Mann Ralf Marschner. Dieser soll Medienberichten zufolge Mundlos und Zschäpe während ihrer Zeit im Untergrund in seinen Firmen beschäftigt haben. Zudem hatte seine Baufirma oft Mietwagen bei jenem Zwickauer Autovermieter geliehen, bei dem Böhnhardt, Mundlos und Zschäpe unter Vorlage falscher Pässe Tatfahrzeuge für Banküberfälle und Morde angemietet hatten. Unter anderem hatte Marschner-Bau sowohl am Tag der Ermordung von Abdurrahim Özüdoğru in Nürnberg 2001 als auch am Tag der Ermordung von Habil Kılıç in München 2001 dort Fahrzeuge gemietet. Trotzdem lehnte Bundesanwalt Herbert Diemer die Ladung des V-Manns mit dem Argument ab, selbst wenn Marschner die Angeklagten gekannt und beschäftigt habe, sei dies ohne Einfluss auf die Frage, ob diese die ihnen in München zur Last gelegten Taten begangen hätten. Eine mögliche Mithilfe des V-Manns zu klären, zähle nicht zu den Aufgaben des NSU-Prozesses (vgl. Ramelsberger, 2016a). Einzelne Vertreter der Nebenkläger und Nebenklägerinnen sprechen angesichts dessen bereits von der »Aufkündigung des Aufklärungsversprechens« (Hoffmann & Elberling, 2016).

Gericht und Bundesanwaltschaft begründen ihre Position in der Regel damit, das Verfahren nicht unnötig in die Länge ziehen zu wollen. Sie beziehen sich dabei auf das Beschleunigungsgebot, das Beschuldigte davor schützen soll, dass ihre Verfahren in unzulässiger Weise verschleppt werden. Im NSU-Prozess wird es jedoch nicht nur durch die Verteidigerinnen und Verteidiger, sondern auch durch die Bundesanwaltschaft und die Richter als Vorwand genutzt, die Legitimation des Aufklärungsinteresses der Nebenklage in Zweifel zu ziehen. Dabei darf durch den Vorwurf einer Verfahrensverzögerung nicht eine vollständige Wahrheitsfindung verdrängt werden (vgl. Daimagüler & Pyka, 2014, S. 144). Tatsächlich sind Beweisanträge, die Licht in noch ungeklärte Sachverhalte bringen könnten, von der Wahrheitserforschungspflicht des Gerichts abgedeckt – doch wenn das Gericht allein die möglichst effiziente Abarbeitung der bereits bekannten Sachverhalte als Ziel des Verfahrens interpretiert, kommt die Wahrheitssuche ins Stocken (ebd., S. 143). Dabei lässt sich durchaus auch rechtlich begründen, dass sich das Strafverfahren nicht in einer technokratischen Anwendung und Umsetzung des materiellen Strafrechts – der Durchsetzung des staatlichen Strafanspruchs – erschöpfen darf und die Herstellung von Rechtsfrieden nicht allein durch einen rechtskräftigen Verfahrensabschluss erreicht werden kann, sondern im Sinne einer umfassenden Gerechtigkeit durch Wiederherstellung des Rechts (ebd.). Das Wahrheitserforschungsinteresse im Strafverfahren ist auch ein Interesse der Allgemeinheit, richtet sich doch der Strafprozess nicht nur an die einzelnen Prozessbeteiligten, sondern auch an die Allgemeinheit: Zu den zentralen Funktionen des Strafrechts gehört es, dass die Rechtssprechung in die Rechtsgemeinschaft der Bürger hineinwirkt, weswegen die Strafverfahren auch öffentlich sind (ebd., S. 144).

FAZIT

Nicht zufällig wird der NSU-Prozess von manchem Beobachter mit den Frankfurter Auschwitzprozessen verglichen. In diesen gelang es dem hessischen Generalstaatsanwalt Fritz Bauer zwar nicht, seinen Anspruch auf eine umfassende strafrechtliche Aufarbeitung einzulösen, aber doch das öffentliche Bewusstsein der Bundesrepublik nachhaltig zu verändern. Im NSU-Prozess hingegen ist die Herstellung des Rechtsfriedens durch das Wirken in die Öffentlichkeit bedroht, wenn es nicht gelingt, die weitverbreiteten Zweifel auszuräumen und die zahlreichen Unklarheiten zu erhellen (vgl. Daimagüler & Pyka, 2014, S. 144). Bereits jetzt erklären einzelne Angehörige der NSU-Opfer, sie glauben nicht mehr daran, dass in diesem Prozess nach der Wahrheit gesucht werde (vgl. Ramelsberger, 2016b).

Während Bauer betonte, dass der Nationalsozialismus kein Betriebsunfall gewesen sei und die juristische Bearbeitung von Verbrechen deren politische Dimension nicht ausblenden dürfe (vgl. Pendas, 2013), versucht die heutige Bundesanwaltschaft kontinuierlich, das Verfahren zu entpolitisieren. Damit wird die Chance vertan, die juristische Aufarbeitung des NSU über ihre rein strafrechtliche Dimension hinaus zu nutzen, um eine breite gesellschaftliche Debatte über die politischen Ursachen des NSU und deren politische und rechtsstaatliche Konsequenzen anzustoßen. Die aktuelle Diskussion um Flucht und Migration, die Anschläge auf Flüchtlingsunterkünfte oder die Debatten um eine Verschärfung der Asylgesetzgebung weisen deutliche Parallelen zur Situation in den 1990er-Jahren auf, also zu der Zeit, in der Zschäpe, Mundlos, Böhnhardt und viele ihrer Unterstützer ihre politische Sozialisation durchliefen. Verstrickungen von V-Leuten in rechtsterroristische Strukturen finden sich auch heute, verwiesen sei hier beispielsweise auf den Neonazi Sebastian Seemann (vgl. NSU-Watch NRW, 2016). Doch diese Zusammenhänge werden in der Öffentlichkeit nicht diskutiert – die Verbrechen des NSU werden vielmehr als Vergangenes thematisiert.

Ralph Giordano prägte – bezogen auf die Auseinandersetzung mit den Verbrechen des Nationalsozialismus, insbesondere des Holocaust – den Begriff der »zweiten Schuld« (Giordano, 2000). Nach dem ersten Parlamentarischen Untersuchungsausschuss des Bundestages zum NSU waren sich Vertreter aller beteiligten Parteien einig, dass angesichts des Versagens der Behörden, die Verbrechen des NSU zu verhindern, von Staatsversagen zu sprechen sei. In Hinblick auf die Aufarbeitung des NSU müssen wir achtgeben, uns nicht eines »zweiten Staatsversagens« schuldig zu machen.

LITERATUR

Daimagüler, M. G. & Pyka, A. (2014). Politisierung im NSU-Prozess. Unnötige Verfahrensverzögerung oder umfassende Aufklärung? *Zeitschrift für Rechtspolitik, 5,* 143–145.

Dömming, E. von & Pichl, M. (2014). Der Prozess gegen den NSU. Ein Verfahren ohne Aufklärung. *Forum Recht, 1,* 5–9.

Giordano, R. (2000). *Die zweite Schuld oder von der Last Deutscher zu sein.* Köln: Kiepenheuer & Witsch.

Hansen, F. (2014). Nicht das »jüngste Gericht«. NSU-Prozess-Update: Bundesanwaltschaft verhindert Aufklärung. *Lotta, 55,* https://www.lotta-magazin.de/ausgabe/55/nicht-das-j-ngste-gericht (11.05.2016).

Jan Schedler

Hoffmann, A. & Elberling, B. (2014). Presseerklärung von einigen VertreterInnen der Nebenklage im NSU-Prozess –»Wir sind hier nicht vor dem Jüngsten Gericht!«. Die Bundesanwaltschaft verhindert erneut kritische Befragung von Nazizeugen, 20.03.2014. http://www.nsu-nebenklage.de/blog/2014/03/20/20-03-2014-presseerklaerung/ (21.03.2014).

Hoffmann, A. & Elberling, B. (2016). Aufkündigung des Aufklärungsversprechens durch die Bundesanwaltschaft, 20.04.2016. http://www.nsu-nebenklage.de/blog/2016/04/20/20-04-2016/#more-1484 (25.04.2016).

Klinger, L., Schoenes, K. & Sperling, M. (2015).»Das ist strafprozessual nicht in Ordnung!« Der NSU-Prozess zwischen Beschleunigungsgebot und Aufklärungsinteresse. In S. Friedrich, R. Wamper & J. Zimmermann (Hrsg.), *Der NSU in bester Gesellschaft. Zwischen Neonazismus, Rassismus und Staat* (S. 82–92). Münster: Unrast.

NSU-Watch (2015). Protokoll 185. Verhandlungtag – 11. Februar 2015. https://www.nsu-watch.info/2015/02/protokoll-185-verhandlungstag-11-februar-2015/ (08.11.2015).

NSU-Watch NRW (2016). Der Skandal um den V-Mann Sebastian Seemann, 21.01.2016. http://nrw.nsu-watch.info/der-skandal-um-den-v-mann-sebastian-seemann/ (12.04.2016).

Pendas, D. O. (2013). *Der Auschwitz-Prozess. Völkermord vor Gericht*. München: Siedler.

Ramelsberger, A. (2016a). Richter im NSU-Prozess machen Tempo. *Sueddeutsche.de*, 11.05.2016. http://www.sueddeutsche.de/politik/rechtsextremismus-richter-im-nsu-prozess-machen-tempo-1.2990465 (11.05.2016).

Ramelsberger, A. (2016b). Streit im NSU-Prozess:»Was wollen Sie schützen?«. *Sueddeutsche.de*, 20.04.2016. http://www.sueddeutsche.de/politik/muenchen-streit-im-nsu-prozess-was-wollen-sie-schuetzen-1.2958468 (20.04.2016).

Stolle, P. (2014). So ist es auf jeden Fall nicht gewesen. Eine Zwischenbilanz des NSU-Prozesses aus Sicht der Nebenklage. *Analyse und Kritik*, 600, https://www.akweb.de/ak_s/ak600/21.htm (8.11.2015).

Unger, C. (2014). Zschäpe ist keine naive Nazibraut. Interview mit Gül Pinar. *Die Welt*, 01.04.2014. http://www.welt.de/print/die_welt/politik/article126420340/Zschaepe-ist-keine-naive-Nazi-Braut.html (08.11.2015).

11. Rechter Terror gegen Flüchtlinge – Die Rückkehr der rechten Gewalt der 1990er-Jahre

Timo Reinfrank & Anna Brausam

Erst nach über 800 Angriffen auf Flüchtlingsunterkünfte forderten Bundeskriminalamt und Bundesinnenminister im November 2015 die Bundesländer auf, die Unterkünfte besser zu schützen. Das Bundesinnenministerium befürchtete, dass Rechtsextremisten die islamistische Anschlagsserie in Paris als Begründung für Angriffe auf Unterkünfte missbrauchen könnten. Dabei war die Situation für Flüchtlinge in Deutschland schon vor den Pariser Anschlägen bedrohlich: Realistische Schätzungen gehen für das Jahr 2015 von über 1.500 Straftaten im Kontext der Angriffe auf Flüchtlingsunterkünfte aus, darunter 150 Brandstiftungen bei bewohnten, geplanten oder im Bau befindlichen Asylunterkünften und Einrichtungen, die sich unmittelbar für Flüchtlinge engagieren, mutwillige Wasserschäden und rechtsextreme Schmierereien. Die Zahl der Straftaten gegen Flüchtlingsunterkünfte wird sich im Vergleich zu 2014 nach aller Voraussicht versiebenfacht haben (Amadeu Antonio Stiftung & Pro Asyl, 2016). Bedingt durch die zahlreichen polizeilichen Nachmeldungen wird das Bundeskriminalamt erst im Sommer 2016 die genauen Zahlen für 2015 veröffentlichen.

Bereits im August 2015 überstieg die Zahl der Delikte gegen Asylsuchende und Flüchtlinge den Wert für das gesamte Vorjahr bei Weitem. Die körperlichen Übergriffe haben sich mehr als verdreifacht, wobei die Dunkelziffer deutlich höher liegen dürfte. Die Statistik der Politisch motivierten Kriminalität (PMK) zählt für 2015 gegenüber 2014 die doppelte Anzahl an Straftaten auf, die von rechts verübt wurden (PMK-rechts). Mit 13.846 rechtsextremen Straftaten und 921 Gewalttaten ist das der höchste Stand seit der Reform zur Erfassung der PMK im Jahr 2001 (Raddatz,

2016). Ein Großteil dieser Straftaten richtet sich gegen Asylsuchende, Flüchtlinge und Unterkünfte sowie gegen Menschen, die sich für Flüchtlinge engagieren oder die als Journalisten über rechtsextreme Demonstrationen und Veranstaltungen berichten. Die von der Amadeu Antonio Stiftung und Pro Asyl zu flüchtlingsfeindlicher Gewalt erstellte Chronik weist aus, dass beinahe 70% aller Delikte in Ostdeutschland, 30% allein in Sachsen verübt wurden. Aber auch einige westdeutsche Bundesländer mit gefestigten rechtsextremen Strukturen, wie Bayern, Baden-Württemberg und Nordrhein-Westfalen, stechen hervor. Während sich im Osten Delikte mit Körperverletzungen häufen, wurden im Westen vergleichsweise mehr Brandanschläge verübt.

ESKALATION DER RECHTEN GEWALT

Nur knapp konnte Mitte Januar 2015 im nordrhein-westfälischen Kevelaer eine Katastrophe verhindert werden. Bauarbeiter fanden unterhalb einer im Bau befindlichen Flüchtlingsunterkunft eine Rohrbombe. An ihrem Motiv hatten die Bombenbauer keinen Zweifel gelassen: Rechts und links neben der Aufschrift »Tod IS« befand sich je ein Hakenkreuz. Zwar taucht der Fall in der Zählung des Bundeskriminalamts auf, doch Presseberichte sucht man zu ihm vergebens (Deutscher Bundestag, 2015). Dabei steht er exemplarisch dafür, wie rassistisch und muslimfeindlich das Klima in Deutschland ist und welches Ausmaß der rechte Terror gegen Flüchtlinge angenommen hat. Obwohl dieser im Sommer 2015 eskalierte, wurde er von Sicherheitsorganen, Politik und Öffentlichkeit ohne größere Reaktionen zur Kenntnis genommen. Trotz des NSU-Skandals wird die Existenz rechten Terrors noch vielfach geleugnet und in den Medien als Asylkritik verharmlost. Rechtsextreme Parteien wie NPD, Der III. Weg und Die Rechte nutzen die Hetze gegen Flüchtlinge gezielt zur Mobilisierung und machen Stimmung bis weit in die Mitte der Gesellschaft hinein. Während sie 2014 noch auf die Strategie der Bürgerlichkeit gesetzt haben, treten sie seit Sommer 2015 offen auf und suchen die Konfrontation mit dem Rechtsstaat. Ihr erklärtes Ziel ist es, die Ankunft und Unterbringung von Flüchtlingen zu verhindern. Selbst vor Brandanschlägen auf bewohnte Flüchtlingsunterkünfte schrecken die rechte Szene und deren Sympathisanten nicht mehr zurück. Der Tod von Menschen wird billigend in Kauf genommen. Dass diese Anschläge nur selten aufgeklärt werden, wirkt dabei als Brandbeschleuniger. Zusammen mit dem Hamburger Magazin *Stern* hat die Amadeu Antonio Stiftung im April 2016 die schwersten Angriffe gegen Flüchtlinge aus den Jahren 2013 und 2014 untersucht. Von den rund 260 Tätern und Täterinnen konnten laut *Stern* 43 ermittelt werden, von denen 17 verurteilt wurden. Die meisten von ihnen erhielten Bewährungs- oder Geldstrafen sowie Arbeitsauflagen, lediglich 6 eine Haftstrafe. Das entspricht etwa 2% aller Täter und Täterinnen (Wüllenweber, 2016).

POLIZEIVERSAGEN UND FEHLENDE STRAFVERFOLGUNG

Drei Orte stehen exemplarisch für die Eskalation: Tröglitz, Freital und Heidenau. In Tröglitz wurde an den Osterfeiertagen 2015 die geplante Flüchtlingsunterkunft durch einen Brandanschlag zerstört. Glücklicherweise konnten sich die Bewohner des Gebäudes retten. Dem Anschlag war eine monatelange Kampagne aus dem Umfeld der NPD vorausgegangen. Der Bürgermeister, der zwar Morddrohungen, aber keine Hilfe vom Landrat erhalten hatte, war schließlich aus Protest zurückgetreten (MDR Sachsen-Anhalt, 2016).

In Freital wurde an mehreren Abenden im Juni 2015 ein massenwirksames rassistisches »Happening« veranstaltet. Hunderte Menschen versammelten sich um den Pegida-Initiator Lutz Bachmann, der schon im Vorfeld in den sozialen Netzwerken die Stimmung aufheizte. Auch der Freitaler Bürgermeister hatte schon im Vorfeld gegen Flüchtlinge gehetzt und verkündet, sich für »Sanktionen gegen pöbelnde und gewalttätige Ausländer« einzusetzen. Die Polizei konzentrierte sich auf die Gefahrenabwehr, während die Strafverfolgung der Täter ausblieb (Reinhard, 2015).

Am schlimmsten eskalierte die Situation im August 2015 in Heidenau. Dort wüteten über Tage die schwersten Ausschreitungen von rechten Demonstranten gegen Asylbewerberheime seit den 1990er-Jahren. Mit Gewalt hatten rechte Demonstranten, unter anderem aus dem Hooligan-Spektrum, versucht, den Einzug von Flüchtlingen zu verhindern. Ähnlich wie 1992 in Rostock-Lichtenhagen belagerte ein rechter Mob über Tage die Flüchtlingsunterkunft, während die Polizei die Kontrolle über die Situation verlor. Auch hier fand eine Strafverfolgung anfangs überhaupt nicht statt (Amadeu Antonio Stiftung, 2015). Lediglich zwei Personen wurden bei den Ausschreitungen vorläufig festgenommen und kurze Zeit später wieder freigelassen. In Heidenau war dem Gewaltausbruch ebenfalls massive Stimmungsmache in den sozialen Netzwerken vorausgegangen und auch hier hatte die rechte Szene um die NPD die Proteste orchestriert (Bartsch, 2015). An allen drei Orten führten das späte Eingreifen der Polizei und die fehlenden Ermittlungserfolge durch die Staatsanwaltschaften in der Öffentlichkeit zum Eindruck, die Täter hätten einen Freibrief für ihre Taten. Durch die Forderung von Politik und Öffentlichkeit nach konsequenter Strafverfolgung gab die Polizei Sachsen im Dezember 2015 bekannt, dass nach den Ausschreitungen in Heidenau 48 Tatverdächtige ermittelt wurden (Polizei Sachsen, 2015).

RASSISTISCHE STIMMUNGSMACHE ON- UND OFFLINE

Daneben hat sich die rassistische und rechtspopulistische Pegida-Bewegung gefestigt. Im ersten Halbjahr 2015 wurde ihr Scheitern zwar immer wieder vorhergesagt, aber ab Mitte des Sommers bis weit in den Herbst konnte sie Zehntausende von Menschen mobilisieren. Die Drohungen gegen Flüchtlinge und Migranten, die am Rande oder nach den Demonstrationen zu realer Gewalt und Angriffen führten, wurden nicht als Bedrohung der inneren Sicherheit verstanden. Nicht zuletzt wegen Pegida stehen Dresden unter den Städten und Sachsen unter den Bundesländern an der Spitze der gelisteten Angriffe gegen Flüchtlinge und Flüchtlingsunterkünfte.

Auch die AfD ist rechtsaußen angekommen und nährt – beispielsweise in Person des thüringischen Landesvorsitzenden Björn Höcke – mit rassistischen Ausfällen das rechtspopulistische Milieu. Pegida ist dazu die ergänzende außerparlamentarische Bewegung – auch mithilfe der großen Reichweite der sozialen Netzwerke. Unterstützt etwa durch Äußerungen führender CSU-Politiker, nutzt sie rassistische und rechtsextreme Versatzstücke und bietet Anknüpfungsmöglichkeiten bis weit in die bürgerliche Mitte hinein. Sowohl Pegida als auch die AfD sorgen mit ihren Hassreden und der Ankündigung ihres »Heißen Herbstes« dafür, dass die Hemmschwelle für Gewalt gegen Flüchtlinge und Migranten sinkt und die Täter sich ermutigt fühlen. Mittlerweile sind auch Pegida und ihre Ableger nur noch eine Form der breiten rassistischen Mobilisierung, eine neue Koalition des Hasses, die sich in Deutschland Bahn bricht. Neue Aktionsformen entstehen, wie die »lebendige Grenze« in Sebnitz und Görlitz, die wöchentlichen Kundgebungen der Initiative »Wir sind Deutschland« im Vogtland oder der Schweigemarsch in Einsiedel/Chemnitz. Und auch auf Facebook finden sich bereits über 300 »Nein zum Heim«-Gruppen mit über 450.000 Followern. Zwar versuchen diese Gruppen, sich einen bürgerlichen Anstrich zu geben, tatsächlich verbreiten sie aber gezielt Hetze und Falschmeldungen über Flüchtlinge in ihrer direkten Umgebung, um ein Klima der Angst und Ablehnung zu schüren. Auffallend ist, dass fast überall, wo es Übergriffe auf Unterkünfte gab, auch stets eine »Nein zum Heim«-Gruppe existiert (Amadeu Antonio Stiftung, 2016a).

RADIKALISIERUNG UND ENTGRENZUNG DER GEWALT

Aktuell erleben wir eine Radikalisierung, die besonders in den sozialen Netzwerken mit dem Slogan »Taten statt Worte« deutlich wird. Dies hat dazu geführt, dass sich die rechte Gewalt wieder auf einem Niveau der ersten Hälfte der 1990er-Jahre befindet. Als trauriger Höhepunkt kann das erste Novemberwochenende 2015 gelten, an dem neben Brandanschlägen in Sehnde, Dresden und Dippoldiswalde, einem körperlichen Übergriff in Jena und einer Explosion vor einer Flüchtlingsunterkunft mit einem Verletzten in Freital auch zwei Hooligangruppen von jeweils 20 bis 30 Personen in Magdeburg und Wismar mit Baseballschlägern Menschenjagd auf Geflüchtete machten (Deutsche Presseagentur, 2015). Zudem wird deutlich, dass sich die Gewalt nicht mehr »nur« gegen Flüchtlinge wendet, sondern zunehmend auch gegen die »Repräsentanten des verhassten Systems« (Gensing, 2015). Exemplarisch dafür ist die Messerattacke auf die Kölner Oberbürgermeisterin Henriette Reker zu nennen, doch die Anzahl der tätlichen Angriffe auf demokratische Lokalpolitiker ist 2015 exponentiell angestiegen. Besonders im Oktober und November 2015 wurden auch Journalisten und Journalistinnen verstärkt zum Ziel von Angriffen, da sie ebenfalls das den Angreifern verhasste »System« symbolisieren und als Vertreter der sogenannten »Lügenpresse« gelten (Reporter ohne Grenzen, 2016). Vertreter von Reporter ohne Grenzen, des Deutschen Journalisten-Verbands und der Bundesverband Deutscher Zeitungsverleger kritisieren die Polizei scharf dafür, dass sie nicht in der

Lage sei, solche Übergriffe zu verhindern. Neben körperlichen Angriffen wurden auch andere Versuche unternommen, Journalisten einzuschüchtern – zum Beispiel durch fiktive Todesanzeigen. Auch ehrenamtliche Unterstützer aus den Flüchtlingsinitiativen und Mitarbeiterinnen und Mitarbeiter der zuständigen Verwaltungen sind bereits in den Fokus geraten. So konnten Freiwillige in einigen Regionen Sachsens nur unter Polizeischutz Zelte für Flüchtlinge aufbauen, Radmuttern am Auto eines Mannes wurden gelöst, der ein Gebäude in Flieden-Rückers im Landkreis Fulda zur Unterbringung von Flüchtlingen bereitstellte und Mitarbeiter des Technischen Hilfswerks wurden von Passanten bespuckt. Die Deutungsmacht von Pegida und Co. gipfelte darin, dass sich Flüchtlingsengagierte von der Polizei als Provokateure beschimpfen lassen mussten. In Dresden-Prohlis machte der Revierchef der Polizei in klassischer Täter-Opfer-Umkehr die Flüchtlingsinitiativen dafür verantwortlich, dass es Ende Oktober bei einer Willkommensaktion für Flüchtlinge zu Krawallen gekommen war, in deren Verlauf die Dialogveranstaltung von Nazis attackiert und sogar gesprengt wurde (Meisner, 2015).

JANUAR 2016: DER HÖHEPUNKT DER GEWALT GEGEN FLÜCHTLINGE

Auch 2016 reißen die Angriffe auf geflüchtete Menschen nicht ab. Im Gegenteil: Der bisherige Höhepunkt der Gewalt wurde im Januar 2016 erreicht. So viele Angriffe wie in diesem Monat gab es noch nie. Dies muss vor dem Hintergrund der Ereignisse in der Silvesternacht in Köln 2015/2016 gesehen werden. Unmittelbar nach den Übergriffen in Köln, zu einem Zeitpunkt, als kaum jemand wusste, was passiert war, wurden online und offline Mutmaßungen als Fakten präsentiert, mit denen das Vorurteil vom »übergriffigen Fremden« bedient und verbreitet wurde. Die Diskussion fokussierte sich im Folgenden auf die Forderung nach sofortiger Abschiebung straffälliger Asylsuchender. Über Schutzkonzepte für Opfer sexualisierter Gewalt wurde dagegen kaum gesprochen. Vielmehr wurde die Debatte mit rassistischen Bildern aufgeladen. So demonstrierten am 11. Januar 2016 etwa 3.000 Menschen mit dem rassistischen Legida-Bündnis in Leipzig. Muslimische Flüchtlinge wurden dabei auf der Bühne pauschal als »Sex-Terroristen« stigmatisiert. Zeitgleich verbreitete Lutz Bachmann T-Shirts mit dem Aufdruck »Rapefugees not welcome«

und schürte damit massiven Hass (Amadeu Antonio Stiftung, 2016b). In Köln wurden in öffentlichen Verkehrsmitteln wahllos schwarze und arabischstämmige Männer angegriffen.

Hinter den meisten Attacken und Anschlägen können organisierte Strukturen angenommen werden, doch ist auch zu beobachten, dass sich Bürgerinnen und Bürger ohne organisierten rechten Hintergrund an diesen Anschlägen beteiligen. Häufig begehen Anwohner, die zuvor nie straffällig geworden sind, rechtsextreme Straftaten. Ein im April 2016 veröffentlichtes Lagebild des Bundeskriminalamtes bestätigt diese Einschätzung. So waren im Jahr 2015 von 551 Tatverdächtigen lediglich 25% wegen rechtsmotivierter Straftaten vorbestraft, nur drei Personen wurden von Landesverfassungsschutzämtern als »relevante Personen« dieses Milieus eingestuft. Im Vergleich zu 2014 hat sich zudem der Anteil der Frauen unter den Tatverdächtigen verdoppelt (Kampf, 2016).

Angesichts der massiven Gewalt ist der rechte Terror gegen Flüchtlinge und Menschen mit Einwanderungsgeschichte in Deutschland nicht mehr zu ignorieren. So müssen sich in München seit dem 27. April 2016 vier mutmaßliche Rädelsführer einer rechtsextremen Terrorgruppe, die sich »Oldschool Society« nennt, vor Gericht verantworten (Deutsche Presseagentur, 2016). Ihnen wird unter anderem vorgeworfen, einen Anschlag auf ein Flüchtlingsheim in der Nähe von Borna geplant zu haben. Eine der Angeklagten stammt aus Freital, jenem Ort, der aufgrund tagelanger Ausschreitungen vor einer Flüchtlingsunterkunft im Juni 2015 deutschlandweit in die Schlagzeilen geriet. Hier sitzen seit November 2015 die Kernmitglieder der Freitaler Bürgerwehr »FTL/360« wegen des Verdachts auf Bildung einer rechtsterroristischen Vereinigung in Untersuchungshaft (Steffen, 2016). Ein anderes Beispiel stammt aus Nauen, wo die Anwohnerinnen und Anwohner im Februar 2016 ein Schreiben in ihren Briefkästen fanden, das sie zum »Widerstand« gegen Flüchtlinge aufrief. Die beiliegende Anleitung zum Bau von Molotowcocktails und Rohrbomben sowie zur Herstellung von Plastiksprengstoff machte deutlich, wie sich die Autoren diesen Widerstand vorstellten. Die Leserinnen und Leser wurden aufgefordert, die Sprengsätze vor dem Einsatz zu testen, »so dass das gewünschte Ziel auch erreicht wird« (Fröhlich, 2016).

ZIVILGESELLSCHAFTLICHER SCHUTZ

Im Unterschied zur rassistischen Gewalt Anfang der 1990er-Jahre gibt es heutzutage eine große Bewegung für eine aktive Willkommenskultur; viele Menschen engagieren sich tagtäglich für Flüchtlinge und deren Rechte. Während die Gewalt vor 20 Jahren vor allem von Neonazis ausging, haben wir es heute mit einer breiten rassistischen und rechtspopulistischen Bewegung zu tun. Rechtsextremismus ist zwar gesellschaftlich geächtet, doch scheint das für rassistische Taten nicht zu gelten. Hinzu kommt, dass die Behörden kaum Lehren aus den Vorkommnissen um den NSU gezogen haben und gerade bei den Angriffen auf Flüchtlinge und Unterkünfte den rechten und rassistischen Kontext häufig ausblenden. Noch immer ist unklar, was in der Polizeilichen Kriminalstatistik überhaupt als rechter Übergriff gewertet wird. Eine ausführliche Analyse ist im Innenausschuss des Bundestages erst auf Druck der Opposition durchgeführt worden. Zudem muss die Polizei willens und in der Lage sein, die Flüchtlinge und deren Unterkünfte zu schützen, sie muss zeitnah ermitteln und aufklären. Die geringe Aufklärungsquote ist ein Teil des Problems. Zivilgesellschaftliche Schutzstrategien sind daher dringend geboten. Sie sollten sich nicht nur auf den Schutz von Unterkünften und den Weg zum Einkaufen und zum Kindergarten konzentrieren, sondern auch die alltäglichen Diskriminierungen von Flüchtlingen in den Blick nehmen und thematisieren.

LITERATUR

Amadeu Antonio Stiftung (2015). Pressemitteilung: Rassistische Ausschreitungen in Heidenau kommen nicht aus dem luftleeren Raum: Gewalt ist Ergebnis jahrelanger Verharmlosung rechtsextremer Strukturen. https://www.amadeu-antonio-stiftung.de/w/files/pdfs/presse mitteilungen/pm_ausschreitungen_heidenau.pdf (24.04.2016).
Amadeu Antonio Stiftung (2016a). Hetze gegen Flüchtlinge in Sozialen Medien. Berlin. https://www.amadeu-antonio-stiftung.de/w/files/pdfs/hetze-gegen-fluechtlinge.pdf (03.05.2016).
Amadeu Antonio Stiftung (2016b). Das Bild des übergriffigen Fremden – wenn mit Lügen über sexualisierte Gewalt Hass geschürt wird. Berlin. https://www.amadeu-antonio-stif tung.de/w/files/pdfs/das-bild-des-uebergriffigen-fremden_warum-ist-es-ein-mythos.pdf (03.05.2016).
Amadeu Antonio Stiftung & Pro Asyl (2016). Chronik flüchtlingsfeindlicher Vorfälle. https://www.mut-gegen-rechte-gewalt.de/service/chronik-vorfaelle (29.04.2016).
Bartsch, M. (2015). Nicht ein Täter sitzt in Haft. http://www.taz.de/!5222632/ (03.05.2016).
Deutscher Bundestag (2015). Antwort der Bundesregierung auf die Kleine Anfrage der Abgeordneten Ulla Jelpke, Jan van Aken, Annette Groth, weiterer Abgeordneter und der Frak-

tion DIE LINKE. – Drucksache 18/4666 – Proteste gegen und Übergriffe auf Flüchtlingsunterkünfte im ersten Quartal 2015. http://dipbt.bundestag.de/doc/btd/18/048/1804821.pdf (29.04.2015).

Deutsche Presseagentur (2015). Ein Wochenende der Gewalt gegen Flüchtlinge. dpa-Meldung in der *Sächsischen Zeitung* vom 02.11.2015. http://www.sz-online.de/sachsen/ein-wochenende-der-gewalt-gegen-fluechtlinge-3239228.html (02.05.2016).

Deutsche Presseagentur (2016). Prozessbeginn gegen rechte Terrorzelle »Oldschool Society« dpa-Meldung in *Der Westen* vom 27.04.2016. http://www.derwesten.de/staedte/bochum/terror-plaene-am-telefon-prozess-gegen-oldschool-society-id11773942.html (03.05.2016).

Fröhlich, A. (2016). Anleitungen für Bomben in Nauener Briefkästen gefunden. http://www.tagesspiegel.de/berlin/aufruf-zum-widerstand-gegen-fluechtlinge-anleitungen-fuer-bomben-in-nauener-briefkaesten-gefunden/12993072.html (29.04.2016).

Gensing, P. (2015). Fast 500 rechte Attacken auf Parteibüros. https://www.tagesschau.de/inland/angriffe-parteibueros-101.html (03.05.2016).

Kampf, L. (2016). Viele Straftaten gegen Asylunterkünfte. https://www.tagesschau.de/inland/bka-asylunterkuenfte-101.html (Stand: 27.04.2016).

MDR Sachsen-Anhalt (2016). Der Fall Tröglitz – eine Chronik. http://www.mdr.de/sachsen-anhalt/halle/chronologie-troeglitz100.html (12.04.2016).

Meisner, M. (2015). Dresdner Polizeichef: Willkommensfest war Provokation. http://www.tagesspiegel.de/politik/fluechtlinge-in-sachsen-dresden-polizeichef-willkommensfest-war-provokation/12655974.html (03.05.2016).

Polizei Sachsen (2015). Heidenau – 48 Tatverdächtige ermittelt. http://www.polizei.sachsen.de/de/MI_2015_39705.htm (03.05.2016).

Raddatz, S. (2016). Rechtsextreme Straftaten 2015. http://www.petrapau.de/18_bundestag/dok/down/2015_zf-rechtsextreme-straftaten.pdf (03.05.2016).

Reinhard, D. (2015). Rassismus als Happening. http://www.zeit.de/politik/deutschland/2015-06/freital-fluechtlingsheim-proteste-stellungskrieg (29.04.2016).

Reporter ohne Grenzen (2016). Rangliste der Pressefreiheit 2016 – Nahaufnahme Deutschland. https://www.reporter-ohne-grenzen.de/uploads/tx_lfnews/media/160419_Nahaufnahme_Deutschland_DE.pdf (Stand:20.04.2016).

Steffen, T. (2016). Terrorverdächtige von Freital waren breit organisiert. http://www.zeit.de/gesellschaft/2016-04/freital-buergerwehr-organisation-neonazi-buendnis-rechtsextremismus-sachsen-landesverfassungsschutz (29.04.2016).

Wüllenweber, W. (2016). Die ganze Milde des Gesetzes. *Stern*, 17, 54–61.

Liste aller bisher erschienenen »Mitte«-Studien der Universität Leipzig 2002–2016

Oliver Decker, Oskar Niedermayer & Elmar Brähler (2003). Rechtsextreme Einstellungen in Deutschland. Ergebnisse einer repräsentativen Erhebung. *Zeitschrift für Psychotraumatologie und Psychologische Medizin, 1,* 65–77.

Oliver Decker & Elmar Brähler (2005). Rechtsextreme Einstellungen in Deutschland. *Aus Politik und Zeitgeschehen, 42,* 8–17.

Oliver Decker & Elmar Brähler (2006). *Vom Rand zur Mitte. Rechtsextreme Einstellung und ihre Einflussfaktoren in Deutschland.* Unter Mitarbeit von Norman Geissler. Berlin: FES.

Oliver Decker, Katharina Rothe, Marliese Weißmann, Norman Geissler & Elmar Brähler (2008). *Ein Blick in die Mitte. Zur Entstehung rechtsextremer und demokratischer Einstellungen.* Unter Mitarbeit von Franziska Göpner & Kathleen Pöge. Berlin: FES.

Oliver Decker & Elmar Brähler (2008). *Bewegung in der Mitte. Rechtsextreme Einstellung in Deutschland 2008.* Unter Mitarbeit von Johannes Kiess. Berlin: FES.

Oliver Decker, Johannes Kiess, Marliese Weißmann & Elmar Brähler (2010). *Die Mitte in der Krise.* Springe: zu Klampen (2012).

Oliver Decker, Johannes Kiess & Elmar Brähler (2012). *Die Mitte im Umbruch. Rechtsextreme Einstellung in Deutschland 2012.* Bonn: Dietz.

Oliver Decker, Johannes Kiess & Elmar Brähler (2013). *Rechtsextremismus der Mitte. Eine sozialpsychologische Gegenwartsdiagnose.* Gießen: Psychosozial-Verlag.

Oliver Decker, Johannes Kiess & Elmar Brähler (2014). *Die stabilisierte Mitte. Rechtsextreme Einstellung in Deutschland 2014.* Universität Leipzig (http://www.uni-leipzig.de/~kredo/Mitte_Leipzig_Internet.pdf).

Oliver Decker, Johannes Kiess & Elmar Brähler (2015). *Rechtsextremismus der Mitte und sekundärer Autoritarismus.* Gießen: Psychosozial-Verlag.

Autorinnen und Autoren

Prof. Dr. ELMAR BRÄHLER war bis zu seiner Pensionierung im Jahre 2013 Leiter der Abteilung für Medizinische Psychologie und Medizinische Soziologie der Universität Leipzig. Er ist Mitglied des Wissenschaftlichen Beirates des Sigmund Freud-Instituts in Frankfurt.

ANNA BRAUSAM hat in Erlangen Politik- und Islamwissenschaft studiert. Sie ist Fachreferentin der Amadeu Antonio Stiftung für Betroffene rechter Gewalt. In beratender Funktion war sie als Mitglied im Expertenarbeitskreis für das Forschungsprojekt »Todesopfer rechtsextremer und rassistischer Gewalt in Brandenburg (1990–2008)« des Moses Mendelssohn Zentrums beteiligt.

PD Dr. OLIVER DECKER ist wissenschaftlicher Angestellter an der Medizinischen Fakultät der Universität Leipzig und seit 2013 Vorstandssprecher des Kompetenzzentrums für Rechtsextremismus- und Demokratieforschung an der Universität Leipzig. Auf Einladung der School of Visual Arts, New York, ging er 2015 als Visiting Professor an das dortige Department für Critical Theory.

EVA EGGERS, Jg. 1989, Psychologin (M.Sc.), ist wissenschaftliche Hilfskraft an der Abteilung für Medizinische Psychologie und Medizinische Soziologie der Universität Leipzig.

Prof. Dr. JÖRG M. FEGERT, Jg. 1956, ist Ärztlicher Direktor der Klinik für Kinder- und Jugendpsychiatrie und Psychotherapie, Universitätsklinik

Ulm, und Sprecher der Zentrums für Traumaforschung der Universität Ulm.

ALEXANDER HÄUSLER ist wissenschaftlicher Mitarbeiter des Forschungsschwerpunktes Rechtsextremismus/Neonazismus der Hochschule Düsseldorf (www.forena.de).

JOHANNES KIESS, M.A., studierte Politikwissenschaft, Soziologie und Philosophie an der Universität Leipzig sowie Middle East Studies an der Ben-Gurion Universität des Negev, Beer Sheva, Israel. Derzeit ist er wissenschaftlicher Mitarbeiter an der Universität Siegen und forscht dort im EU-Projekt »LIVEWHAT – Living with Hard Times – Citizens' Resilience in Times of Crisis« zu den politischen und sozialen Folgen der (Euro-)Krise. In seinem Dissertationsprojekt untersucht er die Veränderungen der deutschen Sozialpartnerschaft in der Krise. Er wirkt seit 2008 bei den Leipziger »Mitte«-Studien mit.

Dr. KATI LANG, Jg. 1979, Juristin, ist in Dresden als Rechtsanwältin mit den Schwerpunkten Migrations- und Strafrecht tätig, wobei sie in zahlreichen Verfahren Opfer rechter Gewalt vertritt. Sie promovierte zu den strafrechtlichen Aspekten von Vorurteilskriminalität, insbesondere deren Verfolgung durch die Strafverfolgungsbehörden und Gerichte.

Dr. des. THORSTEN MENSE, Jg. 1980, Soziologe und Journalist, ist Mitglied im Forum für kritische Rechtsextremismusforschung des Engagierte Wissenschaft e.V. in Leipzig und Autor des Buches »Kritik des Nationalismus« (Schmetterling Verlag, 2016).

PD Dr. PAUL L. PLENER, MHBA, Jg. 1978, ist Facharzt für Kinder- und Jugendpsychiatrie und Psychotherapie, Klinik für Psychiatrie und Psychotherapie des Kindes- und Jugendalters, Zentralinstitut für Seelische Gesundheit, Mannheim.

TIMO REINFRANK hat in Berlin und Bonn Politik- und Sozialwissenschaften studiert. Als Geschäftsführer der Amadeu Antonio Stiftung berät er zivilgesellschaftliche Initiativen, Politik und Verwaltung in der Arbeit gegen Rechtsextremismus und für demokratische Kultur.

JAN SCHEDLER, Jg. 1977, Sozialwissenschaftler, ist wissenschaftlicher Mitarbeiter an der Fakultät für Sozialwissenschaft der Ruhr-Universität Bochum und promoviert zum Rechtsterrorismus.

FRANK SCHUBERT, M.A., Jg. 1978, Philosoph, Politikwissenschaftler und Journalist, ist Mitglied im Forum für kritische Rechtsextremismusforschung des Engagierte Wissenschaft e.V. in Leipzig.

Dr. GREGOR WIEDEMANN, Jg. 1983, Politikwissenschaftler und Informatiker, ist Mitglied im Forum für kritische Rechtsextremismusforschung des Engagierte Wissenschaft e.V. in Leipzig.

Dr. ALEXANDER YENDELL, Jg. 1975, Soziologe, ist Mitglied des Kompetenzzentrums für Rechtsextremismus- und Demokratieforschung an der Universität Leipzig und Post-Doc in der Abteilung für Religions- und Kirchensoziologie der Theologischen Fakultät der Universität Leipzig.

Jan Lohl

Gefühlserbschaft und Rechtsextremismus

Eine sozialpsychologische Studie
zur Generationengeschichte des Nationalsozialismus

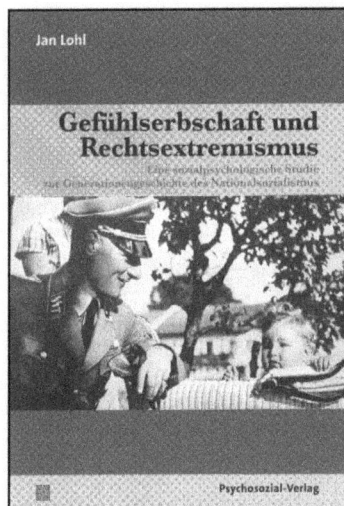

Der Autor untersucht in der vorliegenden Studie die intergenerationellen Folgen des Nationalsozialismus auf der »'Täterseite« und ihre politische Handlungsrelevanz: Ausgehend von einer konzeptuellen Erweiterung der »Unfähigkeit zu trauern« (Alexander & Margarete Mitscherlich), werden die Spuren einer affektiven Integration in die NS-Volksgemeinschaft über drei Generationen hinweg systematisch nachgezeichnet. Auf dieser Basis gelingt der Nachweis, dass NS-Gefühlserbschaften in der Enkelgeneration eine Andockstelle für jene paranoiden Ideologien darstellen, die in rechtsextremen Gruppen vermittelt werden. Das intergenerationelle Verhältnis von aktuellem Rechtsextremismus und Nationalsozialismus ist nicht nur zu erklären, sondern ist selbst ein Erklärungsfaktor für die Entwicklung nationalistischer und antisemitischer Handlungsmuster.

2010 · 488 Seiten · Broschur
ISBN 978-3-8379-2059-8

Wer wissen will, wie sich die psychosozialen Nachwirkungen des Nationalsozialismus auf der Täterseite über drei Generationen hinweg darstellen, kommt an diesem Buch nicht vorbei!
Prof. Dr. Wolfram Stender
auf www.socialnet.de

Walltorstr. 10 · 35390 Gießen · Tel. 0641-9699 78-18 · Fax 0641-9699 78-19
bestellung@psychosozial-verlag.de · www.psychosozial-verlag.de

🔲 Psychosozial-Verlag

Jan Lohl, Angela Moré (Hg.)
Unbewusste Erbschaften des Nationalsozialismus
Psychoanalytische, sozialpsychologische und historische Studien

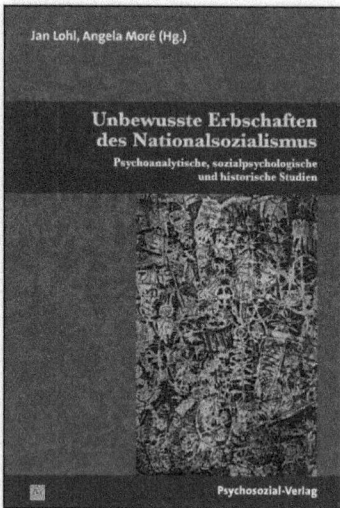

Juli 2014 · 313 Seiten · Broschur
ISBN 978-3-8379-2242-4

Ein multiperspektivischer Zugang zu einem nach wie vor kaum untersuchten Thema.

Die sozialgeschichtlichen Folgewirkungen des Nationalsozialismus auf der Täterseite gehören zu den am besten gehüteten Geheimnissen der deutschen Nachkriegsgeschichte. Die von der Tätergeneration abgelehnte Verantwortung für ihre (Mit-) Schuld an den Verbrechen und Grausamkeiten des Regimes hat in den Seelen ihrer Nachkommen tiefe Spuren hinterlassen: Identitätsstörungen, diffuse Schuld- und Trauergefühle, Wiedergutmachungswünsche und Schamgefühle, deren Ursache sie nicht kennen. Neuere Forschungen zeigen, dass die unbewusste Weitergabe unverarbeiteter Konflikte auch zu rechtsextremen Orientierungen und Identifikationen beitragen kann.

Die Beiträger/innen nähern sich auf unterschiedliche Weise den Nachwirkungen des Nationalsozialismus an: empirisch, theoretisch, basierend auf der gruppenanalytischen und therapeutischen Praxis oder der eigenen Biografie. Aufgrund dieser Perspektivenvielfalt richtet sich der Band nicht nur an die wissenschaftliche Fachwelt, sondern auch an ein Publikum, das aus einem (selbst-) reflexiven Interesse heraus die Gefühlserbschaften des Nationalsozialismus begreifen möchte.

Mit Beiträgen von Ute Althaus, Wolfgang Benz, Oliver Decker, Kurt Grünberg, Hannes Heer, Elke Horn, Jan Lohl, Friedrich Markert, Angela Moré, Heike Radeck, Katharina Rothe und Ruth Waldeck

Walltorstr. 10 · 35390 Gießen · Tel. 0641-969978-18 · Fax 0641-969978-19
bestellung@psychosozial-verlag.de · www.psychosozial-verlag.de

Markus Zöchmeister

Vom Leben danach

Eine transgenerationelle Studie über die Shoah

Die Verbindung von singulären Schicksalen zu einer Komposition der Stimmen eröffnet neue Einblicke in Prozesse der Traumatradierung.

Das Trauma der Shoah wirkt sich bis heute auf die Überlebenden und ihre Familien aus. Anhand von Interviews mit Angehörigen der ersten, zweiten und dritten Generation geht der Autor seiner zentralen Forschungsfrage nach: Gibt es bestimmte Mechanismen, die die Transposition des Traumas von einer Generation auf die nächste befördern?

Der zentrale Angelpunkt scheint dabei in einem Phänomen zu liegen, das Markus Zöchmeister als die Nähe zum Tod beschreibt. Der Tod des anderen, der ebenso gut der eigene hätte sein können, prägt das Leben über Generationen hinweg. Durch die Komposition der Stimmen gelingt es, den Weg der Tradierung nachzuzeichnen und der Theorie der Transposition neue Erkenntnisse hinzuzufügen.

2013 · 532 Seiten · Broschur
ISBN 978-3-8379-2281-3

Walltorstr. 10 · 35390 Gießen · Tel. 0641-96 99 78-18 · Fax 0641-96 99 78-19
bestellung@psychosozial-verlag.de · www.psychosozial-verlag.de

🔲 Psychosozial-Verlag

Sebastian Winter

Geschlechter- und Sexualitätsentwürfe in der SS-Zeitung *Das Schwarze Korps*

Eine psychoanalytisch-sozialpsychologische Studie

Sebastian Winter

Geschlechter- und
Sexualitätsentwürfe in der
SS-Zeitung *Das Schwarze Korps*
Eine psychoanalytisch-sozialpsychologische Studie

Psychosozial-Verlag

2013 · 441 Seiten · Broschur
ISBN 978-3-8379-2289-9

»Siegen und sterben – das können nur wir Männer. Aber es gibt auch einen Sieg der Frau. Ihre Leistung im Kriege ist es, die durch den Tod gelichteten Reihen der Waffenträger der Nation wieder zu füllen.«
Das Schwarze Korps, 1940

In den nationalsozialistischen Entwürfen von Geschlecht und Sexualität wurde die bürgerliche Geschlechter-Komplementarität abgelöst durch eine übergreifende »Kameradschaft«. Sexualität diente dabei nicht mehr der individuellen Lust, sondern dem »Volk«. Dem gegenüber standen antisemitische Feindbilder von Prüderie, Lüsternheit und Homosexualität.

Diese Selbst- und Feindbilder stellten ein Sinnstiftungsangebot dar, dessen affektive Attraktivität sich aus ihrer Funktionalisierbarkeit zur Verleugnung basaler Konflikte der Geschlechtsidentitätsgenese erklärt. Dieser Zusammenhang wurde in der psychoanalytisch-sozialpsychologischen Antisemitismusforschung oft benannt, aber bislang meist androzentrisch und sozialcharakterologisch verkürzt dargestellt. Sebastian Winter untersucht die Thematik anhand der SS-Zeitung *Das Schwarze Korps* und verknüpft dabei einen diskursanalytischen Ansatz mit einer psychoanalytisch-sozialpsychologischen Interpretation.

Walltorstr. 10 · 35390 Gießen · Tel. 0641-969978-18 · Fax 0641-969978-19
bestellung@psychosozial-verlag.de · www.psychosozial-verlag.de

Psychosozial-Verlag

Oliver Decker, Johannes Kiess, Elmar Brähler

Rechtsextremismus der Mitte

Eine sozialpsychologische Gegenwartsdiagnose

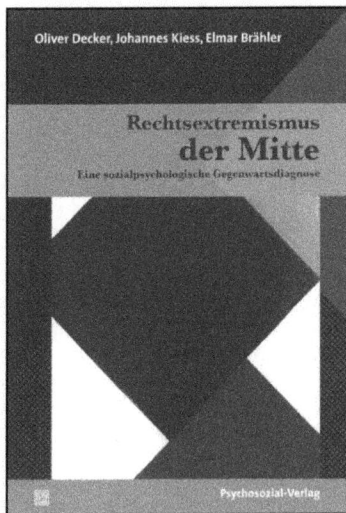

lung in Deutschland. Im Rahmen dieser bekannten »Mitte«-Studien werden im Zwei-Jahres-Rhythmus repräsentative Erhebungen durchgeführt.

Der vorliegende Band präsentiert Ergebnisse aus den letzten zehn Jahren. Getrennt nach Altersgruppen werden so Entwicklungstendenzen sichtbar, die für die demokratische Gesellschaft von höchster Relevanz sind. Von zentraler Bedeutung ist dabei der Strukturwandel der Öffentlichkeit: Wo befindet sich heute der Ort demokratischer Auseinandersetzung? Mehr und mehr im virtuellen Raum des Internets? Welche Konsequenzen hat das für die gesellschaftliche Partizipation?

Darüber hinaus wird eine Theorie der Gesellschaft vorgestellt, die aktuelle Diskurse der Sozialpsychologie mit einer Gegenwartsdiagnose verbindet und Herausforderungen für die Demokratie im 21. Jahrhundert formuliert.

2013 · 227 Seiten · Broschur
ISBN 978-3-8379-2294-3

Es werden Daten aus zehn Jahren Rechtsextremismusforschung vorgestellt und mit einer tiefgehenden Analyse der Gegenwartsgesellschaft verbunden.

Seit 2002 untersucht die Leipziger Arbeitsgruppe um Elmar Brähler und Oliver Decker die rechtsextreme Einstel-

Unter Mitarbeit von Janine Deppe, Immo Fritsche, Norman Geißler, Andreas Hinz und Roland Imhoff

Walltorstr. 10 · 35390 Gießen · Tel. 0641-9699 78-18 · Fax 0641-9699 78-19
bestellung@psychosozial-verlag.de · www.psychosozial-verlag.de

Oliver Decker, Johannes Kiess, Elmar Brähler (Hg.)
Rechtsextremismus der Mitte und sekundärer Autoritarismus

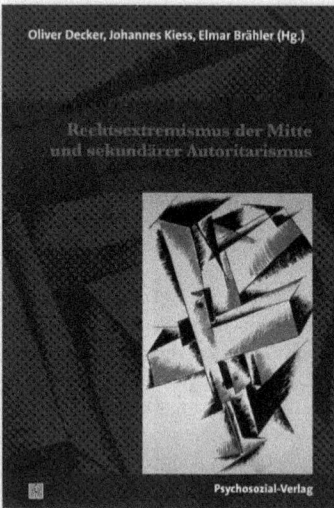

2015 · 208 Seiten · Broschur
ISBN 978-3-8379-2490-9

Rechtsextreme Einstellungen in Deutschland: aktuelle Analysen, Langzeitvergleiche und die besondere Situation in einzelnen Bundesländern.

Die Wirtschaft ist das Zentrum der Gegenwartsgesellschaft. Eine starke Wirtschaft bietet den Bürgerinnen und Bürgern eine Entschädigungsfunktion und Identifikationspotenzial. Befindet sich die Wirtschaft hingegen in einer Krise, verstärken sich die Vorurteile: Das bekommen Migrantinnen und Migranten als erstes zu spüren, doch auch anderen Minderheiten wird die Solidarität aufgekündigt.

Die Arbeitsgruppe um Elmar Brähler und Oliver Decker an der Universität Leipzig führt seit 2002 im Zwei-Jahres-Rhythmus sozialpsychologische Studien zu rechtsextremen Einstellungen in Deutschland durch. Die aktuellen Ergebnisse belegen einen starken Rückgang rechtsextremer Aussagen und gleichzeitig eine Abwertung von Asylsuchenden, Musliminnen und Muslimen, Sinti und Roma. Dies interpretieren die Autorinnen und Autoren vor dem Hintergrund der »wirtschaftlichen Insellage« Deutschlands als »sekundären Autoritarismus«.

Mit Beiträgen von Johannes Baldauf, Elmar Brähler, Oliver Decker, Johannes Kiess, Nils C. Kumkar, Natalie Ofori, Britta Schellenberg und Malte Switkes vel Wittels

Walltorstr. 10 · 35390 Gießen · Tel. 0641-969978-18 · Fax 0641-969978-19
bestellung@psychosozial-verlag.de · www.psychosozial-verlag.de

Ingram Content Group UK Ltd.
Milton Keynes UK
UKHW011820160323
418676UK00001B/106

9 783837 926309